法治中国建设的理论与实践探索丛书

法治中国建设与法治化建设研究

主　编◎江必新

人民法院出版社

图书在版编目（CIP）数据

法治中国建设与法治化建设研究 / 江必新主编. --北京：人民法院出版社，2024.12
（法治中国建设的理论与实践探索丛书）
ISBN 978-7-5109-4064-4

Ⅰ.①法… Ⅱ.①江… Ⅲ.①社会主义法治－建设－研究－中国 Ⅳ.①D920.0

中国国家版本馆CIP数据核字(2024)第031449号

法治中国建设与法治化建设研究
江必新　主编

责任编辑	白　鸽
封面设计	天平文创视觉设计
出版发行	人民法院出版社
地　　址	北京市东城区东交民巷27号（100745）
电　　话	（010）67550662（责任编辑）　67550558（发行部查询）
	65223677（读者服务部）
客服QQ	2092078039
网　　址	http：//www.courtbook.com.cn
E - mail	courtpress@sohu.com
印　　刷	天津嘉恒印务有限公司
经　　销	新华书店
开　　本	787毫米×1092毫米　1/16
字　　数	230千字
印　　张	15
版　　次	2024年12月第1版　2024年12月第1次印刷
书　　号	ISBN 978-7-5109-4064-4
定　　价	68.00元

版权所有　侵权必究

《法治中国建设与法治化建设研究》

主　编　江必新

撰写人　（以姓氏笔画为序）

　　　　王红霞　过安衡　江必新

　　　　李　洋　黄明慧　戬太雷

总　序

从1978年进入当时的西南政法学院（现为西南政法大学）开始，我便与法治和法学结下了不解之缘。在跟随恩师张警教授攻读法制史硕士学位期间，我对中西方法制史和法律思想史作了广泛的涉猎；1985年分配到最高人民法院研究室工作，开始对法理学和法治宣传学进行了一定程度的探究；1988年进入最高人民法院行政审判庭工作以后，我转入对行政法、行政诉讼法和国家赔偿法的研究；2001年挂职重庆市委政法委、2002年担任最高人民法院领导职务（其间在湖南省高级人民法院担任三年多院党组书记、院长）之后，随着分管工作的变化，我结合审判实践的需要，开始对刑事法学、民商事法学、环境资源法学、涉外法治、知识产权法学等进行了阶段性的深入研究。2018年担任全国人大常委会宪法和法律委员会副主任委员之后，我对立法学进行了较为深入的钻研。其间，为了改善行政诉讼和其他司法审判环境，不得不关注国家整体的法治建设。

不难看出，我的研究在很大程度上属于业余的而非专业的；研究方向和重点在很大程度上因工作岗位的变动而转移；研究的轨迹是先历史，后基础理论，先部门法，后整体法治；研究的目的都是解决工作中面临的理论、实践问题和整体法治环境的改善问题。从党的十八大以后，我开始了对法治中国建设中的理论与实践问题的研究，2014年出版的包括《法治中国的制度逻辑与理性建构》在内的"十八大与法治国家建设丛书"是一个重要节点。到目前为止，先后发表法治中国建设方面的理论文章近两百篇（接近我所发表文章的半数），相关专著十余部。

数十年的法治研究和探讨，使我越来越深刻地意识到，法治不仅是个人自由和其他权利的重要保障、社会秩序和安全的必要条件，而且是民族振兴发达的重要基础、国家长治久安的根本保证。在我看来，对法治的定义不应从先验的抽象原则出发，而应当从其实际演变历程出发；不应从固定的模式或单一的理想类型出发，而应从丰富多彩的多种类型出发。人类的法治文明经历了"以法治国""依法治国"和"法治国家"三个阶段或形态。"以法治国"阶段仅仅将法律作为治理工具，用不用、用多少取决于最高统治者的意志；"依法治国"阶段强调法在上、权在下，统治者必须依照法律治国理政；"法治国家"阶段不仅强调"法"的品质和质量，而且强调"治"的良善性。中国的法治文明同样经历了上述三个阶段。第一个阶段是漫长悠久的"以法治国"时代。早在春秋战国时期，"以法治国，则举措而已"（《管子·明法》）便由齐国宰相管仲提出。这一阶段的标志性成就是"律以正罪"的《唐律疏议》以及"典以范政"的《唐六典》。第二个阶段是锐意进取的"依法治国"时代。党的十一届三中全会提出"发展社会主义民主，健全社会主义法制"，并提出"有法可依、有法必依、执法必严、违法必究"的法治建设方针；党的十五大提出"依法治国，建设社会主义法治国家"，依法治国成为中国共产党领导人民治理国家的基本方略；1999年我国《宪法》首次确立依法治国原则；2004年《宪法》首次确立人权原则。第三个阶段是波澜壮阔的"法治中国"建设时代。2013年1月，习近平总书记就做好新形势下政法工作作出重要指示，首次从官方的角度提出了建设法治中国的目标。随后，党的十八届三中全会、四中全会、十九大、二十大以及二十届三中全会多次重申该目标。党的十九大和2021年1月中共中央印发的《法治中国建设规划（2020—2025年）》明确提出了法治中国建设的时间表和路线图，即要在2025年初步形成社会主义法治体系，2035年基本建成法治中国，到本世纪中叶全面建成法治中国。党的二十大报告首次将"坚持全面依法治国，推进法治中国建设"作为专章部署。党的二十届三中全会提出,法治是中国式现代化的重要保障。全面推进国家各方面工作法治化。

古今中外的法治建设经验和教训证明:不是什么样的法都能治国,也不是什么样的法都能治好国;法治也有善恶优劣之别、高下逆顺之异。正因为如此,有必要本着理性的建构主义立场,能动地提出法治国家建设的目标,使法治的发展能给中华民族和整个人类带来福祉。同时,法治建设也是一场深刻的革命,是一个艰巨、复杂而长期的工程,不可能一蹴而就,需要久久为功。此外,法治自身也需要不断发展完善,需要在德(人本性、合正义性等)、智(科学化、智能化等)、体(体系化)、美(和谐性、可接受性等)、力(实施力、实现力、执行力、影响力等)、境(法治实施的环境等)诸方面得到不断的全面发展。

当前,我们正处在全面推进法治中国建设的新阶段,有必要从法治中国建设的目标定位、基本图景和推进路径三个层面,准确把握和深入理解我们正在从事的伟大事业。

首先,要明确法治中国建设的目标定位。我们党在历史上也先后提出过"发展社会主义民主、健全社会主义法制""依法治国、建设社会主义法治国家""全面依法治国、建设法治中国"等一系列概念。这些概念之间究竟是什么关系?为什么提出"法治中国"?要厘清这些问题,需要把握四点定位。其一,法治中国承继了人类法治文明成果。从《法治中国建设规划(2020—2025年)》来看,它包含了人类在漫长的法治建设过程中共同遵守的一些基本理念、价值、准则,例如宪法和法律至上、公平正义、法治平等、对公权力的监督与制约、尊重和保障人权、保证司法机关依法独立行使职权、良法善治等。其二,法治中国发展了依法治国理念。传统上讲,依法治国的核心理念是所谓"老十六字方针",即有法可依、有法必依、执法必严、违法必究。但法治中国建设明确提出了"新十六字方针",即科学立法、严格执法、公正司法、全民守法。这显然已远超依法治国的传统含义，其核心要求本质上是更加全面、实质的良法善治。其三，法治中国确立了全面依法治国的目标。以习近平同志为核心的党中央提出"四个全面"战略布局，包括全面建设社会主义现代化国家、全面深化改革、全面依法治国、全面从严治党。这一战略布局表明全面依法治国的目标是法治中国，全面依法治国是法治中国实现的过程和路径。其四，法治中国凸显了法治国家建设的本土特色。当今世界上，法治国家已有不少，每一个国家在法治建设进程中都有自己特有的理念、规则和道路，世界上没有两个法治国家是完全相同的。法治中国概念突出的正是我们要走中国特色社会主义法治道路，强调从中国的实际情况出发，解决中国问题，富有中国气象。

其次，需要明确法治中国建设的基本图景。建设图景所要回答的问题是：我们要建设的法治中国应当由哪些元素所构成。笔者以为，未来法治中国建设的图景至少包括以下四种层色：一是中国特色，这就是要坚持正确的政治方向，要走中国特色社会主义法治道路。中国特色所包括的主要内容是：坚持党的领导；坚持以人民为中心；坚持社会主义制度；坚持贯彻中国特色社会主义法治理论；坚持社会主义核心价值观；坚持从中国的实际出发，不照抄照搬别国的模式；坚持依法治国与以德治国相结合；坚持服务党和国家大局；等等。离开这八个坚持，法治中国建设就会失去"中国性"。二是法治底色，即要坚持人类关于法治的基本共识，坚持法治的基本理念、规则和价值。这些基本理念、规则和价值的主要内容包括：坚持宪法法律至上；坚持在全社会实现公平正义；坚持法治平等；坚持尊重和保障人权；坚持制约和监督公共权力；坚持保证司法机关依法独立行使职权；坚持公共权力机关法无授权不可为、法定职责必须为等部门法原则；坚持良法善治；等等。失去上述八个坚持，法治中国建设就会失去法治的基本性质。三是实践鲜色，即要根据中国和世界不断变化的形势和情况，确立新的理念，建构新的体制、制度和机制，从而保证法治中国建设的实践品质,增强法治中国建设的实践效能。四是时代亮色,即要根据时代的发展和人类文明的进步,充分运用全人类新的科学、技术、智识和经验,不断丰富法治中国建设的资源和内涵,从而永葆法治中国建设的先进性。

最后,需要明确法治中国的建设路径。一要明确法治中国建设的主要任务。我们认为,主要任务包括:建设中国特色社会主义法治体系是总抓手;确保宪法全面实施是首要任务;科学立法、严格执法、公正司法、全民守法是重点任务;在法治轨道上推进国家治理体系和治理能力现代化是核心任务;运用法治维护国家主权、安全和发展及核心利益是急迫任务;运用法治保障民族复兴伟业和现代化建设事业是常规任务。二要明确法治中国建设的推进方略。主要包括七个统筹:统筹依法治国与依规治党;统筹共同推进(依法治国、依法执政、依法行政共同推进)与一体建设(法治国家、法治政府、法治社会一体建设);统筹国内法治与国际法治;统筹法治建设与法治改革;统筹法律制定与法律实施;统筹现实社会治理与网络社会治理;统筹法治体系和制度建设与法治文化建设;等等。三要明确法治中国建设的具体方式。主要包括以下五个结合:顶层设计、中间推动与基层创造相结合;问题导向、目标导向和效果导向相结合;条线治理(生态环境保护等)、区域治理(依法治县、依法治市、依法治省等)与基层治理(乡村、社区治理等)相结合;理论研究、理论指导与实践检验相结合;汲取中华优秀传统文化、弘扬红色法治文化、借鉴域外法治有益经验相结合;等等。四要明确法治中国建设的基本保障。主要包括政治、组织、队伍、思想、物质、科技等六大保障。

法治中国的全面建成,不仅需要一整套成熟定型的、好使管用的、能解决中国问题的、具有现代化性质的法律制度体系,而且需要各级领导干部老老实实抓法治、不折不扣践行法治、认认真真坚守法治,还需要全体社会成员切实尊法、学法、守法、用法。为了实现上述目标,笔者不揣浅陋，在习近平新时代中国特色社会主义思想尤其是习近平法治思想的指引下，在中央宣传部出版项目的资助下，在邵长茂、章志远、邓江源、乔宇、王琪璟、蒋清华、黄先雄、黄明慧、孙珺涛、戴太雷、曹梦娇等同志的友情帮助下，在人民法院出版社领导和编辑们的大力支持下，撰写和编著了这部法治中国建设理论与实践探索丛书。丛书共分12卷，包括《法治中国建设导论》《法律规范体系建设研究》《法治实施体系建设研究》《法治监督体系建设研究》《法治保障体系建设研究》《党内法规体系建设研究》《法治中国建设与党政合设合署》《法治中国建设与公私法融合治理》《法治中国建设与制度现代化研究》《法治中国建设与法治化建设研究》《社会主义法治国家建构原理研究》《法治中国建设重点工程研究》。笔者深知，人们对法治的认识和实践难以超出所处时代和地域的局限，同时法律制度不可能过于超前，否则也难以发挥规范作用和理想效能。正因为如此，这套丛书难免打上历史的烙印，难免具有诸多的局限性，尚有诸多的问题留待后人加以解决。不过笔者坚信，只要我们不忘法治建设的初心使命，坚韧不拔地朝着既定目标不断探索、勇毅前行，法治中国建设的夙愿和梦想，就一定能够实现！

江必新
2024 年 12 月

目录

绪　论　全面依法治国是一个系统工程 / 1
　　一、从以法治国到依法治国再到法治中国建设 / 2
　　二、法治化建设：从部分到整体 / 6

第一章　法治政府建设 / 9
　　一、法治政府建设的提出与发展 / 9
　　二、法治政府建设的基本要求 / 12
　　三、法治政府建设之推进 / 24

第二章　法治社会建设 / 33
　　一、法治社会建设之理据与价值 / 33
　　二、法治社会建设的基本要求 / 43
　　三、法治社会建设之推进 / 52
　　四、法治社会建设之保障 / 59

第三章　法治乡村建设 / 63
　　一、完善乡村振兴立法 / 63
　　二、推进乡村依法治理 / 67
　　三、建设多元化纠纷解决机制 / 75

四、强化乡村法治宣传教育 / 77
　　五、法治乡村建设的着重点和着力点 / 79

第四章　法治经济建设 / 83
　　一、法治经济建设的提出与发展 / 83
　　二、法治经济建设之重大关系处理 / 85
　　三、法治经济建设与制度建构 / 89
　　四、法治经济建设与营商环境的改善 / 90
　　五、以法治推进高质量发展 / 96

第五章　法治区域建设 / 108
　　一、法治区域建设的基本逻辑 / 111
　　二、法治区域建设的重要意义 / 128
　　三、法治区域建设的内涵与要求 / 135
　　四、法治区域建设的基本任务 / 148
　　五、法治区域建设之推进 / 160

第六章　法治军队建设 / 173
　　一、深化认识建设法治军队的极端重要性 / 174
　　二、全面把握法治军队建设的基本内涵 / 178
　　三、精准把握新时代法治军队建设的基本遵循 / 182
　　四、努力创新法治军队建设的路径与举措 / 188

第七章　法治中国建设 / 196
　　一、法治中国建设理论的形成与完善 / 196
　　二、法治中国建设的目标遵循 / 204
　　三、法治中国建设的具体路径 / 214
　　四、法治中国建设的实践准则 / 221

绪 论
全面依法治国是一个系统工程

党的十一届三中全会开启了改革开放和社会主义现代化的伟大征程，同时强调必须加强社会主义法制，使民主制度化、法律化，使这种制度和法律具有稳定性、连续性和极大的权威，做到有法可依、有法必依、执法必严、违法必究。党的十八大以来，习近平总书记围绕全面依法治国、建设社会主义法治国家展开了系列论述，其中明确了建设法治中国的目标，强调全面依法治国要"坚持依法治国、依法执政、依法行政共同推进，坚持法治国家、法治政府、法治社会一体建设"，提出"社会主义市场经济本质上是法治经济""现代化军队必然是法治军队"等一系列新理念新思想。全面依法治国作为一项底蕴深厚、体系宏大的系统工程，究其渊源发展之纵轴，既有对党的十一届三中全会以后提出和不断完善的依法治国基本方略的继承和发展，更进一步擎起建设法治中国的宏伟目标；探其系统构造之图谱，全面依法治国之系统工程须由各领域特别是重点领域法治化建设共同支撑——从其中每一块"拼图"将法治确立为基本的治理方式并完善治理体系、提升治理效能着手，最终实现法治中国建设之整体驱动。

一、从以法治国到依法治国再到法治中国建设

我国法治建设经历的每一个历史时期,党中央都提出了契合不同阶段的奋斗目标。在这一发展过程中,"依法治国""全面依法治国""建设法治中国"等概念命题相继提出。

(一)"全面依法治国"与"建设法治中国"的理论梳理

以习近平同志为核心的党中央围绕"全面依法治国""建设法治中国"等重要命题作出了科学的顶层设计和重大战略部署。

1. 全面依法治国理论的发展与演进

我们党历来重视法治建设。党的十一届三中全会提出:"为了保障人民民主,必须加强社会主义法制,使民主制度化、法律化,使这种制度和法律具有稳定性、连续性和极大的权威,做到有法可依,有法必依,执法必严,违法必究。"[①]1994年12月9日,曹建明在中南海怀仁堂为中央领导同志讲授《国际商贸法律制度与关贸总协定》。在这次法制讲座开始前,江泽民同志发表重要讲话,首次提出"以法治国"。1996年2月8日,江泽民同志在第三次中央领导同志法制讲座的总结讲话中首次阐述了"依法治国"的具体内涵是"实行和坚持依法治国,就是使国家各项工作逐步走上法制化的轨道,实现国家政治生活、经济生活、社会生活的法制化、规范化;就是广大人民群众在党的领导下,依照宪法和法律的规定,通过各种途径和形式,管理国家事务,管理经济和文化事业,管理社会事务;就是逐步实现社会主义民主的制度化、法律化"[②]。党的十五大把"依法治国,建设社会主义法治国家"确定为党领导人民治理国家的基本方略。党的十七大强调要全面落实依法治国基本方略,加快建设社会主义法治国家。

2012年11月,党的十八大对"全面推进依法治国"作出重大部署,强调把法治作为治国理政的基本方式。2014年10月,党的十八届四中全会专题研究"全面推进依法治国",明确了全面推进依法治国的总目标是建设中国特色

---

① 摘自《中国共产党第十一届中央委员会第三次全体会议公报》。
② 《江泽民文选》(第一卷),人民出版社2006年版,第511页。

社会主义法治体系、建设社会主义法治国家。2015年2月，习近平总书记在省部级主要领导干部学习贯彻十八届四中全会精神全面推进依法治国专题研讨班开班仪式上发表重要讲话，指出要把全面依法治国放在"四个全面"的战略布局中来把握①。

2017年10月，党的十九大报告把全面推进依法治国总目标写入习近平新时代中国特色社会主义思想"八个明确"，把坚持全面依法治国写入"十四个坚持"基本方略。2020年11月，首次召开的中央全面依法治国工作会议上，习近平总书记提出了全面依法治国必须做到"十一个坚持"②，标志着习近平法治思想的全面升华与理论成熟。

党的二十大报告强调，要坚持走中国特色社会主义法治道路，建设中国特色社会主义法治体系、建设社会主义法治国家，围绕保障和促进社会公平正义，坚持依法治国、依法执政、依法行政共同推进，坚持法治国家、法治政府、法治社会一体建设，全面推进科学立法、严格执法、公正司法、全民守法，全面推进国家各方面工作法治化。

"全面依法治国"的提出，具有深刻的背景原因和综合考量。一是"全面依法治国"继承和坚持了党的十八大以前"依法治国"方略的核心内容，并进行了发展和升华。二是明确了社会主义发展进入新时代后，法治建设的主要任务是"全面依法治国"。三是将"全面依法治国"放入四个战略布局角度来考虑，强调其对战略目标实现的支撑和保障作用。

2. 法治中国建设理论的发展脉络

习近平同志在浙江省担任主要领导时，主导提出了"法治浙江"的目标。2006年4月，《中共浙江省委关于建设"法治浙江"的决定》通过，开启了法

---

① 中共中央文献研究室编：《习近平关于全面依法治国论述摘编》，中央文献出版社2015年版，第15页。

② "十一个坚持"包括：坚持党对全面依法治国的领导，坚持以人民为中心，坚持中国特色社会主义法治道路，坚持依宪治国、依宪执政，坚持在法治轨道上推进国家治理体系和治理能力现代化，坚持建设中国特色社会主义法治体系，坚持依法治国、依法执政、依法行政共同推进，法治国家、法治政府、法治社会一体建设，坚持全面推进科学立法、严格执法、公正司法、全民守法，坚持统筹推进国内法治和涉外法治，坚持建设德才兼备的高素质法治工作队伍，坚持抓住领导干部这个"关键少数"。参见习近平：《论坚持全面依法治国》，中央文献出版社2020年版，第2~5页。

治中国建设在省域层面的实践探索。①2006年6月18日，习近平同志发表了题为《以社会主义法治理念指导"法治浙江"建设》的文章，提出维护社会公平正义，实现社会和美和谐，是"法治浙江"建设的重要内容和目的所在②。

党的十八大以前，"法治中国"的思想理念更多蕴含于"依法治国，建设社会主义法治国家"的提法当中。2013年1月，习近平总书记就做好新形势下政法工作作出重要批示，提出"全力推进平安中国、法治中国、过硬队伍建设"，③这是"法治中国"提法首次出现。同年3月，习近平总书记在中央政治局第四次集体学习中提出"新十六字方针"和"法治国家、法治政府、法治社会一体建设，依法治国、依法执政、依法行政共同推进"的目标要求。

党的十八大后，法治中国建设思路日趋清晰。2014年9月，在庆祝全国人民代表大会成立六十周年大会上，习近平总书记指出：必须坚持把依法治国作为党领导人民治理国家的基本方略、把法治作为治国理政的基本方式，不断把法治中国建设推向前进。④2014年10月，习近平总书记在《关于〈中共中央关于全面推进依法治国若干重大问题的决定〉的说明》中指出：建设法治中国，必须坚持依法治国、依法执政、依法行政共同推进，坚持法治国家、法治政府、法治社会一体建设，并号召全党全国为建设法治中国而奋斗。⑤

2018年8月，习近平总书记在中央全面依法治国委员会第一次会议上指出，要"研究制定法治中国建设规划"⑥。2020年10月，《中共中央关于制定国民经济和社会发展第十四个五年规划和二〇三五年远景目标的建议》指出："坚持法治国家、法治政府、法治社会一体建设"，"有效发挥法治固根本、稳

---

① 《中共浙江省委关于建设"法治浙江"的决定》提出的建设"法治浙江"的"五项基本原则""三个坚持""四个加强"和"一个确保"，构成了关于建设"法治浙江"决策部署的核心内容。参见《浙江日报》2006年4月27日。

② 参见习近平：《以社会主义法治理念指导"法治浙江"建设》，载《法制日报》2006年6月18日。

③ 在批示中，习近平总书记提出了"全力推进平安中国、法治中国、过硬队伍建设"，这三大建设是作为当年和今后一个时期的重点任务提出来的。参见习近平：《论坚持全面依法治国》，中央文献出版社2020年版，第17页。

④ 习近平：《在庆祝全国人民代表大会成立60周年大会上的讲话》，人民出版社2014年版，第8页。

⑤ 《中共中央关于全面深化改革若干重大问题的决定》，人民出版社2013年版，第31~32、48页。

⑥ 习近平：《论坚持全面依法治国》，中央文献出版社2020年版，第232页。

预期、利长远的保障作用，推进法治中国建设"。2021年1月，中共中央颁布《法治中国建设规划（2020—2025）》，明确了坚定不移走中国特色社会主义法治道路，奋力建设良法善治的法治中国的目标。

（二）"全面依法治国"与"法治中国"建设之间的关系

结合前文对党和国家"全面依法治国"和"法治中国"相关理论发展历程的梳理，对于两者之间的关系可以作如下分析和概括：

第一，"法治中国"与"全面依法治国"是目标与过程的关系。"全面依法治国"，落脚于"依法治国"，方式上强调"全面推进"，立足点是当下的法治发展水平和状况。全面推进依法治国将是未来一个时期内中国特色社会主义法治发展道路的主旋律。而"法治中国"建设，则是全面依法治国实践追求的目标。

第二，法治中国是依法治国的升级版。中国的法治建设经历了从"以法治国"到"依法治国"再到"法治国家"的变迁。"以法治国"，更多强调把法律作为治理国家的工具。"依法治国"，则侧重于公权力机关、公职人员和普通公民都要服从法律。法治中国，就是中国法治建设从"依法治国"到"法治国家"的升级版。具体体现在以下五个方面：从治理立场看，坚持人民主体地位、以人为本；从治理主体看，明确政党、政府和人民均为治理和受治主体；从治理的价值追求看，强调实质平等、实质正义；从治理依据看，强调良法善治；从治理的标准看，强调达到治理体系和治理能力的现代化；从治理的重点看，强调达到"科学立法、严格执法、公正司法、全民守法"的"新十六字方针"要求。

第三，法治中国是法治国家建设的中国版。法治中国建设，坚持的是中国特色的社会主义法治道路，既遵循法治建设普遍规律和基本要求，同时又有自己的特殊任务和体现形式。法治中国有以下主要特色：坚持党对法治国家建设的全面领导；坚持走中国特色社会主义法治道路，既要传承中华优秀传统法律文化，同时又借鉴国外法治有益成果；坚持依宪治国、依宪执政；坚持依法治国和以德治国相结合；建设中国特色社会主义法治体系；坚持依法治国、依法执政、依法行政共同推进，法治国家、法治政府、法治社会一体建设；坚持统筹推进国内法治和涉外法治；坚持建设德才兼备的高素质法治工作队伍等。

二、法治化建设：从部分到整体

以习近平同志为核心的党中央从系统论与重点论的辩证统一的高度来思考法治中国建设，既强调中国的法治化建设作为一个整体要立足全局、总体谋划，又强调要从重点领域法治化开始抓起。习近平总书记强调："全面依法治国是一个系统工程，必须统筹兼顾、把握重点、整体谋划，更加注重系统性、整体性、协同性。"① 这是对法治中国建设推进方略的高度概括。

（一）坚持依法治国、依法执政、依法行政共同推进

通常看来，"依法治国、依法执政、依法行政"三者不是同一层次的并列关系，那么，为何提出将三者共同推进，又如何共同推进呢？习近平总书记指出："依法治国、依法执政、依法行政是一个有机整体，关键在于党要坚持依法执政、各级政府要坚持依法行政。"② 由此可见，这正是出于对法治中国建设的整体和系统的考虑，同时又把握重点。在三者之中，依法治国是一个总概念，是我国宪法确定的治理国家的基本方略；依法执政是对党执政的要求，依法行政是对政府的要求，两者是依法治国的关键所在。要做到依法治国，首先要求党要依法执政，没有党的依法执政，依法治国不可能实现；没有依法行政、不建立法治政府，法治中国也很难建立。更进一步来看，三者共同推进的核心意义是党政同治、党政同抓、党政同责。党的十八届四中全会明确要求，党政主要负责人要履行推进法治建设第一责任人职责。③

（二）坚持法治国家、法治政府、法治社会一体建设

习近平总书记指出："法治国家、法治政府、法治社会三者各有侧重、相辅相成，法治国家是法治建设的目标，法治政府是建设法治国家的主体，法治社会是构筑法治国家的基础。"④ "法治政府建设是重点任务，对法治国家、法治社会建设具有示范带动作用。"⑤ 在中央全面依法治国工作会议上，习近平

---

① 习近平：《加强党对全面依法治国的领导》，载《求是》2019年第4期。
② 习近平：《加强党对全面依法治国的领导》，载《求是》2019年第4期。
③ 习近平：《习近平谈治国理政》（第二卷），外文出版社2017年版，第128页。
④ 习近平：《加强党对全面依法治国的领导》，载《求是》2019年第4期。
⑤ 习近平：《论坚持全面依法治国》，中央文献出版社2020年版，第252页。

总书记进一步明确:"法治政府建设是重点任务和主体工程,要率先突破。"①可见,习近平总书记的讲话深刻揭示了三者之间的密切联系,从系统思维的角度提出了一体建设,又明确了重点任务。我们进一步思考会发现,一体建设的提出实际上是对"全民共治"的一种强调。因为,"在法治国家的意涵里,国家公权及其运行是法规范的主要对象,法治建设着力于确保公权积极履职并防止滥用。在法治社会的维度内,法调整的重点则是社会组织和个体社会成员的行为及其互动"。②而法治中国建设,不单指法治国家、法治政府的维度,还包括我们曾经忽略的法治社会维度。这就要求,需要有覆盖社会各领域的制度,在法律规范体系之外,还需要有包含市民公约、乡规民约、行业规章、团体章程在内的社会规范体系;需要全社会共同参与,需要全社会法治观念增强,要在全社会树立法治权威,使人民认识到法律既是保障自身权利的有力武器,也是必须遵守的行为规范;需要形成良好的社会共治秩序;等等。2020年12月,中共中央印发了《法治社会建设实施纲要（2020—2025年）》（以下简称《实施纲要》），提出要建设信仰法治、公平正义、保障权利、守法诚信、充满活力、和谐有序的社会主义法治社会。由上可知,一体建设是在对法治中国建设进行整体考量后提出的,"法治国家、法治政府、法治社会建设相互促进"。③

（三）坚持统筹推进各重点领域法治化建设

如果将全面推进依法治国视作系统化法治建设之坐标体系,那么,其纵轴应当主要从法律运行角度着手,即"加快形成完备的法律规范体系、高效的法治实施体系、严密的法治监督体系、有力的法治保障体系"④;其横轴则应从国家治理领域各方面各环节的法治化着眼,其间,"法治国家、法治政府、法治社会一体建设"无疑具有主体工程的地位,此外,以习近平同志为核心的党中央还有许多重大战略是基于系统考虑、整体考虑提出的。比如,将治

---

① 习近平:《论坚持全面依法治国》,中央文献出版社2020年版,第4页。
② 江必新、王红霞:《法治社会建设论纲》,载《中国社会科学》2014年第1期。
③ 《习近平在中国共产党第十九次全国代表大会上的报告》,载《人民日报》2017年10月28日。
④ 中共中央文献研究室编:《习近平关于全面依法治国论述摘编》,中央文献出版社2015年版,第33页。

党治国治军统筹考虑，提出依法治国、依法治军、依规治党，明确"必须坚持依法治国与制度治党、依规治党统筹推进、一体建设"①，"深入推进依法治军、从严治军"②；又如，"加快建设法治经济和法治社会"③；再如，"健全党组织领导的自治、法治、德治相结合的城乡基层治理体系"④；等等。

全面依法治国的推进方略坚持统筹兼顾、整体谋划和重点把握的原则，综观国家治理各领域各方面各环节，当前已然在党的重大方针政策或者重要文件中明确提出法治化建设目标的法治中国建设"子系统"主要包括法治政府、法治社会、法治乡村、法治经济、法治区域和法治军队。将法治国家、法治政府、法治社会三者关系扩大适用于上述这些环节，法治中国建设仍应具有总揽全局、协调各方的地位，类似于一个"上位概念"，其他单元亦非简单并列、彼此割裂的关系，而是你中有我、各有侧重，以法治中国建设为最终归宿的有机整体；法治乡村建设旨在为全面依法治国夯实基层基础，其与法治社会建设连接更为紧密；发展是党执政兴国的第一要务，建设法治经济既要尊重市场规律，又要依靠法治政府，还要实现法治经济与法治社会共同推进；法治区域建设可以理解为法治国家建设在地方的具体实践；而建设法治国家势必要求建设一支与之相匹配的法治军队。

---

① 习近平：《论坚持全面依法治国》，中央文献出版社 2020 年版，第 169 页。
② 习近平：《论坚持全面依法治国》，中央文献出版社 2020 年版，第 158 页。
③ 《中共中央关于制定国民经济和社会发展第十三个五年规划的建议》。
④ 《中共中央关于党的百年奋斗重大成就和历史经验的决议》。

第一章

法治政府建设

以习近平同志为核心的党中央从治国理政的战略高度,科学总结我国长期以来特别是党的十八大以来法治政府建设经验,高倍聚焦"为什么要建设法治政府、建设什么样的法治政府、怎样建设法治政府"重大命题,对法治政府建设的战略定位、核心目标、衡量标准、着力重点、实现路径等进行了体系化的理论建构。[①]

一、法治政府建设的提出与发展

改革开放以来,我国民主与法制建设再次起步并稳步发展,推进依法行

[①] 本章参考文献主要有马怀德:《习近平法治思想中法治政府理论的核心命题》,载《行政法学研究》2020年第6期;马怀德:《论习近平法治思想中的法治政府理论》,载《政法论坛》2020年第6期;张文显:《习近平法治思想的理论体系》,载《法制与社会发展》2021年第1期;张文显:《习近平法治思想的基本精神和核心要义》,载《东方法学》2021年第1期;张文显:《习近平法治思想研究(下)——习近平全面依法治国的核心观点》,载《法制与社会发展》2016年第4期;黄文艺:《习近平法治思想要义解析》,载《法学论坛》2021年第1期;曹鎏:《论我国法治政府建设的目标演进与发展转型》,载《行政法学研究》2020年第4期;等等。

政成为政府法制建设的基本主题,政府对社会生活各个方面的管理实现了从"主要依靠行政手段"到"把依法行政作为基本准则"的历史性转变,依法行政理念也从最初的依法"治事"逐步转向依法"治权"。①在由"法制"走向"法治"的摸索过程中,依法行政、法治政府、法治国家等概念、理念相继走进我国法治建设视野。②2004 年温家宝同志所作国务院政府工作报告首次提出"法治政府"概念,同年国务院出台的《全面推进依法行政实施纲要》提出建设法治政府的目标。这些进展为新时代法治政府建设实践积累了经验素材,为走出一条中国特色社会主义法治道路奠定了基础。

法治政府建设是全面依法治国总工程中的重中之重。党的十八大以来,以习近平同志为核心的党中央高度重视并持续推进法治政府建设。在指导、推进法治政府建设的长期实践中,习近平总书记对法治政府建设的理论认知与思考不断深入,体现在党的历次重大会议的报告决定、党和国家出台的重要文件以及个人发表的一系列讲话、论述、文章之中。沿着时间脉络,可以清晰地看到习近平法治政府建设理论的初步形成、全面丰富、系统集成、深化拓展的发展进程。

2012 年党的十八大"全面推进依法治国"的顶层构想出台,意味着系统化、全方位的中国特色社会主义法治建设工程全面启动。党的十八大召开后不久,习近平总书记在纪念宪法公布实施 30 周年大会上提出"坚持依法治国、依法执政、依法行政共同推进,坚持法治国家、法治政府、法治社会一体建设"的重大命题,③此后在十八届中央政治局第四次集体学习等多个场合反复强调。有学者评论,"习近平总书记将法治政府从法治国家中抽取出来,提出法治国家、法治政府、法治社会一体建设,凸显了建设法治政府的重要

---

① 参见曹康泰主编:《政府法制建设三十年的回顾与展望》,中国法制出版社 2008 年版,第 1~7 页。

② 1993 年党的十四届三中全会提出"各级政府都要依法行政,依法办事";1997 年党的十五大将"依法治国"确定为党领导人民治理国家的基本方略;1999 年,《宪法》修改增加规定"中华人民共和国实行依法治国,建设社会主义法治国家";2002 年党的十六大提出健全社会主义法制,建设社会主义法治国家;2007 年党的十七大提出全面落实依法治国基本方略,加快建设社会主义法治国家;等等。

③ 习近平:《在首都各界纪念现行宪法公布施行 30 周年大会上的讲话》,人民出版社 2012 年版,第 12~13 页。

性，体现了全面推进依法治国的新布局"。①2013年党的十八届三中全会将坚持"三个共同推进""三个一体建设"纳入建设法治中国的要求之中，并将深化行政执法体制改革作为建设法治中国的一项重要任务。②2014年党的十八届四中全会是党中央首次以全会的形式专门研究法治问题，会上提出了全面推进依法治国的总目标，将坚持"三个共同推进""三个一体建设"作为工作布局，还提出了法治政府的六项核心目标（职能科学、权责法定、执法严明、公开公正、廉洁高效、守法诚信）和一系列推进举措。③这些目标和举措直指阻碍法治政府建设的顽瘴痼疾，清晰勾勒了法治政府的建成图景与实现路径。党的十八届四中全会对法治政府的全面多维的体系化描绘，丰富了法治政府建设的理论内涵，充分体现出以习近平同志为核心的党中央对法治政府建设的思考已更加深入与成熟。

2017年党的十九大作出中国特色社会主义进入新时代的重大政治论断，标示我国发展新的历史方位，相应地我国法治政府建设也同步迈入新征程。党的十九大报告对实现第二个百年奋斗目标作出了分两步推进的新战略安排，明确提出到2035年"法治国家、法治政府、法治社会基本建成"的时间表。党的十九届三中全会专题部署党和国家机构改革问题，"下决心解决党和国家机构设置和职能配置中存在的突出矛盾和问题"，④理顺组织与机构职能，以支撑法治政府建设。2018年党中央组建中央全面依法治国委员会，在委员会第一次会议上，习近平总书记强调，"建设法治政府是全面推进依法治国的重点任务和主体工程"，并提出健全依法决策机制、加大决策合法性审查力度、研究建立健全行政纠纷解决体系等具体要求。⑤2019年中央全面依法治国委员会第二次会议上，习近平总书记进一步指出，法治政府建设对法治国家、法治社会建设具有示范带动作用，应该率先取得突破，要加强对示范创建活动的

---

① 张文显：《习近平法治思想研究（下）——习近平全面依法治国的核心观点》，载《法制与社会发展》2016年第4期。

② 《中共中央关于全面深化改革若干重大问题的决定》，人民出版社2013年版，第31~33页。

③ 《中共中央关于全面推进依法治国若干重大问题的决定》，人民出版社2014年版，第4、15页。

④ 本书编写组编著：《〈中共中央关于深化党和国家机构改革的决定〉〈深化党和国家机构改革方案〉辅导读本》，人民出版社2018年版，第76页。

⑤ 习近平：《论坚持全面依法治国》，中央文献出版社2020年版，第233~234页。

指导；还提出要用法治来规范政府和市场的边界，解决好政府职能越位、缺位、错位的问题；等等。①党的十九届四中全会提出了"坚持和完善中国特色社会主义行政体制，构建职责明确、依法行政的政府治理体系"的具体要求。2020年在疫情防控关键时期召开的中央全面依法治国委员会第三次会议强调："各级党委和政府要全面依法履行职责，坚持运用法治思维和法治方式开展疫情防控工作，在处置重大突发事件中推进法治政府建设，提高依法执政、依法行政水平。"②中央全面依法治国工作会议上，习近平总书记再次强调："法治政府建设是重点任务和主体工程，要率先突破，用法治给行政权力定规矩、划界限，规范行政决策程序，加快转变政府职能。"③

综上，可以看出，中国特色社会主义法治理论将法治政府建设摆在法治中国建设的突出位置。以习近平同志为核心的党中央既强调法治政府建设的主体工程地位，提出率先突破，又将其纳入党和国家发展全局进行整体部署、统筹推进；既注重研究法治政府建设的全局性、普遍性问题，把握法治政府建设的一般规律，又特别注重根据每个时段国家发展的阶段性特征作出针对性的工作安排。"既着眼于对当下问题的深入思考，又系统论述了长远战略，是面向未来的法治政府建设理论。"④

二、法治政府建设的基本要求

法治政府建设理念内涵丰富，不仅涉及顶层战略层面的系统设计，还涉及对法治政府的核心目标和发力点作出的具体部署。习近平总书记在党的十八届四中全会上提出了法治政府建设的六项核心目标——职能科学、权责法定、执法严明、公开公正、廉洁高效、守法诚信，⑤描绘了法治政府的基本形

---

① 习近平：《论坚持全面依法治国》，中央文献出版社2020年版，第252、255页。
② 习近平：《论坚持全面依法治国》，中央文献出版社2020年版，第270~271页。
③ 习近平：《论坚持全面依法治国》，中央文献出版社2020年版，第4页。
④ 马怀德：《论习近平法治思想中的法治政府理论》，载《政法论坛》2020年第6期。
⑤ 《中共中央关于全面推进依法治国若干重大问题的决定》，载本书编写组编著：《〈中共中央关于全面推进依法治国若干重大问题的决定〉辅导读本》，人民出版社2014年版，第15页。

态，回答了建设什么样的法治政府的问题。①

党的十八大以来，针对法治政府建设实践中存在的短板，明确了贯彻落实的努力方向和实现路径，党中央和国务院回答了如何建设法治政府这一关键命题，形成并绘制了"法治政府"总图景——政府职能依法全面履行，依法行政制度体系完备，行政决策科学民主合法，宪法法律严格公正实施，行政权力规范透明运行，人民权益切实有效保障，依法行政能力普遍提高。这些重要观点体现在党的十八届四中全会决定、《法治政府建设实施纲要（2015—2020年）》《法治政府建设实施纲要（2021—2025年）》等重要文件之中。现对以上七个方面的要求进行阐述。

（一）依法全面履行政府职能

政府职能科学清晰，是政府依法全面履职的前提。法治政府核心目标的第一项就是职能科学，因而，法治政府建设第一要务就是要科学设置政府职能。党的十九届四中全会报告中提出："优化政府职责体系。完善政府经济调节、市场监管、社会管理、公共服务、生态环境保护等职能。"②党的十九届五中全会决定再次强调，"建设职责明确、依法行政的政府治理体系"。③习近平总书记还对政府和市场关系在理论上进一步作了定位："使市场在资源配置中起决定性作用和更好发挥政府作用。"④"使市场在资源配置中起决定性作用，不是说政府就无所作为，而是必须有所为、有所不为。""发挥党和政府积极作用，管好那些市场管不了或管不好的事情。"⑤并强调："政府职能转变到哪一步，法治建设就要跟进到哪一步。要发挥法治对转变政府职能的引导和规范作用，既要重视通过制定新的法律法规来固定转变政府职能已经取得的成果，引导和推动转变政府职能的下一步工作，又要重视通过修改或废止不合

---

① 姜明安教授对党的十八届四中全会上提出的法治政府建设的六项目标的具体内涵已作详尽解读和阐释。详见姜明安：《行政法》，北京大学出版社2017年版，第145~151页。
② 《中共中央关于坚持和完善中国特色社会主义制度 推进国家治理体系和治理能力现代化若干重大问题的决定》，载《人民日报》2019年11月6日。
③ 《中共中央关于制定国民经济和社会发展第十四个五年规划和二〇三五年远景目标的建议》，载《人民日报》2020年11月4日。
④ 习近平：《习近平谈治国理政》（第一卷），外文出版社2018年版，第75页。
⑤ 习近平：《习近平谈治国理政》（第三卷），外文出版社2020年版，第172页。

适的现行法律法规为转变政府职能扫除障碍。"①

习近平总书记对科学配置政府职能、促进政府依法履职的重要观点与论述主要体现在三个方面：

一是强调要依法履职。各级政府和政府部门"严格依照法定权限、规则、程序行使权力、履行职责"，②做到法定职责必须为、法无授权不可为、法定职权职责依法为。要以建设法治政府为目标，推进机构、职能、权限、程序、责任法定化，推进各级政府事权规范化、法律化。③习近平总书记强调，各级政府必须依法全面履行职能。④国家机关履行职责、行使职权必须清楚自身行为和活动的范围和界限。不得违背法律法规随意作出减损公民、法人和其他组织合法权益或增加其义务的决定。⑤"严格依法行政，切实履行职责，该管的事一定要管好、管到位，该放的权一定要放足、放到位，坚决克服政府职能错位、越位、缺位现象。"⑥

二是强调要全面履职。一个现代法治政府应当深化行政审批制度改革，大力推行权力清单、责任清单、负面清单制度并实行动态管理，理顺政府与市场、政府与社会的关系，优化政府组织结构，切实转变政府职能，依法全面履行宏观调控、市场监管、社会管理、公共服务、环境保护等方面的职责。⑦"要最大限度减少政府对微观事务的管理。对保留的审批事项，要推行权力清单制度，公开审批流程，提高审批透明度，压缩自由裁量权。"⑧

三是强调要积极履职。法治政府不是机械地依法办事，不是"消极政

---

① 中共中央文献研究室编：《习近平关于全面依法治国论述摘编》，中央文献出版社2015年版，第45页。

② 《习近平李克强栗战书赵乐际分别参加全国人大会议一些代表团审议》，载《人民日报》2018年3月11日。

③ 习近平：《论坚持全面依法治国》，中央文献出版社2020年版，第114页。

④ 习近平：《加快建设社会主义法治国家》，载《求是》2015年第1期。

⑤ 习近平：《充分认识颁布实施民法典重大意义 依法更好保障人民合法权益》，载《求是》2020年第12期。

⑥ 《习近平：正确发挥市场作用和政府作用 推动经济社会持续健康发展》，载《人民日报》2014年5月28日。

⑦ 参见《中共中央、国务院印发〈法治政府建设实施纲要（2015—2020年）〉》，载《人民日报》2015年12月28日。

⑧ 中共中央文献研究室编：《习近平关于全面依法治国论述摘编》，中央文献出版社2015年版，第63~64页。

府",而是蕴含着服务政府、便民政府、高效政府等多个维度。习近平总书记强调,各级政府必须依法全面履行职能,坚持法定职责必须为、法无授权不可为,勇于负责、敢于担当,坚决纠正不作为、乱作为,坚决克服懒政、怠政,坚决惩处失职、渎职。①习近平总书记在中央全面依法治国委员会第三次会议上强调,各有关部门要明确责任分工,积极主动履职,抓好任务落实,提高疫情防控法治化水平,切实保障人民群众生命健康安全。②

习近平总书记还对特定关键领域的全面依法履职作了强调,如"审计机关要在党中央统一领导下,适应新时代新要求,紧紧围绕党和国家工作大局,全面履行职责,坚持依法审计"③;在处置重大突发事件中推进法治政府建设,"各级党委和政府要全面依法履行职责,坚持运用法治思维和法治方式开展疫情防控工作"④。此外还强调"各级党委要肩负起促一方发展、保一方平安的政治责任,支持政法各单位依法履行职责"。⑤

(二)完善依法行政制度体系

依法行政是各级政府活动的基本准则,⑥也是法治政府建设最重要、最基本的要求。因而,首先要完善依法行政制度体系,在制度层面提供基本保障。关于完善依法行政制度体系,习近平总书记强调了以下几个方面:

一是依法行政制度的全面性。习近平总书记指出,要"把国家各项事业和各项工作纳入法制轨道","实现国家和社会生活制度化、法制化"⑦。

二是依法行政制度的系统性。"构建系统完备、科学规范、运行有效的依

---

① 《中共中央关于全面推进依法治国若干重大问题的决定》,人民出版社2014年版,第15~16页。
② 习近平:《全面提高依法防控依法治理能力 健全国家公共卫生应急管理体系》,载《求是》2020年第5期。
③ 《习近平:紧紧围绕党和国家工作大局 全面履行职责坚持依法审计完善体制机制》,载《人民日报》2020年1月3日。
④ 习近平:《全面提高依法防控依法治理能力 健全国家公共卫生应急管理体系》,载《求是》2020年第5期。
⑤ 《习近平对政法工作作出重要指示强调 着力提高政法工作现代化水平 建设更高水平的平安中国法治中国》,载《人民日报》2020年1月18日。
⑥ 中共中央宣传部编:《习近平新时代中国特色社会主义思想三十讲》,学习出版社2018年版,第189页。
⑦ 中共中央文献研究室编:《十八大以来重要文献选编》(上),中央文献出版社2014年版,第89~90页。

法行政制度体系，使政府管理各方面制度更加成熟更加定型，为建设社会主义市场经济、民主政治、先进文化、和谐社会、生态文明，促进人的全面发展，提供有力制度保障。"①

三是通过多种举措提高行政立法质量。"依法行政不仅指依法执法，还包括依法制定行政法规、规章和规范性文件等。"②"推动法治政府建设离不开良法善治的引领。完备的制度体系是法治政府运行的可靠保障，要把良法善治落实到政府立法和公共政策之中。"③"行政立法在实践中是不可缺失的，对于琐碎的具体事务的处理，立法机关可谓鞭长莫及。"④行政立法质量直接影响法治政府建设，必须重视行政立法的民主性、科学性问题，否则良法将无从谈起。具体包括完善政府立法体制机制、加强重点领域政府立法、提高政府立法公众参与度、加强规范性文件监督管理、建立行政法规、规章和规范性文件清理长效机制等。

（三）推进行政决策科学化、民主化、法治化

"行政决策是行政过程的起点，'无决策，即无行政'，决策也是为行政执行和行政监督提供依据。"⑤行政决策科学民主合法，是法治政府建设的衡量标准之一。违法决策、不当决策、拖延决策直接影响行政决策公信力和执行力，从而阻碍法治政府建设进程，因而应当严格落实决策法定程序、提高决策质量、保证决策效率，推进行政决策科学化、民主化、法治化。

一是健全依法决策机制。习近平总书记指出："健全依法决策机制，构建决策科学、执行坚决、监督有力的权力运行机制。"⑥要完善重大行政决策程序

---

① 《中共中央、国务院印发〈法治政府建设实施纲要（2015—2020年）〉》，载《人民日报》2015年12月28日。
② 参见姜明安：《法治政府建设的四个关键点》，载《人民论坛》2018年第13期。
③ 江必新、程琥：《论良法善治原则在法治政府评估中的应用》，载《中外法学》2018年第6期。
④ 参见[英]威廉·韦德、克里斯托弗·福赛：《行政法》（第十版），骆梅英等译，中国人民大学出版社2018年版，第651~653页。
⑤ 肖捷：《完善国家行政体制》，载《党的十九届四中全会〈决定〉学习辅导百问》，党建读物出版社、学习出版社2019年版，第161页。
⑥ 习近平：《习近平谈治国理政》（第三卷），外文出版社2020年版，第29页。

制度,①明确决策主体、事项范围、法定程序、法律责任,规范决策流程,强化决策法定程序的刚性约束。

二是提高决策质量。包括增强公众参与实效(对重大行政决策事项应广泛听取民意,推行文化教育、医疗卫生、资源开发、环境保护、公用事业等重大民生决策事项民意调查制度等)、提高专家论证风险评估质量(对专业性、技术性较强的决策事项应组织专家、专业机构论证,落实重大决策社会稳定风险评估机制等)、加强合法性审查(建立行政机关内部重大决策合法性审查机制)、坚持集体讨论决定等。

三是严格决策责任追究。决策机关应当跟踪决策执行情况和实施效果,根据实际需要进行重大行政决策后评估。健全并严格实施重大决策终身责任追究制度及责任倒查机制,对决策严重失误或者依法应该及时作出决策但久拖不决造成重大损失、恶劣影响的,严格追究行政首长、负有责任的其他领导人员和相关责任人员的党纪政纪和法律责任。②

(四)坚持严格规范公正文明执法

行政执法是政府实施法律法规、履行法定职能、管理经济社会事务的主要方式。习近平总书记指出:"国务院和地方各级人民政府作为国家权力机关的执行机关,作为国家行政机关,负有严格贯彻实施宪法和法律的重要职责,要规范政府行为,切实做到严格规范公正文明执法。"③习近平总书记进一步提出,"针对当前依然存在的执法不规范、不严格、不透明、不文明以及不作为、乱作为等突出问题,必须加快建立权责统一、权威高效的依法行政体制。"④"要推进严格执法,理顺执法体制,完善行政执法程序,全面落实行政执法责任制。"⑤习近平总书记对坚持严格规范公正文明执法的重要论述主要包括如下三个层次的内容。

---

① 党的十八届四中全会决定把公众参与、专家论证、风险评估、合法性审查、集体讨论决定确定为重大行政决策法定程序,确保行政决策制度科学、程序正当、过程公开、责任明确。
② 《中共中央、国务院印发〈法治政府建设实施纲要(2015—2020年)〉》,载《人民日报》2015年12月28日。
③ 习近平:《在首都各界纪念现行宪法公布施行30周年大会上的讲话》,人民出版社2012年版,第9页。
④ 习近平:《习近平谈治国理政》(第三卷),外文出版社2020年版,第174页。
⑤ 习近平:《论坚持全面依法治国》,中央文献出版社2020年版,第230页。

一是深化行政执法体制改革。合理配置执法力量,最大限度减少不必要的行政执法事项;进一步整合行政执法队伍,继续探索实行跨领域跨部门综合执法,推动执法重心下移,提高行政执法能力水平;落实行政执法责任制和责任追究制度。① 在本轮深化党和国家机构改革中,习近平总书记提出,"把深化综合执法改革作为专项任务,在市场监管、生态环保、文化市场、交通运输、农业等领域整合组建执法队伍,大幅减少执法队伍类别,合理配置执法力量,着力解决多头多层重复执法问题,努力做到严格规范公正文明执法"。② 这些都是全面提高执法效能的有效举措。

二是全面贯彻严格规范公正文明执法。目前,执法过程中仍存在粗放执法、变通执法、越权执法等问题,严重影响党和政府的形象。行政机关是执法主体,要带头严格执法。"要严格执法资质、完善执法程序,建立健全行政裁量权基准制度,确保法律公正、有效实施。"③ 习近平总书记强调:"公平正义是执法司法工作的生命线。""要抓住关键环节……努力让人民群众在每一起案件办理、每一件事情处理中都能感受到公平正义。"要"严格规范公正文明执法","把打击犯罪同保障人权、追求效率同实现公正、执法目的同执法形式有机统一起来","努力实现最佳的法律效果、政治效果、社会效果"④。习近平总书记还特别强调:"涉及群众的问题,要准确把握社会心态和群众情绪,充分考虑执法对象的切身感受,规范执法言行,推行人性化执法、柔性执法、阳光执法,不要搞粗暴执法、'委托暴力'那一套。"⑤

三是加强行政执法保障。推动形成全社会支持行政执法机关依法履职的氛围。对妨碍行政机关正常工作秩序、阻碍行政执法人员依法履责的违法行为,坚决依法处理。各级党政机关和领导干部要支持行政执法机关依法公正行使职权,不得让行政执法人员做不符合法律规定的事情。

---

① 参见《中共中央关于坚持和完善中国特色社会主义制度、推进国家治理体系和治理能力现代化若干重大问题的决定》,载《党的十九届四中全会〈决定〉学习辅导百问》,党建读物出版社、学习出版社2019年版,第12页。

② 习近平:《习近平谈治国理政》(第三卷),外文出版社2020年版,第174页。

③ 习近平:《加快建设社会主义法治国家》,载《求是》2015年第1期。

④ 习近平:《论坚持全面依法治国》,中央文献出版社2020年版,第259~260页。

⑤ 习近平:《论坚持全面依法治国》,中央文献出版社2020年版,第52页。

（五）强化对行政权力的制约和监督

纵观人类政治文明史，权力是一把"双刃剑"，在法治轨道上行使可以造福人民，在法律之外行使则必然祸害国家和人民。[1]"任何国家机关及其工作人员的权力都要受到制约和监督。"[2]"行政机关拥有资源配置和社会管理的广泛权力，是各种腐败现象的汇合点。加强对行政权力的制约和监督，对法治政府建设至关重要。"[3]法治政府同时应是诚信政府、阳光政府、廉洁政府。习近平总书记对权力监督作了许多精辟的阐述。

一是健全权力运行制约和监督体系。"我们要健全权力运行制约和监督体系，有权必有责，用权受监督，失职要问责，违法要追究，保证人民赋予的权力始终用来为人民谋利益。"[4]"要强化制约，合理分解权力，科学配置权力，不同性质的权力由不同部门、单位、个人行使，形成科学的权力结构和运行机制。"[5]

二是加强对政府内部权力的制约。强化对行政权力制约的重点是加强对政府内部权力的制约与监督。"对财政资金分配使用、国有资产监管、政府投资、政府采购、公共资源转让、公共工程建设等权力集中的部门和岗位实行分事行权、分岗设权、分级授权，定期轮岗，强化内部流程控制，防止权力滥用。完善政府内部层级监督和专门监督，改进上级机关对下级机关的监督，建立常态化监督制度。完善纠错问责机制，健全责令公开道歉、停职检查、引咎辞职、责令辞职、罢免等问责方式和程序。完善审计制度，保障依法独立行使审计监督权。"[6]

三是增强监督合力和实效。"要加强党内监督、人大监督、民主监督、行政监督、司法监督、审计监督、社会监督、舆论监督，努力形成科学有效的

---

[1] 中共中央宣传部编：《习近平新时代中国特色社会主义思想学习纲要》，学习出版社、人民出版社 2019 年版，第 101~102 页。

[2] 习近平：《论坚持全面依法治国》，中央文献出版社 2020 年版，第 75 页。

[3] 张文显：《习近平法治思想研究（下）——习近平全面依法治国的核心观点》，载《法制与社会发展》2016 年第 4 期。

[4] 习近平：《习近平谈治国理政》（第一卷），外文出版社 2018 年版，第 142 页。

[5] 中共中央文献研究室编：《习近平关于全面依法治国论述摘编》，中央文献出版社 2015 年版，第 59 页。

[6]《中共中央关于全面推进依法治国若干重大问题的决定》，人民出版社 2014 年版，第 19 页。

权力运行和监督体系,增强监督合力和实效。"①习近平总书记强调:"要强化监督,着力改进对领导干部特别是一把手行使权力的监督,加强领导班子内部监督,加强行政监察、审计监督、巡视监督。"②

四是全面推进政务公开。"政务公开是建设法治政府的一项重要制度。要以制度安排把政务公开贯穿政务运行全过程,权力运行到哪里,公开和监督就延伸到哪里。"③习近平总书记强调,要全面推进政务公开。"要推进权力运行公开化、规范化,完善党务公开、政务公开、司法公开和各领域办事公开制度,让人民监督权力,让权力在阳光下运行。"④"坚持以公开为常态、不公开为例外原则,推进决策公开、执行公开、管理公开、服务公开、结果公开。各级政府及其工作部门依据权力清单,向社会全面公开政府职能、法律依据、实施主体、职责权限、管理流程、监督方式等事项。重点推进财政预算、公共资源配置、重大建设项目批准和实施、社会公益事业建设等领域的政府信息公开。"⑤"要创新公开方式,扩大政务公开参与,注重公开实效,让群众看得懂、听得懂、能监督、好参与。"⑥

此外,习近平总书记还强调了监督部门的自身监督意识与职责,"纪检监察机关要在强化自我监督、自我约束上作表率,牢固树立法治意识、程序意识、证据意识,严格按照权限、规则、程序开展工作,下更大气力把队伍建强、让干部过硬"⑦。

(六)依法有效化解社会矛盾纠纷

矛盾处理是一个国家、社会长治久安的一项基础性工作。解决问题的宗旨,就是为人民服务。老百姓都能够顺心满意,我们这个国家才能越来越好。

---

① 习近平:《加快建设社会主义法治国家》,载《求是》2015年第1期。
② 中共中央文献研究室编:《习近平关于全面依法治国论述摘编》,中央文献出版社2015年版,第59~60页。
③ 《习近平:扭住全面深化改革各项目标 落实主体责任拧紧责任螺丝》,载《人民日报》2016年1月12日。
④ 习近平:《习近平谈治国理政》(第二卷),外文出版社2017年版,第298页。
⑤ 《中共中央关于全面推进依法治国若干重大问题的决定》,人民出版社2014年版,第19~20页。
⑥ 《习近平:扭住全面深化改革各项目标 落实主体责任拧紧责任螺丝》,载《人民日报》2016年1月12日。
⑦ 习近平:《习近平谈治国理政》(第三卷),外文出版社2020年版,第550页。

人民权益要靠法律保障，为使人民权益得到切实有效保障，应当依法有效化解社会矛盾纠纷。

一是增强全民法治观念。引导人民群众通过法定渠道解决矛盾纠纷。"强化法律在维护群众权益、化解社会矛盾中的权威地位，引导和支持人们理性表达诉求、依法维护权益，解决好群众最关心最直接最现实的利益问题。"①习近平总书记指出，"要引导全体人民遵守法律，有问题依靠法律来解决"，"使大家都相信，只要是合理合法的诉求，通过法律程序就能得到合理合法的结果"。②

二是完善社会矛盾纠纷多元预防调处化解综合机制。行政机关在预防、解决行政争议和民事纠纷中要充分发挥作用。习近平总书记指出，"基层是社会和谐稳定的基础。要完善社会矛盾纠纷多元预防调处化解综合机制，把党员、干部下访和群众上访结合起来，把群众矛盾纠纷调处化解工作规范起来，让老百姓遇到问题能有地方'找个说法'，切实把矛盾解决在萌芽状态、化解在基层"。③"要加强和创新基层社会治理，坚持和完善新时代'枫桥经验'，加强城乡社区建设，强化网格化管理和服务，完善社会矛盾纠纷多元预防调处化解综合机制，切实把矛盾化解在基层，维护好社会稳定。"④习近平总书记的一系列重要讲话为调处化解社会矛盾纠纷提供了方法论上的指导。

三是健全依法化解纠纷机制。构建对维护群众利益具有重大作用的制度体系，建立健全社会矛盾预警机制、利益表达机制、协商沟通机制、救济救助机制。加强行政复议工作，完善行政调解、行政裁决、仲裁制度，加强人民调解工作，促使各种纠纷解决方式有机衔接、相互协调，全面形成公正、高效、便捷、成本低廉的多元化矛盾纠纷解决机制。改革信访工作制度，把信访纳入法治化轨道，保障合理合法诉求依照法律规定和程序就能得到合理合法的结果。

---

① 《中共中央关于全面推进依法治国若干重大问题的决定》，人民出版社2014年版，第29页。
② 参见中共中央文献研究室编：《习近平关于全面依法治国论述摘编》，中央文献出版社2015年版，第88页。
③ 习近平：《论"三农"工作》，中央文献出版社2022年版，第228页。
④ 习近平：《论"三农"工作》，中央文献出版社2022年版，第229页。

（七）全面提高政府工作人员法治思维和依法行政能力

政府工作人员特别是领导干部是法治政府建设的主力军，具体行使国家行政权，其法治思维和依法行政能力水平直接影响法律的公正有效实施，影响法律的尊严和权威，影响人民群众对社会公平正义的信心。"执法是把纸面上的法律变为现实生活中活的法律的关键环节，执法人员必须忠于法律、捍卫法律，严格执法、敢于担当。"① "要加强公职人员队伍建设和管理，提高依法履职能力。"② 习近平总书记多次强调建设一支德才兼备的高素质法治队伍至关重要，③ 提出必须着力建设一支忠于党、忠于国家、忠于人民、忠于法律的社会主义法治工作队伍，④ 一支党和人民信得过、靠得住、能放心的政法队伍⑤。

一是重视法治素养和法治能力的用人导向。"用人导向最重要、最根本、也最管用。""法治观念、法治素养是干部德才的重要内容。""在相同条件下，优先提拔使用法治素养好、依法办事能力强的干部。"⑥

二是抓住领导干部这个"关键少数"。"领导干部必须带头尊崇法治、敬畏法律，了解法律、掌握法律，遵纪守法、捍卫法治，厉行法治、依法办事，不断提高运用法治思维和法治方式深化改革、推动发展、化解矛盾、维护稳定的能力，做尊法学法守法用法的模范，以实际行动带动全社会尊法学法守法用法。"⑦ 习近平总书记提出，"领导干部提高法治思维和依法办事能力，关键是要做到以下几点。一是要守法律、重程序，这是法治的第一位要求。二是要牢记职权法定，明白权力来自哪里、界线划在哪里，做到法定职责必须为、法无授权不可为。三是要保护人民权益，这是法治的根本目的。四是要受监督，这既是对领导干部行使权力的监督，也是对领导干部正确行使权力

---

① 习近平：《加快建设社会主义法治国家》，载《求是》2015年第1期。
② 《习近平在庆祝澳门回归祖国15周年大会暨澳门特别行政区第四届政府就职典礼上的讲话》，载《人民日报》2014年12月21日。
③ 参见习近平：《加快建设社会主义法治国家》，载《求是》2015年第1期。
④ 习近平：《习近平谈治国理政》（第三卷），外文出版社2020年版，第286页。
⑤ 《习近平对政法工作作出重要指示强调 着力提高政法工作现代化水平 建设更高水平的平安中国法治中国》，载《人民日报》2020年1月18日。
⑥ 参见中共中央文献研究室编：《习近平关于全面依法治国论述摘编》，中央文献出版社2015年版，第127页。
⑦ 习近平：《习近平谈治国理政》（第三卷），外文出版社2020年版，第287页。

的制度保护"。① 习近平总书记强调，各级领导干部不要去行使依法不该由自己行使的权力，也不要去干预依法自己不能干预的事情，更不能以言代法、以权压法、徇私枉法。②

三是要注重法治人才的培养。"法治人才培养上不去，法治领域不能人才辈出，全面依法治国就不可能做好。"③ "要加强理想信念教育，深入开展社会主义核心价值观和社会主义法治理念教育，推进法治专门队伍正规化、专业化、职业化，提高职业素养和专业水平。要坚持立德树人，德法兼修，创新法治人才培养机制，努力培养造就一大批高素质法治人才及后备力量。"④ 在中央全面依法治国工作会议上，习近平总书记强调："坚持统筹推进国内法治和涉外法治。要加快涉外法治工作战略布局，协调推进国内治理和国际治理，更好维护国家主权、安全、发展利益。"⑤ 这实质上对加强涉外法治人才培养提出了具体要求。王晨同志在北京部分高等院校调研时强调，要以习近平法治思想为指导，推进涉外法治人才培养，为加快涉外法治工作战略布局提供有力人才支撑。加强法律储备和人才储备，努力培养大批政治立场坚定、专业素质过硬、跨学科跨领域、善于破解实践难题的一流涉外法治人才队伍。健全国际法学科体系，建立以实践为导向的涉外法治人才培养机制，主动服务国家战略，服务重点领域、新兴领域、涉外领域立法，为提升我国在国际法律事务和全球治理方面的话语权和影响力作出积极贡献。⑥

综上，以习近平同志为核心的党中央全方位地提出法治政府建设的新规划，这既是法治政府建设的目标方向，也是检验法治政府建设的衡量标准，更是法治政府建设的实践要求。

---

① 中共中央文献研究室编：《习近平关于全面依法治国论述摘编》，中央文献出版社2015年版，第125页。
② 习近平：《论坚持全面依法治国》，中央文献出版社2020年版，第25页。
③ 习近平：《论坚持全面依法治国》，中央文献出版社2020年版，第174页。
④ 习近平：《习近平谈治国理政》（第三卷），外文出版社2020年版，第286页。
⑤ 习近平：《论坚持全面依法治国》，中央文献出版社2020年版，第5页。
⑥ 《以习近平法治思想为指导 推进涉外法治人才培养》，载《人民日报》2020年11月27日。

三、法治政府建设之推进

为了进一步推进法治政府建设，需要紧密结合新时代法治建设实践，对我国以往法治政府建设理论与实践进行总结提炼与发展创新，主要体现在以下四个方面：

（一）拓展深化"党的领导"理论

党的领导是中国特色社会主义最本质的特征，是社会主义法治最根本的保证。① 把党的领导贯彻到依法治国全过程和各方面，是我国社会主义法治建设的一条基本经验。② 在指导与推进法治政府建设进程中，习近平总书记特别重视对党的领导理论进行创新发展：

一是强化党总揽全局、协调各方的领导地位。从当前和长远的国家发展需要来看，我国经济社会系统的复杂程度远超历史上任何一个时期，发展环境也面临深刻复杂变化，对国家治理、政府履责的精准性、系统性、协调性、前瞻性都提出了更高的要求；加之随着改革的不断深入，各部门、各领域、各方面、各环节的关联性、互动性也明显增强，某一方面的决策都可能对其他方面产生影响，而每一项决策的执行落实又需要相关方面的协力配合，这些都势必需要更好发挥我国制度的最大优势——中国共产党领导。习近平总书记强调，坚持和加强党的全面领导③。确保党发挥总揽全局、协调各方的领导核心作用。④"党总揽全局、协调各方的领导体系是居于统领地位的，是全覆盖、全贯穿的，人大、政府、政协、监察机关、审判机关、检察机关、人民团体、企事业单位、社会组织以及武装力量等在党的统一领导下，各就其位、各司其职、各尽其责、有序协同，保证中央和地方各级政令统一、运行

---

① 习近平：《论坚持全面依法治国》，中央文献出版社2020年版，第92页。
② 中共中央文献研究室编：《习近平关于全面依法治国论述摘编》，中央文献出版社2015年版，第33~34页。
③ 《习近平在中国共产党第十九次全国代表大会上的报告》，载《人民日报》2017年10月28日。
④ 习近平：《论坚持全面依法治国》，中央文献出版社2020年版，第43页。

顺畅、执行高效、充满活力。"①只有在党的集中统一领导下,才能更加有力有序有效地把党的领导贯彻落实到法治政府建设的方方面面,才能保证政令上下贯通、执行有力,才能促进协同配合,形成工作合力,才能优化政策效应,提高行政效能,从而更好地发挥政府的作用。

二是强调党对法治政府建设的积极推动作用。从世界范围来看,法治秩序的形成与经济社会发展需要一般是同步的,是一个自发的、内生的、渐进的过程,但这个过程往往比较漫长,需要经过上百年甚至几百年的时间。而我国有着自己的特殊国情,一方面,在短短七十多年的时间里,我们党领导人民创造了世所罕见的经济快速发展和社会长期稳定两大奇迹;另一方面,同时也要注意到,相对而言,我国属于法治后发国家,因而法治要跟上经济社会发展速度,发挥引领、规范、保障作用,就必须发挥党对法治政府建设的推动作用。习近平总书记指出,"我们要在短短几十年时间内在十三亿多人口的大国实现社会主义现代化,就必须自上而下、自下而上双向互动地推进法治化"。②细数我国发展的每一个重要时间节点,以习近平同志为核心的党中央立足全局和长远,对法治政府建设进行战略谋划和顶层设计,明确了目标方向,规划了时间表、任务书等。比如,2018年党中央组建中央全面依法治国委员会就是加强党对法治政府建设领导的一项重要举措;党的十八届四中全会对"深入推进依法行政,加快建设法治政府"作了全面部署,提出了法治政府的建设目标和重点任务;2021年1月,中共中央印发了《法治中国建设规划(2020—2025年)》这一重要文件,其中相当大的一部分内容关涉法治政府建设问题,如提出构建职责明确、依法行政的政府治理体系的具体要求。以上这些都充分体现了党对法治政府建设的谋划和推动作用。

三是切实将党的领导落实到法治政府建设的各方面、各环节。"坚持党的领导不是一句空的口号,必须具体体现在党领导立法、保证执法、支持司法、带头守法上。"③党的十八届四中全会决定提出,各级政府必须坚持在党的领导下、在法治轨道上开展工作,并提出了一些重要措施。习近平总书记强

---

① 习近平:《习近平谈治国理政》(第三卷),外文出版社2020年版,第169页。
② 习近平:《论坚持全面依法治国》,中央文献出版社2020年版,第136页。
③ 习近平:《加快建设社会主义法治国家》,载《求是》2015年第1期。

调，全面推进依法治国的重点应当是保证法律严格实施。① 习近平总书记早在2012年就提出党要"保证执法"，② 后来进一步阐释："对执法机关严格执法，只要符合法律和程序的，各级党委和政府都要给予支持和保护，不要认为执法机关给自己找了麻烦，也不要担心会给自己的形象和政绩带来什么不利影响。"③ 此外，习近平总书记还提出，要支持政法系统各单位依照宪法法律独立负责、协调一致开展工作。同时强调，党对政法工作的领导是管方向、管政策、管原则、管干部，不是包办具体事务，不要越俎代庖。④

（二）三个共同推进、三个一体建设

"三个共同推进、三个一体建设"是法治政府建设理论方面的重要观点，是对法治政府建设理论的重大创新。习近平总书记最初提出"坚持依法治国、依法执政、依法行政共同推进，坚持法治国家、法治政府、法治社会一体建设"是在首都各界纪念现行宪法公布施行30周年大会上。⑤ 后来在十八届中央政治局第四次集体学习、党的十八届三中全会、十八届四中全会、十九大、二十大等许多重大场合，习近平总书记都进行了强调与阐述，其内涵不断丰富与完善。《法治中国建设规划（2020—2025年）》也将其列为法治中国建设主要原则之一"坚持统筹推进"中的重要内容。⑥

一是强调共同推进、一体建设的整体性。法治国家、法治政府、法治社会是有机联系的统一整体，必须一体建设、形成合力。随着全面深化改革的深入，改革进入攻坚期和深水区，更多深层次的体制机制问题暴露出来，许多都是涉及利益关系和权力格局调整的"硬骨头"，这些对统筹谋划、协调推进的要求更高，法治建设必须回应这一现实问题。正是在这种时代背景下，

---

① 习近平：《论坚持全面依法治国》，中央文献出版社2020年版，第96~97页。
② 习近平：《在首都各界纪念现行宪法公布施行30周年大会上的讲话》，人民出版社2012年版，第11页。
③ 中共中央文献研究室编：《习近平关于全面依法治国论述摘编》，中央文献出版社2015年版，第59页。
④ 习近平：《论坚持全面依法治国》，中央文献出版社2020年版，第44页。
⑤ 习近平：《在首都各界纪念现行宪法公布施行30周年大会上的讲话》，人民出版社2012年版，第12~13页。
⑥ 《中共中央印发〈法治中国建设规划（2020—2025年）〉》，载《人民日报》2021年1月11日。

习近平总书记提出了"三个共同推进、三个一体建设"。他指出:"全面依法治国是一个系统工程,必须统筹兼顾、把握重点、整体谋划,更加注重系统性、整体性、协同性。"① "要在共同推进上着力,在一体建设上用劲。"② 依法治国、依法执政、依法行政同样是一个有机整体,三者本质一致、目标一体、成效相关,"关键在于党要坚持依法执政、各级政府要坚持依法行政"③。坚持"三个共同推进、三个一体建设",体现的是统筹兼顾原则,可以有效避免畸轻畸重、顾此失彼的现象。④

二是法治国家、法治政府、法治社会统一于法治中国的框架之中。一般意义上而言,国家是上位概念,包含了政府和社会,而政府和社会则是国家构成的不同呈现形式。法治国家中存在法治政府和法治社会的分野,二者统一于法治国家的框架中,"旨在解决法治建设方面各自为政的问题,增强法治建设的整体性、系统性、协同性"⑤。

三是深化了法治国家、法治政府、法治社会三者的相互关系。"法治国家、法治政府、法治社会三者各有侧重、相辅相成,法治国家是法治建设的目标,法治政府是建设法治国家的主体,法治社会是构筑法治国家的基础。"⑥ 可见,统属于"法治中国"整体的各个部分虽有不同侧重,但相互之间是相互联系、不可割裂的。比如,法治政府建设也不是单单依靠政府自身就可以实现,还需要良好的法治环境,需要社会多元主体共同治理,需要党和国家的各类资源等。在一体建设中,如果只片面注重某一方面,就容易受到其他方面的掣肘,影响治理效能;而坚持统筹考量、整体推进,则能相互促进、相互强化、相互支撑。党的十九大报告提出"法治国家、法治政府、法治社会建设相互促进"的表述。⑦ 党的二十大报告提出"坚持法治国家、法治政府、

---

① 习近平:《加强党对全面依法治国的领导》,载《求是》2019年第4期。
② 习近平:《加快建设社会主义法治国家》,载《求是》2015年第1期。
③ 习近平:《加强党对全面依法治国的领导》,载《求是》2019年第4期。
④ 江必新:《习近平全面依法治国新理念新思想新战略对法治理论的发展》,载《法学杂志》2020年第5期。
⑤ 张文显:《习近平法治思想的理论体系》,载《法制与社会发展》2021年第1期。
⑥ 习近平:《加强党对全面依法治国的领导》,载《求是》2019年第4期。
⑦ 《习近平在中国共产党第十九次全国代表大会上的报告》,载《人民日报》2017年10月28日。

法治社会一体建设"。

四是强调了依法行政、法治政府在共同推进、一体建设中的主体地位和枢纽功能。习近平总书记将法治政府建设作为依法治国的重点任务和主体工程,将依法行政作为依法治国的关键之一,凸显了法治政府在法治中国建设中的主体地位。主要体现为,将法治政府建设作为抓手,率先进行突破,以法治政府的建设水平来衡量、评判国家的法治水平,以法治政府建设作为联结"三个共同推进、三个一体建设"的枢纽,从依法行政环节来助推科学立法和公正司法,从法治政府带头尊法、信法、守法、用法、护法,为法治国家、法治社会树立典型示范,发挥对法治国家与法治社会建设的示范带动作用。

(三)充实完善"严格执法"理论

"严格执法"是依法行政的基本要求,是建设法治政府的关键环节。在党的十八大以前,"严格执法"的要义集中体现在"执法必严、违法必究"方面。习近平总书记在法治实践基础上,对"严格执法"理论作了全面拓展:

一是强调严格执法的重要地位。习近平总书记强调:"全面推进依法治国,必须坚持严格执法。法律的生命力在于实施。如果有了法律而不实施,或者实施不力,搞得有法不依、执法不严、违法不究,那制定再多法律也无济于事。"① 法令行则国治,法令弛则国乱。"现实生活中出现的很多问题,往往同执法失之于宽、失之于松有很大关系……对违法行为一定要严格尺度、依法处理。"② "各级国家行政机关、审判机关、检察机关是法律实施的重要主体,必须担负法律实施的法定职责。"③ 这是因为,"法治建设要为了人民、依靠人民、造福人民、保护人民"④。"执法部门代表的是人民利益,决不能成为家族势力、黑恶势力的保护伞。"不能"有法不依、执法不严,把法律法规当儿戏。""我们必须促进严格规范公正文明执法,让人民群众真正感受到公平

---

① 习近平:《论坚持全面依法治国》,中央文献出版社 2020 年版,第 20~21 页。
② 中共中央文献研究室编:《习近平关于全面依法治国论述摘编》,中央文献出版社 2015 年版,第 58 页。
③ 习近平:《论坚持全面依法治国》,中央文献出版社 2020 年版,第 74 页。
④ 习近平:《加强党对全面依法治国的领导》,载《求是》2019 年第 4 期。

正义就在身边。"①

二是强调严格规范公正文明执法的统一性。全面依法治国的重点任务是着力推进"科学立法、严格执法、公正司法、全民守法",这也被称为新时代我国法治建设的"新十六字方针"。这其中将执法环节的要求概括为"严格执法",是对执法环节的重点要求的强调,同时也是高度精练概括的需要。但不可据此认为,法治政府建设对执法环节只是提出了"严格执法"的要求。习近平总书记提出,"推进严格执法,重点是解决执法不规范、不严格、不透明、不文明以及不作为、乱作为等突出问题"。② 由此可见,此处的"严格执法"实质上是广义的概念,涵盖了严格规范公正文明执法,这也是法治建设的重点任务和基本要求。习近平总书记指出,"能不能做到严格规范公正文明执法,事关人民群众切身利益,事关党和政府法治形象……严格规范公正文明执法是一个整体,要准确把握、全面贯彻,不能畸轻畸重、顾此失彼。执法的最好效果就是让人口服心服"。③ 因此,必须注重执法目的与执法形式的有机统一,做到严格规范文明公正执法,切不可片面地、机械地理解和实施,这既是形式法治与实质法治相统一的基本要求,也是实现执法最佳法律效果、政治效果和社会效果的必然要求。

三是将"严格执法"延伸到每个领域都一体实施,对所有对象均一视同仁。习近平总书记对互联网、生态环境保护等多个领域明确提出"严格执法"要求。习近平总书记指出,"无论什么形式的媒体,无论网上还是网下,无论大屏还是小屏,都没有法外之地、舆论飞地"。④ 关于生态环境保护,习近平总书记强调,生态文明建设是关系中华民族永续发展的千年大计,⑤ 要"用最严格的制度、最严密的法治保护生态环境"⑥。

四是强化对执法的监督保障。不受监督的权力必将走向滥用乃至腐败。

---

① 习近平:《论坚持全面依法治国》,中央文献出版社2020年版,第225页。
② 习近平:《加快建设社会主义法治国家》,载《求是》2015年第1期。
③ 习近平:《论坚持全面依法治国》,中央文献出版社2020年版,第259~260页。
④ 中共中央党史和文献研究院编:《习近平关于网络强国论述摘编》,中央文献出版社2021年版,第83页。
⑤ 习近平:《论坚持人与自然和谐共生》,中央文献出版社2022年版,第249页。
⑥ 习近平:《论坚持人与自然和谐共生》,中央文献出版社2022年版,第176页。

强化对执法的监督,是确保法律公正有效实施的有效途径。习近平总书记强调,"行政机关是实施法律法规的重要主体,要带头严格执法……法律需要人来执行,如果执法的人自己不守法,那法律再好也没用!我们要加强对执法活动的监督,坚决排除对执法活动的非法干预,坚决防止和克服地方保护主义和部门保护主义,坚决防止和克服执法工作中的利益驱动,坚决惩治腐败现象,做到有权必有责、用权受监督、违法必追究"。[①] 习近平总书记还强调对严格执法的保障,提出党要"保证执法"[②]。

(四)推动行政法理论体系的创新发展

法治政府建设理论与新时代法治政府建设实践紧密相连,阐明了新时代特定社会背景下的法治理论元素,推动了我国法学理论尤其是行政法理论体系的发展。

一是推动行政法基础理论的发展。党的十八大以来,中国共产党在对法治建设实践经验进行总结提炼的基础上,提出了与我国国情相符的改革发展举措,取得了一些制度与理论创新成果,但同时也较以往发生了系列变化,这是行政法理论的新的时代背景。"进入新时代的中国亦将出现或者已经出现若干需要行政法调整但又无法在现有框架中找到准确坐标的区域",[③] 行政法的调整范围也必然随着时代赋予的新任务的变化而发生变化。比如,党的十九届三中全会通过的《深化党和国家机构改革方案》提出,要推进职责相近的党政机关合并设立或合署办公。这能有效破解机构设置和职能配置中的各种突出矛盾,推进机构职能优化协同高效,强化法治政府建设的组织机构方面的支撑。但同时,党的机关通过实质行使行政权的方式直接参与到国家治理之中,"而现有行政法理论和制度并没有将'党'在行政过程中的角色予以明确界定,也无法为党政机构融合之后产生的问题提供现成的解决方案",[④] 这无疑给公法原理及制度特别是行政法理论带来了冲击,也将推进行政主体理论、

---

① 习近平:《论坚持全面依法治国》,中央文献出版社 2020 年版,第 21~22 页。
② 习近平:《在首都各界纪念现行宪法公布施行 30 周年大会上的讲话》,人民出版社 2012 年版,第 11 页。
③ 卢护锋:《新时代我国行政法的主题变奏与体系建构》,载《吉林大学社会科学学报》2018 年第 4 期。
④ 林鸿潮:《党政机构融合与行政法的回应》,载《当代法学》2019 年第 4 期。

行政行为理论、行政合法性审查理论、行政责任理论、行政救济理论等行政法基础理论的革新。比如，有学者针对党政合设合署所引发的党的机构的被告资格如何认定、党的机构制发或牵头制发的规范性文件的可审查性、强势被告对行政审判体制的考验等问题，在行政诉讼制度范围作了探讨回应。①

二是推动行政法治理念的变化。习近平总书记深刻指出，人民对美好生活的向往，就是我们的奋斗目标，②这也是新时代国家的主要任务。"我国法治建设、改革发展、国家治理、制度建设都应当以人民根本利益为依归，都要热切呼应人们对美好生活的需要。"③"坚持以人民为中心是法治政府建设的本质要求。"④法治政府建设理念蕴含着积极法治观，一方面强调要规范公权力的行使以维护人民权益，同时又强调促进和保障公权力积极发挥作用以增进人民福祉。特别是在风险社会，政府承担更多的公共职责，许多行政任务的实现、行政目标的达成都需要政府以更积极的状态去履行职责。有学者认为，新时代人们对行政权所持的相对消极立场会发生变化，将步入一个相对积极的时代，"控制行政权以保障私人权益"和"激励行政权以增进社会福祉"成为新时代行政法的两大主题。⑤我们党的重要报告也多次提出要建设职能科学、结构优化、廉洁高效、人民满意的服务型政府。

三是推动行政法具体制度的完善。法治政府建设理论推动了行政法治理念、基本理论的发展变化，也必然反射到具体的制度构建中。比如：（1）为转变优化政府职能，作出的优化政府组织结构，统筹党政群机构改革，推进机构编制管理科学化、规范化、法制化等部署，会推动行政组织法律制度的更新；（2）在积极行政理念之下，必然带来行政激励制度与监管制度的革新；（3）在更多领域推行的公私合作与更深度的公众参与，会促使行政程序制度

---

① 详见黄先雄：《党政合设合署与行政诉讼制度的回应》，载《中外法学》2020年第2期。
② 中共中央党史和文献研究院编：《习近平关于城市工作论述摘编》，中央文献出版社2023年版，第3页。
③ 参见江必新、黄明慧：《贯彻习近平法治思想 建设高质量的制度体系》，载《法学论坛》2021年第1期。
④ 马怀德：《习近平法治思想中法治政府理论的核心命题》，载《行政法学研究》2020年第6期。
⑤ 卢护锋：《新时代我国行政法的主题变奏与体系建构》，载《吉林大学社会科学学报》2018年第4期。

的不断优化;(4)新时代行政任务目标、方式手段的变化,也会促进行政决策、行政协议、行政指导、行政应急等制度的完善;(5)建设法治政府要求研究建立健全行政纠纷解决体系,也将推动行政调解、行政裁决、行政复议、行政诉讼有机衔接的纠纷解决机制的构建;(6)以智慧法治提高政府治理效能,也必然要求建立健全大数据等新兴科技辅助科学决策和社会治理的机制;等等。

第二章

法治社会建设

中国特色社会主义法治理论在回答全面依法治国的一系列重大问题中,深刻阐释了法治社会的工作布局、体制机制、重点任务、重要保障等重要问题,科学、系统地回答了"为什么要建设法治社会、建设什么样的法治社会,怎样建设法治社会"等重大命题。过往,我国的法治国家建设以法治政府为重心,法治社会基础培育相对薄弱。因此,研究法治社会建设的发展脉络、时代背景、基本价值、核心要义、推进方略、实施保障,必将有助于推动法治社会的建设进程,有助于达成建成法治社会的战略目标。

一、法治社会建设之理据与价值

(一)法治社会建设的提出与发展

在我国,"法治社会"一词虽然自20世纪80年代就被广泛提及,[①]但是对

---

① 张文显:《中国步入法治社会的必由之路》,载《中国社会科学》1989年第2期。

法治社会的内涵、外延,一直存有争议。①法治社会通常是指法律在全社会得到普遍公认和遵从的一种社会状态。广义的法治社会,指立法机关科学立法,行政机关依法行政,司法机关公正司法,执政党依法执政,公民和社会组织、团体在宪法和法律范围内活动。狭义的法治社会,更多强调的是公民、社会组织和社会团体等社会主体行为的法治化。

随着改革开放的深入和社会结构的深刻变化,党中央将社会建设提升到了越来越重要的位置,持续推进社会治理创新。2004年9月,党的十六届四中全会通过《中共中央关于加强党的执政能力建设的决定》,首次明确将构建社会主义和谐社会作为社会发展的目标任务。2006年,党的十六届六中全会通过了《中共中央关于构建社会主义和谐社会若干重大问题的决定》,提出建设社会主义和谐社会的总要求是"民主法治、公平正义、诚信友爱、充满活力、安定有序、人与自然和谐相处"。2007年,胡锦涛同志在党的十七大所作报告提出要"加快推进以改善民生为重点的社会建设""健全党委领导、政府负责、社会协同、公众参与的社会管理格局"。此时社会建设的着力点是保障和改善民生。②

习近平总书记在领导依法治县、依法治市、依法治省、依法治国的丰富实践中,不断升华了对县域、市域、省域、国域治理的感悟和认识,积累了丰富的社会治理经验。早在福建工作期间,习近平同志就提出了"法治社会"概念。③在浙江工作期间,习近平同志明确提出"和谐社会本质上是法治社会"④的重要命题,指出:"在推进和谐社会建设中,无论是人与社会的和谐关系、人与人的和谐关系、人与自然的和谐关系,还是公共权力与个人权利的和谐关系,都在一定程度上表现为法律关系。从这一意义上说,构建和谐社会与建设法治社会是有机统一的。""全面推进法治社会建设……努力建设办

---

① 姜明安:《论法治国家、法治政府、法治社会建设的相互关系》,载《法学杂志》2013年第6期。
② 江必新、李沫:《论社会治理创新》,载《新疆师范大学学报(哲学社会科学版)》2014年第2期。
③ 参见《福建日报》2001年4月10日。
④ 习近平:《之江新语》,浙江人民出版社2007年版,第204页。

事有法可依、公民知法守法、各方依法办事的法治社会"。①党的十八大以来，习近平总书记围绕社会建设，提出了一系列新命题、新观点。党的十八大报告明确指出，要"在改善民生和创新管理中加强社会建设""加强社会建设，必须加快推进社会体制改革"。党的十八大报告还明晰了社会体制改革的内容和任务。

2012年12月4日，在首都各界纪念现行宪法公布施行三十周年大会上，习近平总书记提出"坚持依法治国、依法执政、依法行政共同推进，坚持法治国家、法治政府、法治社会一体建设"②。这是习近平总书记首次将法治社会作为一个区别于"法治国家""法治政府"相对独立的建设内容，正式提出"法治国家、法治政府、法治社会一体建设"。此后，习近平总书记在多个场合多次提到"法治国家、法治政府、法治社会一体建设"③。党的十八届三中全会通过的《中共中央关于全面深化改革若干重大问题的决定》将"坚持依法治国、依法执政、依法行政共同推进，坚持法治国家、法治政府、法治社会一体建设"正式纳入建设法治中国的具体要求之中。党的十八届四中全会通过的《中共中央关于全面推进依法治国若干重大问题的决定》对法治社会建设作了部署，并将"坚持依法治国、依法执政、依法行政共同推进，坚持法治国家、法治政府、法治社会一体建设"明确作为工作布局。党的十八届五中全会通过《中共中央关于制定国民经济和社会发展第十三个五年规划的建议》，明确提出加快建设法治经济和法治社会，把经济社会发展纳入法治轨道。社会治理法治化是习近平总书记提出的新概念、新范畴。治理指向新的

---

① 习近平：《干在实处 走在前列——推进浙江新发展的思考与实践》，中共中央党校出版社2006年版，第354~355页、第392页。

② 习近平：《在首都各界纪念现行宪法公布施行30周年大会上的讲话》，人民出版社2012年版，第12~13页。

③ 2013年2月23日，习近平总书记在主持十八届中央政治局第四次集体学习时，提出要"坚持依法治国、依法执政、依法行政共同推进，坚持法治国家、法治政府、法治社会一体建设，不断开创依法治国新局面"。中共中央文献研究室编：《习近平关于全面依法治国论述摘编》，中央文献出版社2015年版，第3页。2014年10月23日，习近平同志在党的十八届四中全会第二次全体会议上的讲话中的第二部分和第三部分，提出"坚持依法治国、依法执政、依法行政共同推进，坚持法治国家、法治政府、法治社会一体建设。全面推进依法治国是一项庞大的系统工程，必须统筹兼顾、把握重点、整体谋划，在共同推进上着力，在一体建设上用劲"。习近平：《加快建设社会主义法治国家》，载《求是》2015年第1期。

治理过程、新的治理规则、治理社会的新方式。"治理和管理一字之差，体现的是系统治理、依法治理、源头治理、综合施策。"①党的十九大把法治社会基本建成确立为到2035年基本实现社会主义现代化的重要目标之一，充分体现了我们党对法治社会的认识达到了一个新高度。

2018年，党中央决定组建中央全面依法治国委员会。在委员会第一次会议上，习近平总书记精辟地分析了法治国家、法治政府和法治社会的关系，"法治国家、法治政府、法治社会三者各有侧重、相辅相成，法治国家是法治建设的目标，法治政府是建设法治国家的主体，法治社会是构筑法治国家的基础"②。在这次重要会议上，习近平总书记将"推进法治社会建设"作为全面依法治国的七项重点工作之一，提出了加快实现社会治理法治化，加快形成共建共治共享的现代基层社会治理新格局，加快建设公共法律服务体系，依法治网等要求，并部署了抓紧制定法治社会建设纲要等工作。2019年1月，习近平总书记在中央政法工作会议上，提出了"社会治理为了人民""完善党委领导、政府负责、社会协同、公众参与、法治保障的社会治理体制""打造人人有责、人人尽责的社会治理共同体"③等重要论断。2020年2月，在中央全面依法治国委员会第三次会议上，习近平总书记对法治社会建设再次提出了要求，对全民普法、增强全民法治观念等工作再次作出了部署。④2020年12月，中共中央印发了《实施纲要》，提出要建设信仰法治、公平正义、保障权利、守法诚信、充满活力、和谐有序的社会主义法治社会。这正是建设法治社会的重要体现和具体落实。

综上，党中央始终高度重视法治社会建设，在每个重要时期、每次重要会议上都对法治社会建设作出重要部署。习近平总书记对法治社会的认识和思考是不断深入、升华的，既契合了不同时期的社会发展特点，又不断与时俱进，赋予法治社会建设以全新的内涵。

---

① 中共中央文献研究室编：《习近平关于社会主义社会建设论述摘编》，中央文献出版社2017年版，第127页。
② 习近平：《论坚持全面依法治国》，中央文献出版社2020年版，第229~230页。
③ 习近平：《论坚持全面依法治国》，中央文献出版社2020年版，第247页。
④ 习近平：《论坚持全面依法治国》，中央文献出版社2020年版，第276页。

（二）法治社会建设之理据

法治社会建设要求顺应实现中华民族伟大复兴时代主题而生，其产生具有客观性、必然性和重要性，其理据科学回答了为什么要建设法治社会的问题。

1. 时代条件：直面中华民族伟大复兴战略全局和世界百年未有之大变局

当今中国最鲜明的时代主题，就是实现"两个一百年"奋斗目标、实现中华民族伟大复兴的中国梦。①习近平总书记深刻指出："当前，我国处于近代以来最好的发展时期，世界处于百年未有之大变局，两者同步交织、相互激荡。"②我国正处于"两个一百年"奋斗目标的历史交汇期，内部风险和外部风险相互传导，非传统风险和传统风险界限模糊，显性风险和隐形风险相互激荡，偶然性风险和结构性风险加速转换，各类风险瞬变性、混合性、放大性特征更加明显。习近平总书记指出："我们面临的重大风险，既包括国内的经济、政治、意识形态、社会风险以及来自自然界的风险，也包括国际经济、政治、军事风险等。"③应对世界多极化、经济全球化、信息现代化、跨越"中等收入陷阱"、防范处置各种重大风险，使中华民族屹立于世界民族之林，实现中华民族伟大复兴的中国梦，都迫切要求我们掌握社会发展和治理规律，营造和谐稳定的社会环境，建设一个成熟的法治社会。法治社会建设可以为法治中国提供思想、制度、群众等方面的基础保障。所以，习近平总书记始终强调要把维护社会大局稳定作为基本任务，把促进社会公平正义作为核心价值追求，为实现"两个一百年"奋斗目标、实现中华民族伟大复兴的中国梦提供有力保障。④

2. 实践基础：解决法治社会建设中的重大问题

当前，我国正处于经济社会转型期、重要战略发展期和改革攻坚期叠加的历史阶段，利益分化明显，群众诉求日趋复杂，社会矛盾多发，社会治理还存在弱项。土地征用、房屋拆迁、劳资纠纷、治安管理、环境污染、医患

---

① 习近平：《论党的青年工作》，中央文献出版社 2022 年版，第 141 页。
② 习近平：《论坚持推动构建人类命运共同体》，中央文献出版社 2018 年版，第 539 页。
③ 习近平：《论坚持全面深化改革》，中央文献出版社 2018 年版，第 182 页。
④ 习近平：《习近平谈治国理政》（第一卷），外文出版社 2018 年版，第 147 页。

纠纷及社会保障等方面问题不同程度存在。① 因此，建设法治社会，让法治成为转型中国"社会团结"的重要机制，成为弥合社会碎片化与重塑信任的核心抓手，能够担当迈向和谐社会的路径保障之责任。②

坚持从问题出发，从中国的实际出发，一直是习近平总书记强调的基本立场和观点。法治社会建设理念始终和中国社会热点焦点问题同频共振，为解决现实社会问题应运而生，为满足人民新时代需求提供了"良方"。全面推进依法治国，是解决党和国家事业发展面临的一系列重大问题，解放和增强社会活力促进社会公平正义、维护社会和谐稳定、确保党和国家长治久安的根本要求。习近平总书记强调："坚持全民依法治国，坚持法治国家、法治政府、法治社会一体建设，为解放和增强社会活力、促进社会公平正义、维护社会和谐稳定、确保党和国家长治久安发挥了重要作用。"③ 习近平总书记高度重视、强调社会治理法治化建设，"必须把依法治国摆在更加突出的位置，把党和国家工作纳入法治化轨道，坚持在法治轨道上统筹社会力量、平衡社会利益、调节社会关系、规范社会行为，依靠法治解决各种社会矛盾和问题，确保我国社会在深刻变革中既生机勃勃又井然有序。"④ 习近平总书记强调用法治手段解决社会建设中的突出问题："解决人民最关心的教育、就业、收入分配、社会保障、医药卫生、住房等方面的突出问题，解决促进社会公平正

---

① 当前我国法治社会建设面临七个方面的主要矛盾：第一，公民权利意识觉醒与维权理性不足之间的矛盾。具体表现为，期待法律维权却不懂或不满法律程序，痛恨他人侵权却宽容自己违法牟利，懂得法律是武器却常选择极端方式维权。这些矛盾往往导致维权与违法交融混杂，难以区分。第二，公民对公权力机关的诉求日益增长与对公权力机关的服从、配合、支持日益淡化之间的矛盾，这种矛盾往往严重制约公权力机关的行为效果。第三，公民思想上认同法治与私利大于"国法"的行动选择之间的矛盾，这种矛盾导致言行不一，容易在具体事务处理上产生私利大于国家或公共利益的违法情形。第四，国家公权力的退位、归位与市场机制和社会自治机制发育不成熟之间的矛盾。这种矛盾可能导致原本由政府提供的公共产品或服务出现真空，原本由政府监管的市场或社会出现混乱，国家公权力进退两难。第五，严格执法和公正司法对"有法可依"的起码要求与法律整体质量不高之间的矛盾。这种矛盾导致立法难以得到有效实施或实施过程中问题重重。第六，违法成本低与守法成本高之间的矛盾。这种矛盾可能导致公民放弃法治信仰而进行逆向选择，从而使法治权威丧失殆尽。第七，中国当下社会问题的复杂性和独特性与应对方式的简单化、低效化之间的矛盾。这种矛盾导致法治难以深化，社会矛盾难以有效解决，危及社会稳定。参见江必新：《我国法治建设面临七大矛盾》，载《人民政协报》2014年12月24日。
② 江必新、王红霞：《法治社会建设论纲》，载《中国社会科学》2014年第1期。
③ 习近平：《论坚持全面依法治国》，中央文献出版社2020年版，第264~265页。
④ 习近平：《论坚持全面依法治国》，中央文献出版社2020年版，第104页。

义、完善互联网管理、加强安全生产、保障食品药品安全、改革信访工作制度、创新社会治理体制、维护社会和谐稳定等方面的难题，克服公器私用、以权谋私、贪赃枉法等现象，克服形式主义、官僚主义、享乐主义和奢靡之风，反对特权现象、惩治消极腐败现象等，都需要密织法律之网、强化法治之力。"①

3. 内在要求：满足人民美好生活的需要

法治社会建设是增强人民群众获得感、幸福感、安全感的必然选择。社会治理应以人民利益为坐标，体现人民的根本利益。人民群众的获得感、幸福感和安全感是社会治理的目标。习近平总书记强调："聚焦影响国家安全、社会安定、人民安宁的突出问题，深入推进市域社会治理现代化，深化平安创建活动，加强基层组织、基础工作、基本能力建设，全面提升平安中国建设科学化、社会化、法治化、智能化水平，不断增强人民群众获得感、幸福感、安全感。"②

第一，建设法治社会是保障和改善民生的必然选择。中国特色社会主义进入新时代，我国社会主要矛盾已经转化为人民日益增长的美好生活需要和不平衡不充分的发展之间的矛盾。"幸福的生活包括人们的衣食保障和安定、有序、公正的社会秩序"。③ 习近平总书记指出："坚持社会治理为了人民……让群众的聪明才智成为社会治理创新的不竭源泉。要加大关系群众切身利益的重点领域执法司法力度，让天更蓝、水更清、空气更清新、食品更安全、交通更顺畅、社会更和谐有序。"④

第二，建设法治社会是社会稳定、人民安居乐业的必然选择。和谐社会应该是法治社会。法治为社会和谐提供重要保证。法治通过调节社会各种利益关系来维护和实现公平正义，法治为人们之间的诚信友爱创造良好的社会环境，法治为激发社会活力创造条件，法治为维护社会安定有序提供保障，法治为人与自然的和谐提供制度支持。所以，习近平总书记指出："我们要继续

---

① 习近平：《论坚持全面依法治国》，中央文献出版社2020年版，第103~104页。
② 《习近平对平安中国建设作出重要指示强调 全面提升平安中国建设水平 不断增强人民群众获得感幸福感安全感》，载《人民日报》2021年11月12日。
③ 王利明：《法治具有目的性》，载《苏州大学学报（哲学社会科学版）》2016年第6期。
④ 习近平：《论坚持全面依法治国》，中央文献出版社2020年版，第247页。

加强社会建设，切实推进各项社会事业，加强和创新社会管理，使发展成果更多更公平惠及全体人民，努力形成全体人民各尽其能、各得其所而又和谐相处的局面。"①和谐社会应该是平安的社会。习近平总书记指出，"平安是老百姓解决温饱后的第一需求"，②要"深入推进社会治安综合治理，坚决遏制严重刑事犯罪高发态势，保障人民生命财产安全"③。

（三）法治社会建设的基本价值取向

我们可以从法治社会的根本价值、核心价值、重要价值三方面理解法治社会的基本价值取向。

1. 根本价值：以人民为中心

法治社会的本色是"以人民为中心"。法治社会建设的鲜明特点是人民性，即坚持以人民为中心的根本立场。人民既是法治社会建设的人的要素，是法治社会建设的目标所在，又是法治社会建设所依靠的基础力量和惠及对象。因此，不管是《实施纲要》，抑或《中央宣传部、司法部关于开展法治宣传教育的第八个五年规划（2021—2025年）》，还是《关于加强社会主义法治文化建设的意见》，都无一例外地将"坚持以人民为中心"作为工作原则。在法治社会建设中，要在各个方面体现"以人民为中心"的要求：一是坚持社会治理为了人民，确保人民主体地位。2014年3月，在全国两会参加上海代表团审议时，习近平总书记深刻地指明："加强和创新社会治理，关键在体制创新，核心是人。"④党的十八届三中全会鲜明指出社会治理的基本要求，"创新社会治理，必须着眼于维护最广大人民根本利益，最大限度增加和谐因素，增强社会发展活力，提高社会治理水平，全面推进平安中国建设，维护国家安全，确保人民安居乐业、社会安定有序。"⑤二是坚持社会治理依靠人

---

① 习近平：《全面贯彻落实党的十八大精神要突出抓好六个方面工作》，载《求是》2013年第1期。
② 中共中央文献研究室编：《习近平关于社会主义社会建设论述摘编》，中央文献出版社2017年版，第148页。
③ 习近平：《习近平谈治国理政》，外文出版社2014年版，第149页。
④ 中共中央党史和文献研究院编：《习近平关于城市工作论述摘编》，中央文献出版社2023年版，第77页。
⑤ 《中共中央关于全面深化改革若干重大问题的决定》，载《人民日报》2013年11月16日。

民，发挥人民的智慧。社会活力的源泉在于人民。[①] 法治社会建设要以人民需求为中心，建立健全社会参与机制，调动人民参与社会建设的主动性、能动性、创造性，法治社会才能蓬勃发展。"要充分调动人民群众投身依法治国实践的积极性和主动性，使全体人民都成为社会主义法治的忠实崇尚者、自觉遵守者、坚定捍卫者，使尊法、信法、守法、用法、护法成为全体人民的共同追求。"[②] 三是坚持尊重和保障人权，切实维护人民权益。"人权是习近平法治思想的根本价值关切，是党的根本宗旨的深刻展现。"[③] 法治是解决社会矛盾、维护人民权益的最佳路径。首先，要依法维护群众的合法合理诉求。习近平总书记强调："要把群众合理合法的利益诉求解决好，完善对维护群众切身利益具有重大作用的制度，强化法律在化解矛盾中的权威地位，使群众由衷感到权益受到了公平对待、利益得到了有效维护。"[④] 其次，要加大对权利的救济。"有权利必有救济"，要有效保护人身权、人格权、财产权，促进公民政治权利、经济权利的全面发展。《实施纲要》特别突出了行政执法和司法领域的人权保障。

2. 核心价值：公平正义

公平正义，民之所向。"社会治理目标只有符合国民的意愿和要求才具有统一行动的功能，这也是治理的内在要求。"[⑤] 法治内含公平正义之价值目标，法治中国既追求形式正义，又追求实质正义。公平正义是人类始终追求的美好价值目标。对我国而言，我国社会历来有"不患寡而患不均"的观念，因而，我们的制度安排要更好体现社会主义公平正义原则。习近平总书记强调："实现社会公平正义是我们党的一贯主张，公平正义是中国特色社会主义的内在要求。"[⑥]

[①] 江必新、李沫：《论社会治理创新》，载《新疆师范大学学报（哲学社会科学版）》2014年第2期。

[②] 习近平：《加快建设社会主义法治国家》，载《求是》2015年第1期。

[③] 汪习根：《论习近平法治思想的时代精神》，载《中国法学》2021年第1期。

[④] 习近平：《习近平谈治国理政》，外文出版社2014年版，第148页。

[⑤] 江必新、王红霞：《社会治理的法治依赖及法治的回应》，载《法制与社会发展》2014年第4期。

[⑥] 中共中央文献研究室编：《习近平关于社会主义社会建设论述摘编》，中央文献出版社2017年版，第30页。

第一,将公平正义作为崇高价值。党的十九届四中全会总结了我国国家制度和国家治理体系具有的显著优势,其中一项就是"坚持全面依法治国,建设社会主义法治国家,切实保障社会公平正义和人民权利"的显著优势。习近平总书记指出:"全面依法治国,必须紧紧围绕保障和促进社会公平正义来进行。公平正义是我们党追求的一个非常崇高的价值,全心全意为人民服务的宗旨决定了我们必须追求公平正义,保护人民权益、伸张正义。"[1]

第二,强调健全社会公平正义的制度保障。习近平总书记特别强调加大关系群众切身利益的重点领域执法力度。[2] 习近平总书记在2019年全国公安工作会议上强调:"努力让人民群众在每一起案件办理、每一件事情处理中都能感受到公平正义。"[3] 在司法领域,习近平总书记强调:"公正司法是维护社会公平正义的最后一道防线。所谓公正司法,就是受到侵害的权利一定会得到保护和救济,违法犯罪活动一定要受到制裁和惩罚。"[4]

3. 重要价值:和谐有序

和谐是法治社会的重要特征和表现形式。2004年,党的十六届四中全会提出"和谐社会"的命题。党的十六届六中全会通过的《中共中央关于构建社会主义和谐社会若干重大问题的决定》,对构建社会主义和谐社会作出了重大决策和总体部署,强调基层基础工作是构建和谐社会之基,并对这项工作提出了明确要求。法治社会应当是和谐的社会,社会和谐是社会主义社会的基本属性,也是法治社会的应有状态。[5] 习近平总书记对社会和谐有诸多重要、精辟的论述:一是指出了社会和谐的重点是人与人关系的和谐。没有人与人关系的和谐,就没有整个社会的和谐。二是提出了社会和谐的表现形式。在法治社会中,社会矛盾冲突和纠纷不断减少并能得到及时化解,社会趋向和谐,社会成员之间关系和美,秩序得到有效维护。法治社会中,社会矛盾断

---

[1] 习近平:《习近平谈治国理政》(第二卷),外文出版社2017年版,第129页。
[2] 习近平:《高举中国特色社会主义伟大旗帜 为全面建设社会主义现代化国家而团结奋斗——在中国共产党第二十次全国代表大会上的报告》,人民出版社2022年版,第41页。
[3] 习近平:《论坚持全面依法治国》,中央文献出版社2020年版,第259页。
[4] 习近平:《论坚持全面依法治国》,中央文献出版社2020年版,第22页。
[5] 黄文艺、李奕:《论习近平法治思想中的法治社会建设理论》,载《马克思主义与现实》2021年第2期。

之于法。习近平总书记指出:"努力推动形成办事依法、遇事找法、解决问题用法、化解矛盾靠法的良好法治环境,在法治轨道上推动各项工作。"① "依法、找法、用法、靠法"这是法治社会的应有表现形式。三是和谐社会的基础是基层基础。早在浙江工作期间,习近平同志就指出,构建社会主义和谐社会,关键在基层。加强基层基础工作,方能夯实社会和谐之基。

二、法治社会建设的基本要求

中国特色社会主义法治理论关于法治社会建设的本质内涵和核心要义的重要观点,系统、深刻回答了建设什么样的法治社会的重大命题,其关于法治社会建设的基本要求体现在历次重要会议、《实施纲要》中。本小节主要从法治社会建设的前提、法治社会建设的基础和法治社会建设的关键三个方面加以展开。

(一)法治社会建设之前提:健全社会制度规范

健全社会领域的制度规范是法治社会建设的重要前提。"制度规范是人们社会行为的指引,因而是法治社会的首要建设。"② 完善社会领域的制度规范,是建设法治社会的先决条件。完备的社会规范体系是法治社会的重要支撑,只有制度健全、规范完善才能为法治社会建设提供制度基础。习近平总书记指出:"要适应时代变化,既改革不适应实践发展要求的体制机制、法律法规,又不断构建新的体制机制、法律法规,使各方面制度更加科学、更加完善,实现党、国家、社会各项事务治理制度化、规范化、程序化。"③

第一,完善社会领域立法。社会领域的法律规范,解决的是"社会生活有法可依""社会主体可以依法治理社会事务"等问题,其重点是有一套完备的法律制度体系,规范多元主体做到有效治理社会事务。④ 习近平总书记重点

---

① 习近平:《在首都各界纪念现行宪法公布施行30周年大会上的讲话》,人民出版社2015年版,第12页。
② 方世荣、孙思雨:《论公众参与法治社会建设及其引导》,载《行政法学研究》2021年第4期。
③ 习近平:《习近平谈治国理政》(第一卷),外文出版社2018年版,第92页。
④ 陈柏峰:《习近平法治思想中的法治社会理论研究》,载《法学》2021年第4期。

强调要完善两个规范体系,即"加快完善法律、行政法规、地方性法规体系,完善包括市民公约、乡规民约、行业规章、团体章程在内的社会规范体系,为全面推进依法治国提供基本遵循"。① 立法要与时俱进,习近平总书记提出,"转变经济发展方式,扩大社会主义民主,推进行政体制改革,保障和改善民生,加强和创新社会管理,保护生态环境,都会对立法提出新的要求"。② 比如,疫情防控下,"要完善疫情防控相关立法,加强配套制度建设,完善处罚程序,强化公共安全保障,构建系统完备、科学规范、运行有效的疫情防控法律体系。要抓紧修订完善野生动物保护法律法规……从源头上防控重大公共卫生风险"。③ 习近平总书记多次强调要加强和人民群众切身利益密切相关的领域立法。《实施纲要》也突出了完善重点民生领域,比如教育、劳动就业、收入分配、社会保障、医疗卫生、食品药品、安全生产、道路交通、扶贫、慈善、社会救助等领域;特殊人群比如退役军人、妇女、未成年人、老年人、残疾人的正当权益保护。

第二,促进社会规范建设。社会规范一般包括居民公约、村规民约、行业规章、社会组织章程等。法治社会之法,是回应性的国家法和与之融贯的自治规则等构成的多元规则体系;法治社会之治,是社会主治、公权备位的互动共治;法治社会之社会,是理性、自由、民主的社会;法治社会的建设,是一个由国家主导,涉及立法、司法多维度的社会法治化的过程。④ 法治社会建设,必须结合不同社会关系的特点,制定不同的规则。社会规范在法治社会中的作用不可或缺。党的十八届四中全会指出,"发挥各种社会规范在法治社会建设中的积极作用"。习近平总书记强调:"发挥市民公约、乡规民约等基层规范在社会治理中的作用,培育社区居民遵守法律、依法办事的意识和习惯。"⑤ 毋庸讳言,社会规范在发挥重要作用的同时,也存在缺位、无序的问

---

① 中共中央文献研究室编:《习近平关于全面依法治国论述摘编》,中央文献出版社 2015 年版,第 49~50 页。
② 习近平:《论坚持全面依法治国》,中央文献出版社 2020 年版,第 19 页。
③ 习近平:《论坚持全面依法治国》,中央文献出版社 2020 年版,第 269~270 页。
④ 江必新、王红霞:《法治社会建设论纲》,载《中国社会科学》2014 年第 1 期。
⑤ 中共中央文献研究室编:《习近平关于全面依法治国论述摘编》,中央文献出版社 2015 年版,第 91 页。

题。《实施纲要》为此也加强了对社会规范的监督和约束。

第三,加强社会主义核心价值观建设。基层社会德治建设的核心是加强社会主义核心价值观的培育和实践。① 习近平总书记强调,社会主义核心价值观"传承着中国优秀传统文化的基因,寄托着近代以来中国人民上下求索、历经千辛万苦确立的理想和信念,也承载着我们每个人的美好愿景"。② 要实施公民道德建设工程,深化群众性精神文明创建活动,引导广大人民群众争做社会主义道德的示范者、良好风尚的维护者,把社会主义核心价值观融入法治建设。

(二)法治社会建设之基础:全民守法

全民守法是法治社会的基础工程。党的十八届四中全会通过的《中共中央关于全面推进依法治国若干重大问题的决定》指出,增强全民法治观念,推进法治社会建设。法律的权威源自人民的内心拥护和真诚信仰,法律的实现体现为人民的自觉守法和积极运用。③ 习近平总书记原创性地发展了全民守法,包括:深化了全民守法之内涵。"全民守法,就是任何组织或者个人都必须在宪法和法律范围内活动,任何公民、社会组织和国家机关都要以宪法和法律为行为准则,依照宪法和法律行使权利或权力、履行义务或职责。"④ 全民守法,无法外之人,无法外之地。明确了全民守法的地位。全民守法是全面依法治国的重点任务,是全面依法治国的关键环节,是依法治国的长期基础性工作。全民守法的实现,非一日之功。习近平总书记指出要从以下方面推动全民守法:

第一,深入开展法治宣传教育。一是强调普法的基础性地位。习近平总书记指出:"要坚持把全民普法和守法作为依法治国的长期基础性工作,采取有力措施加强法制宣传教育。要坚持法治教育从娃娃抓起,把法治教育纳入国民教育体系和精神文明创建内容,由易到难、循序渐进不断增强青少年的

---

① 张文显:《一体推进基层法治和德治建设》,载《中国党政干部论坛》2021年第8期。
② 中共中央文献研究室编:《十八大以来重要文献选编》(中),中央文献出版社2016年版,第4页。
③ 江必新:《习近平全面依法治国新理念新思想新战略对法治理论的发展》,载《法学杂志》2020年第5期。
④ 习近平:《论坚持全面依法治国》,中央文献出版社2020年版,第23~24页。

规则意识。要健全公民和组织守法信用记录，完善守法诚信褒奖机制和违法失信行为惩戒机制，形成守法光荣、违法可耻的社会氛围，使尊法守法成为全体人民共同追求和自觉行动。"①习近平总书记多次强调："法治的根基在人民。要加大全民普法工作力度，弘扬社会主义法治精神，增强全民法治观念，完善公共法律服务体系，夯实依法治国社会基础。要坚持依法治国和以德治国相结合，把社会主义核心价值观融入法治建设，完善诚信建设长效机制，加大对公德失范、诚信缺失等行为惩处力度，努力形成良好的社会风尚和社会秩序。"②二是强调普法要有效果。习近平总书记指出："普法工作要在针对性和实效性上下功夫，特别是要加强青少年法治教育，不断提升全体公民法治意识和法治素养。"③《实施纲要》明确规定了健全普法责任制。落实"谁普法谁负责"的普法责任制，健全媒体公益普法制度，引导报社、电台、电视台、网站、融媒体中心等媒体自觉履行普法责任等。这些都是对习近平总书记普法要求的具体落实。

第二，维护宪法权威。宪法是国家的根本大法，具有根本性、全局性、稳定性和长期性。习近平总书记在维护宪法权威上，提出了很多要求：一是加强宪法宣传教育，弘扬宪法精神。习近平总书记深刻地指出："要在全社会加强宪法宣传教育，提高全体人民特别是各级领导干部和国家机关工作人员的宪法意识和法制观念，弘扬社会主义法治精神，努力培育社会主义法治文化，让宪法家喻户晓，在全社会形成学法尊法守法用法的良好氛围。我们要通过不懈努力，在全社会牢固树立宪法和法律的权威。"④此外，习近平总书记还强调要把宪法教育作为党员干部教育的重要内容。⑤二是加强宪法实施。宪法的生命在于实施，宪法的权威也在于实施。习近平总书记强调："全国各族人民、一切国家机关和武装力量、各政党和各社会团体、各企业事业组织，都必须以宪法为根本的活动准则，并且负有维护宪法尊严、保证宪法实施的

---

① 习近平：《论坚持全面依法治国》，中央文献出版社 2020 年版，第 115 页。
② 习近平：《论坚持全面依法治国》，中央文献出版社 2020 年版，第 276 页。
③《习近平在中央全面依法治国工作会议上强调 坚定不移走中国特色社会主义法治道路 为全面建设社会主义现代化国家提供有力法治保障》，载《人民日报》2020 年 11 月 18 日。
④ 习近平：《论坚持全面依法治国》，中央文献出版社 2020 年版，第 14 页。
⑤ 习近平：《论坚持全面依法治国》，中央文献出版社 2020 年版，第 14 页。

职责。任何组织或者个人，都不得有超越宪法和法律的特权。一切违反宪法法律的行为，都必须予以追究。"①

第三，增强全民法治观念。提升公民法治意识和法治素养是法治社会建设的首要步骤。亚里士多德对于法治的解释包含有两重含义，其中最为重要的一条就是法律要得普遍的遵循。②法律要得到公民的服从和执行有赖于公民法治意识和法治素养的提升。我国历经几千年的封建社会传统，人治观念根深蒂固。习近平总书记深刻指出："我国是个人情社会，人们的社会联系广泛，上下级、亲戚朋友、老战友、老同事、老同学关系比较融洽，逢事喜欢讲个熟门熟道，但如果人情介入了法律和权力领域，就会带来问题，甚至带来严重问题。"③所以，习近平总书记强调在全社会弘扬法治精神、厚植法治信仰，"让法治成为全民思维方式和行为习惯"，"培育全社会办事依法、遇事找法、解决问题用法、化解矛盾靠法的法治环境"。④"引导群众遇事找法、解决问题靠法，逐步改变社会上那种遇事不是找法而是找人的现象。当然，这需要一个过程，关键是要以实际行动让老百姓相信法不容情、法不阿贵，只要是合理合法的诉求，就能通过法律程序得到合理合法的结果。"⑤

第四，建设社会主义法治文化。习近平总书记特别强调法治文化建设，指出："全面推进依法治国需要全社会共同参与，需要全社会法治观念增强，必须在全社会弘扬社会主义法治精神，建设社会主义法治文化"。⑥必须弘扬社会主义法治精神，建设社会主义法治文化，增强全社会厉行法治的积极性和主动性，形成守法光荣、违法可耻的社会氛围，引导全体人民都做社会主义法治的忠实崇尚者、自觉遵守者、坚定捍卫者。⑦

---

① 习近平：《论坚持全面依法治国》，中央文献出版社 2020 年版，第 208 页。
② ［古希腊］亚里士多德：《政治学》，吴寿彭译，商务印书馆 1983 年版，第 199 页。
③ 中共中央文献研究室编：《十八大以来重要文献选编》（上），中央文献出版社 2014 年版，第 721 页。
④ 习近平：《论坚持全面依法治国》，中央文献出版社 2020 年版，第 230、234 页。
⑤ 中共中央文献研究室编：《十八大以来重要文献选编》（上），中央文献出版社 2014 年版，第 722 页。
⑥ 习近平：《加快建设社会主义法治国家》，载《求是》2015 年第 1 期。
⑦ 《中共中央印发〈法治社会建设实施纲要（2020—2025 年）〉》，载《人民日报》2020 年 12 月 8 日。

(三)法治社会建设之关键:社会治理法治化

社会治理是法治社会建设的核心所在,是国家治理的重要组成部分。社会治理法治化是社会治理现代化的重要方面,也是法治社会建设的应有之义。只有全面提升社会治理法治化水平,法治社会建设才有了坚实的社会基础。党的十八届三中全会提出了国家治理现代化的基本理念,将社会治理作为国家治理体系现代化的重要内容,并提出"改进社会治理方式。坚持依法治理,加强法治保障,运用法治思维和法治方式化解社会矛盾"。此后,党的十八届四中全会、十九大报告、十九届五中全会都提出了提高社会治理法治化水平的要求。习近平总书记创新提出社会治理法治化,并对社会治理法治化建设提出了多次要求,比如"要加快实现社会治理法治化,依法防范风险、化解矛盾、维护权益,营造公平、透明、可预期的法治环境"。[①] 关于社会治理法治化可以从以下五个方面予以展开。

第一,完善社会治理体系。社会治理体系包含治理理念、治理制度、治理体制、治理机制、治理技术等。[②] 党的十九届四中全会通过的《中共中央关于坚持和完善中国特色社会主义制度推进国家治理体系和治理能力现代化的决定》提出,"完善党委领导、政府负责、民主协商、社会协同、公众参与、法治保障、科技支撑的社会治理体系"。党委领导、政府负责、民主协商、社会协同、公众参与、法治保障、科技支撑有机联系、不可或缺。

党委领导是根本,"只有在党的领导下依法治国、厉行法治,人民当家作主才能充分实现,国家和社会生活法治化才能有序推进"。[③] 政府负责是前提,就是政府依法履行管理职能,发挥在社会治理中的管理作用。[④] 民主协商是重要渠道。社会治理根植于社会,有赖于社会、市场和公民之间良性的互动。民主协商,就是"在中国社会主义制度下,有事好商量,众人的事情由众人商量,找到全社会意愿和要求的最大公约数"[⑤]。社会协同,就是要充分发挥群

---

① 习近平:《论坚持全面依法治国》,中央文献出版社2020年版,第234页。
② 张文显:《新时代中国社会治理的理论、制度和实践创新》,载《法商研究》2020年第2期。
③ 习近平:《论坚持全面依法治国》,中央文献出版社2020年版,第106页。
④ 《习近平法治思想概论》编写组编:《习近平法治思想概论》,高等教育出版社2021年版,第186页。
⑤ 习近平:《习近平谈治国理政》(第二卷),外文出版社2017年版,第292页。

体组织、企事业单位、社会组织的作用，引领和推动社会力量参与社会治理。在社会主义市场经济条件下，社会治理的责任在政府，活力在社会，潜力在市场。①《实施纲要》确定了"坚持社会治理共建共治共享"的基本理念，突出"共"的内涵。

第二，创新社会治理方式。习近平总书记指出："社会治理是一门科学，管得太死，一潭死水不行；管得太松，波涛汹涌也不行。要讲究辩证法，处理好活力和秩序的关系，全面看待社会稳定形势，准确把握维护社会稳定工作，坚持系统治理、依法治理、综合治理、源头治理。"②"系统治理、综合治理、依法治理、源头治理"，这是处理活力和秩序的十六字方针。十六字方针中，重点是依法治理。"和谐社会本质上是法治社会。"依法化解矛盾，对于维护社会稳定，极为重要。要"坚持在法治轨道上统筹社会力量、平衡社会利益、调节社会关系、规范社会行为，依靠法治解决各种社会矛盾和问题"。③

第三，依法有效化解社会矛盾纠纷。社会治理法治化的突出特征就是人民权益靠法律保障，矛盾纠纷依法解决。

一是坚持和发展新时代"枫桥经验"。20世纪60年代初，浙江省绍兴市诸暨县枫桥镇干部群众创造了"发动和依靠群众，坚持矛盾不上交，就地解决，实现捕人少，治安好"的"枫桥经验"。1963年，毛泽东批示"要各地仿效，经过试点，推广去做"。2013年10月，习近平总书记就坚持和发展"枫桥经验"作出重要指示，"各级党委和政府要充分认识'枫桥经验'的重大意义，发扬优良作风，适应时代要求，创新群众工作方法，善于运用法治思维和法治方式解决涉及群众切身利益的矛盾和问题，把'枫桥经验'坚持好、发展好，把党的群众路线坚持好、贯彻好"。④习近平总书记多次进行提炼，

---

① 本书编写组编著：《党的十九届五中全会〈建议〉学习辅导百问》，学习出版社、党建读物出版社2020年版，第199页。
② 中共中央文献研究室编：《习近平关于社会主义社会建设论述摘编》，中央文献出版社2017年版，第125~126页。
③ 中共中央文献研究室编：《习近平关于全面依法治国论述摘编》，中央文献出版社2015年版，第11页。
④《习近平：把"枫桥经验"坚持好、发展好 把党的群众路线坚持好、贯彻好》，载《人民日报》2013年10月12日。

总结形成特色鲜明的基层治理的新时代"枫桥经验"。①学习推广新时代"枫桥经验"是建设法治社会、推进社会治理现代化的有效抓手。

二是健全群众诉求表达机制。"强化法律在维护群众权益、化解社会矛盾中的权威地位，引导和支持人们理性表达诉求、依法维护权益，解决好群众最关心最直接最现实的利益问题。"②构建对维护群众利益具有重大作用的制度体系，建立健全社会矛盾预警机制、利益表达机制、协商沟通机制、救济救助机制，畅通群众利益协调、权益保障法律渠道。重点是改革、优化信访制度，将信访纳入法治化轨道，实现合法、合理信访。"要引导全体人民遵守法律，有问题依靠法律来解决，决不能让那种大闹大解决、小闹小解决、不闹不解决现象蔓延开来……使大家都相信，只要是合理合法的诉求，通过法律程序就能得到合理合法的结果。"③

三是完善社会矛盾纠纷多元预防调处化解综合机制。首先，要努力将矛盾纠纷化解在基层。基层是社会和谐稳定的基础。习近平总书记指出："要加强和创新基层社会治理，使每个社会细胞都健康活跃，将矛盾纠纷化解在基层，将和谐稳定创建在基层。"④其次，统筹各方力量，形成矛盾化解合力。民间纠纷解决，要充分发挥人民调解的第一道防线作用，完善人民调解、行政调解、司法调解联动工作体系。行政机关在防范化解民事纠纷、行政纠纷上要发挥重要作用，加强行政复议、行政调解、行政裁决工作，发挥行政机关化解纠纷的"分流阀"功能。最后，要发挥商事仲裁等多元化纠纷解决机制的作用，加强法律援助、司法救助等工作，通过社会力量和基层组织务实解决民事纠纷。⑤

第四，网络空间治理法治化。网络空间同现实社会一样，都需要依法治理。《实施纲要》提出，"推动社会治理从现实社会向网络空间覆盖，建立健

---

① 其内涵是，坚持和贯彻党的群众路线，在党的领导下，充分发动群众、组织群众、依靠群众解决群众自己的事情，做到"小事不出村、大事不出镇、矛盾不上交"。参见习近平：《习近平谈治国理政》（第三卷），外文出版社2020年版，第224页。
② 《中共中央关于全面推进依法治国若干重大问题的决定》，人民出版社2014年版，第29页。
③ 中共中央文献研究室编：《习近平关于全面依法治国论述摘编》，中央文献出版社2015年版，第88页。
④ 习近平：《在经济社会领域专家座谈会上的讲话》，人民出版社2020年版，第9页。
⑤ 习近平：《论坚持全面依法治国》，中央文献出版社2020年版，第282页。

全网络综合治理体系,加强依法管网、依法办网、依法上网,全面推进网络空间法治化,营造清朗的网络空间"。

习近平总书记关于网络空间治理的主要观点是:一是阐明网络空间不是"法外之地",需要依法治理。习近平总书记深刻指出:"网络空间是亿万民众共同的精神家园。网络空间天朗气清、生态良好,符合人民利益。网络空间乌烟瘴气、生态恶化,不符合人民利益。谁都不愿生活在一个充斥着虚假、诈骗、攻击、谩骂、恐怖、色情、暴力的空间。互联网不是法外之地……我们要本着对社会负责、对人民负责的态度,依法加强网络空间治理。"① 二是提出依法治理网络空间的具体路径。其一,强化网络立法规划,完善网络立法。网络法律制度是以《宪法》关于互联网治理原则规定为基础,以网络空间治理专门法律制度规范为主干,以与网络空间治理相关的行政法规、地方性法规、部门规章等规范性文件相协调相配套的管网、办网、用网、护网的法律制度体系。② 习近平总书记强调要抓紧制定立法规划,完善互联网信息内容管理、关键信息基础设施保护等法律法规,③ 实现互联网依法而治。其二,强化依法管网、依法办网、依法上网。确保互联网在法治轨道上健康运行,对于利用网络鼓吹推翻国家政权,煽动宗教极端主义,宣扬民族分裂思想,教唆暴力恐怖活动,利用网络进行欺诈活动,散布色情材料,进行人身攻击,兜售非法物品等行为,不能任其大行其道。推动完善互联网信息服务领域严重失信"黑名单"制度和惩戒机制,惩治网络违法犯罪行为,营造天朗风清、生态良好、符合人民利益的网络空间。三是强调保障公民依法安全用网。"网络安全为人民,网络安全靠人民,维护网络安全是全社会共同责任,需要政府、企业、社会组织、广大网民共同参与,共筑网络安全防线。"④

---

① 习近平:《论坚持全面依法治国》,中央文献出版社 2020 年版,第 64~65 页。
② 徐汉明、张新平:《网络社会治理的法治模式》,载《中国社会科学》2018 年第 2 期。
③ 中共中央文献研究室编:《习近平关于全面依法治国论述摘编》,中央文献出版社 2015 年版,第 46 页。
④ 习近平:《论党的宣传思想工作》,中央文献出版社 2020 年版,第 203 页。

三、法治社会建设之推进

中国特色社会主义法治理论关于法治社会建设的理论构建不仅回答了为什么要建设法治社会、法治社会的具体形态等内容，还指明了实现法治社会的根本方略、基本方略和重要方略。

（一）根本方略：法治国家、法治政府、法治社会"三位一体建设"

法治国家中存在法治政府和法治社会的分野，二者统一于法治国家的框架中。以习近平同志为核心的党中央以系统的观念和系统方法，高屋建瓴地谋划法治中国建设，创新提出"坚持依法治国、依法执政、依法行政共同推进，法治国家、法治政府、法治社会一体建设"，强调要在共同推进上着力，在一体建设上用劲。习近平总书记在中共十八届中央政治局第四次集体学习，中央全面依法治国工作会议，党的十八届三中全会、四中全会、十八届四中全会第二次全体会议，党的十九大、二十大等重要会议上，都对"法治国家、法治政府、法治社会一体推进"进行了强调和具体部署。

第一，阐明了法治国家、法治政府、法治社会的关联。习近平总书记指出："法治国家、法治政府、法治社会三者各有侧重、相辅相成，法治国家是法治建设的目标，法治政府是建设法治国家的主体，法治社会是构筑法治国家的基础。"[①]法治国家、法治政府、法治社会密切关联、相辅相成。具体而言，三者关系如下：

一是法治政府具有主体工程地位。习近平总书记强调："法治政府建设是重点任务和主体工程，对法治国家、法治社会建设具有示范带动作用。"[②]所以，习近平总书记将法治政府建设作为依法治国的重点任务，强调要率先突破。

二是法治国家是法治社会的引领和保障。2015年，党中央提出了全面建成小康社会、全面深化改革、全面依法治国、全面从严治党"四个全面"的战略布局。"不全面依法治国，国家生活和社会生活就不能有序运行，就难以

---

① 习近平：《加强党对全面依法治国的领导》，载《求是》2019年第4期。
② 习近平：《论坚持全面依法治国》，中央文献出版社2020年版，第252页。

实现社会和谐稳定。"①

三是法治社会是建设法治国家、法治中国的重要基础。法治国家与法治社会是互为依存、相辅相成的,法治国家引领法治社会,法治社会为法治国家构筑坚实的社会基础。②法治社会在法治国家、法治政府、法治社会一体建设中居于基础性地位。社会先于国家而存在,法治社会建设与法治国家、法治政府建设具有一体性。社会治理是国家治理的重要内容,如果没有坚实的社会基础、有效的法治社会建设,法治国家、法治政府建设将成为无源之水、无本之木。法治社会建设的基础性,还体现在法治社会建设水平高低直接反映了法治国家和法治政府建设的成效。全面推进依法治国,固然需要加强对公权力的治理,确保国家机关及其工作人员按照法定权限和程序行使权力,但这并不必然会实现全体社会成员的遵纪守法。因此,必须强调法治国家、法治政府、法治社会建设的一体性,并将法治作为公私两域的普遍准则,重视法治社会建设在一体建设中的基础性地位。③

第二,指出了法治国家、法治政府和法治社会要一体推进。法治国家、法治政府和法治社会三者同属于法治中国的重要组成部分,虽然侧重不同,但是本质相同,密切相关,不可或缺。法治国家、法治政府、法治社会一体建设,也体现了习近平总书记系统性、整体性、协同性推进全面依法治国的系统思维和战略思维。法治国家、法治政府、法治社会一体建设也体现了"官民同治"的重要理念。党的十九大将 2035 年基本建成法治国家、法治政府、法治社会明确为国家法治发展的中期战略,并对法治国家、法治政府、法治社会在一体建设的关系基础上又增加了相互促进,突出了三者间的相互联动性和动态实施性。三者作为全面依法治国的阶段性发展目标,是有机联系的整体,必须同步推进、一体建设。

(二)基本方略:**系统治理、依法治理、综合治理、源头治理"四个治理统筹推进"**

社会治理是一项系统工程,如何有效推进?习近平总书记强调"要坚持

---

① 习近平:《论坚持全面依法治国》,中央文献出版社 2020 年版,第 144 页。
② 张文显:《治国理政的法治理念和法治思维》,载《中国社会科学》2017 年第 4 期。
③ 江必新:《法治社会建设的十大要点》,载《学习时报》2015 年 8 月 27 日。

问题导向,把专项治理和系统治理、综合治理、依法治理、源头治理结合起来"。①社会治理的核心目标是治理有效。系统治理、依法治理、综合治理、源头治理有机结合、统筹推进是实现有效治理的基本方略。

系统治理在"四个治理"中居于全局性地位。系统治理的基本要义可以概括为:党委领导、政府主导、鼓励和支持社会各方面协同治理,实现政府治理、社会治理、居民治理的良性、和谐发展。系统治理"将社会治理置于预期的治理系统之中,并使其逐步呈现出良好的社会局面"。②依法治理是"四个治理"的核心。法治社会的基本标志和根本要求,是实现对社会的依法治理与社会依法自治的有机统一。需要注意的是,依法治理之"法"应作广义理解,除法律法规外,还"包括市民公约、乡规民约、行业规章、团体章程等形式。其效力对所涉及的组织和成员个人具有约束作用,这也是治理社会公共事务的依据和遵循"。③综合治理是法治社会建设的关键。综合治理是在各级党委和政府的统一领导下,各部门协调一致,齐抓共管,依靠广大人民群众,运用政治的、经济的、行政的、法律的、文化的、教育的等多种手段,整治社会治安,打击犯罪和预防犯罪,保障社会稳定,为社会主义现代化建设和改革开放创造良好的社会环境的一种社会治理方式。④建设"平安中国"是习近平总书记对社会治理的又一重要定位。习近平总书记在对"平安中国"建设作出的批示中,多次强调加强社会治安的综合治理。⑤源头治理是"四个治理"的基础,也是党领导社会治理工作经验的总结。"枫桥经验"其实质就在于坚持群众路线,抓源头,抓苗头,防患于未然,把矛盾化解在基层,把问题消灭在萌芽。只有坚持源头治理、前端处理、消除隐患,才能奏响法治社会的和谐之音。

---

① 中共中央文献研究室编:《习近平关于社会主义社会建设论述摘编》,中央文献出版社 2017 年版,第 135 页。
② 徐汉明:《习近平社会治理法治思想研究》,载《法学杂志》2017 年第 10 期。
③ 本书编写组编著:《〈中共中央关于全面推进依法治国若干重大问题的决定〉(辅导读本)》,人民出版社 2014 年版,第 222~223 页。
④ 参见《中共中央、国务院关于加强社会治安综合治理的决定》。
⑤ 《习近平就深入推进平安中国建设作出重要指示》,载《人民日报》2014 年 11 月 4 日。《习近平:完善中国特色社会主义社会治理体系 努力建设更高水平的平安中国》,载《人民日报》2016 年 10 月 13 日。

系统治理、依法治理、综合治理、源头治理四种治理方式各有侧重，但是统筹于社会治理之下。法治社会建设需要四者并进、形成合力。具体而言，就是以法治理念和法治思维为指引，积极营造良好法治环境与氛围，坚持采用以法治方式为基础的源头治理、系统治理、综合治理等多种治理形式，努力提高依法治理的能力，建设现代化法治社会。①

（三）重要方略：政治引领、法治保障、德治辅佐、自治筑基、智治支撑"五治共同发力"

法治社会建设，需要综合运用政治、法治、德治、自治、智治各种方式，实现"多元共治"。

第一，发挥政治的引领作用。坚持政治引领是社会治理方式现代化中体现中国道路的特色标志，是我们党领导社会治理工作的宝贵经验，是进行新的伟大斗争的现实需要。②党政军民学，东西南北中，党是领导一切的。政治对法治社会建设的引领作用主要体现在：一是方向引领。科学的政治理论引领社会治理的方向，夯实社会治理的基层基础，确保社会治理为了人民。二是方法引领。习近平总书记关于法治社会建设理论的重要论述明确了社会治理的格局、推进战略、重点任务，为中国特色社会主义法治社会建设提供了方向。三是工作引领。通过党委带头守法，引领全社会守法；通过加强社会治安综合治理，建设和谐社会、平安中国；通过调动各方投入社会治理，打造人人有责、人人尽责的共同体。

第二，发挥法治的保障作用。法治是社会治理的重要支撑和保障。习近平总书记指出："现代政治文明发展的一个重要成果就是法治，就是用法律来规范各个社会主体的行为。"③"法律是什么？最形象的说法就是准绳。用法律的准绳去衡量、规范、引导社会生活，这就是法治。"④

法治对社会的保障重要体现在两个方面：一是法治对社会的保障作用。法治具有连续性、稳定性和可预期性，在政治和社会生活中发挥着固根本、

---

① 参见江必新：《推进社会依法治理，建设现代法治社会》，载《社会治理》2015年第1期。
② 参见陈一新：《加强和创新社会治理》，载《人民日报》2021年1月22日。
③ 习近平：《建设"平安浙江"构建和谐社会》，载《领导科学》2007年第6期。
④ 中共中央文献研究室编：《习近平关于全面依法治国论述摘编》，中央文献出版社2015年版，第8~9页。

稳预期、利长远的重要作用。习近平总书记指出:"统筹推进'五位一体'总体布局、协调推进'四个全面'战略布局,要发挥法治的引领、规范、保障作用。"①法治作为"规范之治",突出法律在调整社会关系方面的权威性,突出用法治思维和法治方式化解社会矛盾;作为"良法之治",强调以良法促进社会发展、增进社会活力、实现国家长治久安。二是法治对人民的保障作用。法治追根溯源是符合最广大人民意志与利益的治国理政方式。"法律成为人民意志的自觉表现,也就是说,它应该同人民的意志一起产生并由人民的意志所创立。"②社会主义法治体现了最广大人民的根本利益。比如,我国《宪法》就是确保人民享有广泛权利的法律保障。因而,《宪法》的实施目的必然要包含有保障公民基本权利的基本内容。全面贯彻实施《宪法》,就是要保障公民的人身权、财产权、基本政治权利等各项权利不受侵犯,保证公民的经济、文化、社会等各方面权利得到落实,努力维护最广大人民的根本利益,保障人民群众对美好生活的向往和追求。

第三,发挥道德的辅佐作用。道德是一种广泛存在日常生活之中的价值观和行为规范,具有支撑秩序、治心化性的功能优势。③道德和法律都是治国理政不可或缺的重要手段,"都具有规范社会行为、维护社会秩序的作用"④;习近平总书记深刻地指出:"法律是底线的道德,也是道德的保障。"⑤"法律有效实施有赖于道德支持,道德践行也离不开法律约束。"⑥坚持依法治国与以德治国相结合,这是法治中国建设的鲜明特色。习近平总书记深刻地指出:"要在实行自治和法治的同时,注重发挥好德治的作用,推动礼仪之邦、优秀传统文化和法治社会建设相辅相成。"⑦在法治社会建设中,要将道德和法治有机融合,充分发挥道德的辅佐、教化作用,夯实和谐社会的道德基础。

---

① 习近平:《推进全面依法治国,发挥法治在国家治理体系和治理能力现代化中的积极作用》,载《求是》2020年第22期。
② 《马克思恩格斯全集》(第一卷),人民出版社1956年版,第184页。
③ 《习近平法治思想概论》编写组编:《习近平法治思想概论》,高等教育出版社2021年版,第297页。
④ 习近平:《论坚持全面依法治国》,中央文献出版社2020年版,第109页。
⑤ 习近平:《论坚持全面依法治国》,中央文献出版社2020年版,第166页。
⑥ 习近平:《论坚持全面依法治国》,中央文献出版社2020年版,第165页。
⑦ 习近平:《习近平谈治国理政》(第三卷),外文出版社2020年版,第260页。

一是发挥道德的教化作用。道德的教化作用,能"提高全社会文明程度,为全面依法治国创造良好人文环境"①。在道德体系中体现法治要求,发挥道德对法治的滋养作用。"再多再好的法律,必须转化为人们内心自觉才能真正为人们所遵行。'不知耻者,无所不为。'没有道德滋养,法治文化就缺乏源头活水,法律实施就缺乏坚实社会基础。"②

二是在道德教育中突出法治内涵。以法治承载道德理念,道德才有可靠制度支撑。习近平总书记特别强调要把法治建设和道德建设结合起来。习近平总书记指出:"法律法规要树立鲜明道德导向,弘扬美德义行,立法、执法、司法都要体现社会主义道德要求,都要把社会主义核心价值观贯穿其中,使社会主义法治成为良法善治。要把实践中广泛认同、较为成熟、操作性强的道德要求及时上升为法律规范,引导全社会崇德向善。"③

三是依法惩处公德失范的违法行为。习近平总书记强调:"加强相关立法工作,明确对失德行为的惩戒措施。要依法加强对群众反映强烈的失德行为的整治。对突出的诚信缺失问题,既要抓紧建立覆盖全社会的征信系统,又要完善守法诚信褒奖机制和违法失信惩戒机制,使人不敢失信、不能失信。对见利忘义、制假售假的违法行为,要加大执法力度,让败德违法者受到惩治、付出代价。"④

第四,发挥自治的基础作用。自治是社会治理方式现代化中体现人民当家作主的重要标志。⑤习近平总书记高度重视基层自治,强调社会、公民的自治对法治的补充作用。城乡、社区作为一切工作的落脚点,是社会治理的重心所在。习近平总书记指出:"健全自治、法治、德治相结合的乡村治理体系,是实现乡村善治的有效途径。"⑥基层群众自治具有广泛性、直接性、有效性,是伴随着新中国发展而形成的民主实践。以"枫桥经验"为例,习近平

---

① 习近平:《论坚持全面依法治国》,中央文献出版社 2020 年版,第 166 页。
② 习近平:《论坚持全面依法治国》,中央文献出版社 2020 年版,第 110 页。
③ 习近平:《论坚持全面依法治国》,中央文献出版社 2020 年版,第 166 页。
④ 《习近平:坚持依法治国和以德治国相结合 推进国家治理体系和治理能力现代化》,载《人民日报》2016 年 12 月 11 日。
⑤ 参见陈一新:《加强和创新社会治理》,载《人民日报》2021 年 1 月 22 日。
⑥ 习近平:《论坚持全面依法治国》,中央文献出版社 2020 年版,第 191 页。

总书记多次就坚持和发展"枫桥经验"作出重要指示。"枫桥经验"中，党建统领是根本保证，以人民为中心是价值核心，发动和依靠群众就地解决矛盾是精髓"真经"，共建共治共享是基本原理，自治、法治、德治相结合是基本要义，保平安、促和谐是目标效果，与时俱进、创新发展是生命力。①《中共中央、国务院关于加强基层治理体系和治理能力现代化建设的意见》第四节对健全基层群众制度作出专门规定。自治和法治相结合，更能发挥基层的桥头堡功能，彰显基层强基的作用。在法治社会建设中，要坚持共建共治共享，引导和保证城乡基层群众依法自治，推动社会组织依法自律，共同画好基层社会共治同心圆。

第五，发挥智治的支撑作用。"智治"即智慧治理。我国已经进入互联网、大数据时代，科技已经深刻地改变了社会，改变了我们的生活。党的十九届四中全会首次提出了"科技支撑"的重要命题，习近平同志在多个场合强调了信息化建设。习近平总书记指出："要更加注重联动融合、开放共治，更加注重民主法治、科技创新，提高社会治理社会化、法治化、智能化、专业化水平，提高预测预警预防各类风险能力"。②"要加快推进立体化、信息化社会治安防控体系建设。"③习近平总书记提出的社会治理四化（社会化、法治化、智能化、专业化）为新时代社会治理明确了方向，也指明了智治与社会的关系。

智治是体现新科技革命的标志，是建立在智能化基础之上的治理方式，对社会治理起着重要的支撑作用。一方面，智治为法治社会建设提供治理方式和方法。互联网信息技术、大数据、云计算等现代科技已经使我们所处的社会发生了翻天覆地的变化，也为法治社会建设提供了丰富的治理方式和方法。通过信息化科技可以优化治理手段，拓展普法渠道，健全社会矛盾化解机制、建立科学的治理评估体系，助力法治社会建设。另一方面，智治提升了社会治理的效率。从宏观角度看，科技在法治社会建设过程中的支撑功能

---

① 张文显：《习近平法治思想的理论体系》，载《法制与社会发展》2021年第1期。
② 中共中央党史和文献研究院编：《习近平关于总体国家安全观论述摘编》，中央文献出版社2018年版，第149页。
③ 习近平：《论坚持全面依法治国》，中央文献出版社2020年版，第248页。

主要包括信息支撑、心理支撑和方法支撑三个方面。①信息化技术的广泛运用，让信息传递更加快捷，人与人之间的沟通成本降低，社会治理的技术参数和智能含量大幅提升。这些都为社会治理体系架构、运行机制、工作流程智能化再造奠定了基础。

四、法治社会建设之保障

法治社会建设之保障亦是中国特色社会主义法治理论的重要组成部分，其主要内容如下：

（一）强调加强党对法治社会建设的领导，健全制度和工作机制

党的领导是全面推进依法治国、加快建设社会主义法治国家最根本的保证，也是建设法治社会最根本的保证。实践反复证明并不断深化了我们的认识，"党中央权威是危难时刻全党全国各族人民迎难而上的根本依靠"，在"重大历史关头，重大考验面前，领导力是最关键的条件，党中央的判断力、决策力、行动力具有决定性作用"。②在法治社会建设的关键时期，更要加强党对建设法治社会的领导。

党对法治社会建设的领导，主要体现在：

第一，明确了第一责任人。习近平总书记强调："党政主要负责人要履行推进法治建设第一责任人职责。这是推进法治建设的重要组织保证。各级领导干部要把责任担起来，不搞花架子、做表面文章，不能一年开一两次会、讲一两次话了事。党政主要负责人要亲力亲为，不能当甩手掌柜。要加强和改进对法治建设的领导，统筹推进科学立法、严格执法、公正司法、全民守法，每年都确定重点任务，明确完成时间，做到年初有分工、年中有督察、年末有考核，全年有台账。对不认真履行第一责任人职责的党政主要负责人，上级党委要及时告诫和约谈，严肃批评。对一个地方、一个部门接二连三发

---

① 付鉴宇：《论法治社会建设中的科技支撑功能及其实现》，载《广西社会科学》2021年第6期。
② 中共中央党史和文献研究院编：《习近平关于全面从严治党论述摘编》，中央文献出版社2021年版，第150页。

生重大违法案件、造成严重社会后果的,必须严肃问责、依法追究。"①习近平总书记提出要"完善党政主要负责人履行推进法治建设第一责任人职责的约束机制"②。习近平总书记还明确要求,各级党委和政府要高度重视社会治理工作,落实社会治安综合治理领导责任制,切实肩负起促一方发展、保一方平安的政治责任。③可见,习近平总书记对各级党政主要负责人法治社会建设的职责,既有部署,又明确了具体要求。

第二,提出了考核评价标准。在浙江调研期间,习近平同志就深刻提出:"社会建设要以共建共享为基本原则,在体制机制、制度政策上系统谋划,从保障和改善民生做起,坚持群众想什么、我们就干什么"。④"群众想什么、我们就干什么"为法治社会建设提供了基本的评价标准,那就是以解决人民群众最急最盼最忧的事情为标尺。《实施纲要》提出的"健全群众满意度测评制度,将群众满意度作为检验法治社会建设工作成效的重要指标",正是对这一评价标准的具体落实。

(二)强调突出重点,形成合力

习近平总书记在部署法治社会建设中,始终坚持以问题为导向,坚持抓住主要矛盾。

第一,要抓住政府这个关键。法治政府建设是全面推进依法治国的重点任务和主体工程。在中央全面依法治国委员会第二次会议上,习近平总书记强调:"法治政府建设是重点任务和主体工程,对法治国家、法治社会建设具有示范带动作用。法治政府建设应该率先取得突破,要加强对示范创建活动的指导。"⑤政府是法治建设的主导。政府尤其是基层政府能否尊法、守法直接关系法治社会的成败。

第二,要夯实全民守法这个基础。法治是一种状态,也是一种要求,不

---

① 习近平:《论坚持全面依法治国》,中央文献出版社2020年版,第142页。
② 习近平:《论坚持全面依法治国》,中央文献出版社2020年版,第233页。
③ 中共中央文献研究室编:《习近平关于社会主义社会建设论述摘编》,中央文献出版社2017年版,第135~136页。
④ 《习近平在浙江调研时强调:干在实处永无止境 走在前列要谋新篇》,载《人民日报》2015年5月28日。
⑤ 习近平:《论坚持全面依法治国》,中央文献出版社2020年版,第252页。

仅要求政府守法，也要求全民守法。法治中国建设，落脚点在社会生活方式的法治化。党的十八大提出了依法治国"新十六字方针"，即"科学立法、严格执法、公正司法、全民守法"，其中全民守法是法治中国建设的基础。要建设法治国家、法治政府、法治社会，每个公民都有责任。全民守法是全面依法治国的重点任务。习近平总书记深刻指出："法治建设需要全社会共同参与，只有全体人民信仰法治、厉行法治，国家和社会生活才能真正实现在法治轨道上运行。"[①] 法治中国的伟大实践，"要充分调动人民群众投身依法治国实践的积极性和主动性，使全体人民都成为社会主义法治的忠实崇尚者、自觉遵守者、坚定捍卫者，使尊法、信法、守法、用法、护法成为全体人民的共同追求"。[②]

全民守法对于法治社会建设具有基础作用。促进全民守法的重要途径是加强普法工作。党的十八届四中全会从守法的角度提出"增强全民法治观念，推进法治社会建设"。因为法律法规无处不在，影响着每个人的生活，增强全民法治观念对于建设法治社会至关重要。党的十八届四中全会通过的《中共中央关于全面推进依法治国若干重大问题的决定》第一次明确提出"深入开展法治宣传教育"。法治宣传较之法制宣传，内涵发生了深刻变化，既包括对法律体系和法律制度的宣传，也包括对立法、执法、司法、守法等一系列法律实践活动的宣传，突出了法治理念和法治精神培育，以及运用法治思维和法治方式能力的培养。

总之，法治社会建设需要全社会共同参与，只有全体人民信仰法治、厉行法治，国家和社会生活才能真正实现在法治轨道上运行，才能真正将法治优势转化为法治效能，才能确保法治社会建设的各项任务落到实处。

第三，要充分调动社会力量。法治社会应当是共治社会。在当下中国，"寓国家于社会中"，推进国家与社会的共治尤为重要。社会主体的广泛参与是法治社会的鲜明特点。党的十九届四中全会提出建设人人有责、人人尽责、人人享有的社会治理共同体。群体组织、企事业单位、人民团体、社会组织

[①] 习近平：《推进全面依法治国，发挥法治在国家治理体系和治理能力现代化中的积极作用》，载《求是》2020年第22期。

[②] 习近平：《加快建设社会主义法治国家》，载《求是》2015年第1期。

是法治社会建设的重要力量。在法治社会建设中，要充分采取多种形式调动全社会各方力量参与法治社会建设，进一步发挥公民、企事业单位、人民团体、社会组织等的协同作用，汇聚建设法治社会的强大合力。

（三）强调抓住"关键少数"

"关键少数"指的是各级领导干部。"关键少数"守法在全民守法中具有重要作用。必须高度重视"关键少数"在法治社会建设中的引领、示范作用。

第一，领导干部带头守法，是全民守法的关键。一是领导干部是"关键人"。习近平总书记指出："各级领导干部作为具体行使党的执政权和国家立法权、行政权、司法权的人，在很大程度上决定着全面依法治国的方向、道路、进度。党领导立法、保证执法、支持司法、带头守法，主要是通过各级领导干部的具体行动和工作来体现、来实现。""高级干部做尊法学法守法用法的模范，是实现全面推进依法治国目标和任务的关键所在。"① 二是领导干部是"第一责任人"。"党政主要负责人要履行推进法治建设第一责任人职责"，要"统筹推进科学立法、严格执法、公正司法、全民守法"，② 具体落实全民守法等工作。

第二，领导干部带头守法，增进全民守法。我们有民"以吏为师"的传统，领导干部带头尊法学法守法用法，人民群众会看在眼里、记在心上，并且会加以效仿。习近平总书记指出："各级领导干部要带头依法办事，带头遵守法律……如果领导干部都不遵守法律，怎么叫群众遵守法律？上行下效嘛！"③ 所以，领导干部作为"关键少数"，带头自觉守法是实现全民守法，建设法治中国的关键。从我国法治社会建设现实来看，某些社会成员不遵守法律、不信任法律，很大程度上与公权力机关特别是领导干部不严格守法、不严格遵循法律是密切相关的。

所以，在法治社会建设中，领导干部带头守法，增强法治观念和法治意识，尊崇法治、敬畏法律、在宪法法律范围内活动，必将有力推动法治社会的建成。

---

① 习近平：《论坚持全面依法治国》，中央文献出版社2020年版，第135页。
② 习近平：《论坚持全面依法治国》，中央文献出版社2020年版，第142页。
③ 习近平：《论坚持全面依法治国》，中央文献出版社2020年版，第25页。

第三章

法治乡村建设

中国是一个农业大国,党和国家历来十分重视"三农"问题。2017年10月,党的十九大报告作出了实施乡村振兴战略的重大决策部署。2018年1月,《中共中央、国务院关于实施乡村振兴战略的意见》提出了建设法治乡村"六个方面"[①]的重要任务。2020年3月,中央全面依法治国委员会印发《关于加强法治乡村建设的意见》,明确了法治乡村建设的总体要求和主要任务。党的二十大报告对全面推进乡村振兴作了具体部署。改革开放40多年来,社会主义法治建设实践表明,法治建设的根基在基层,难点在乡村。

一、完善乡村振兴立法

乡村振兴,法治先行。正如邓小平同志所强调的,推进社会主义建设

---

① 包括强化法律的权威地位、将政府涉农工作纳入法治化轨道、推动行政执法改革向基层延伸、健全农村土地承包经营纠纷调处机制、提高农民法治素养、健全农村公共法律服务体系。参见《中共中央、国务院关于实施乡村振兴战略的意见》,载《人民日报》2018年2月5日。

"还是要靠法制""搞法制靠得住"。① 法治乡村要求乡村治理过程中的任何一个环节都不得与现代法治的基本原则和基本精神相悖。完善乡村振兴立法，是法治乡村建设的前提。

（一）要进一步完善涉农法律制度体系

2021年6月1日，作为乡村振兴战略的顶层设计和重要法律支撑的《乡村振兴促进法》开始施行，标志着我国进入运用法治推动乡村振兴的新阶段。有学者指出："《乡村振兴促进法》的基本目标在于确保中央关于乡村振兴的决策部署贯彻落实，明确基本原则、基本方略和制度框架。"② 《乡村振兴促进法》为促进法，着重点在促进，通过建立健全法律制度和政策措施，促进乡村全面振兴和城乡融合发展。③ 这种立法定位决定了《乡村振兴促进法》宣示性、号召性和倡导性条款较多，④ 而规范性条款较少。

要充分发挥《乡村振兴促进法》的应有实效，需要制定完善配套法律法规。一是制定《农村集体经济组织法》，对成员确认管理、组织登记、资产财务管理、法律责任等作出明确规定，为实现好、维护好、发展好农村集体经济组织及其成员权益提供更加坚实的法律保障。二是推动制定《农业投资法》《农村金融法》《农业保险法》等重要法律，完善农村金融法律制度，健全农村金融服务体系，促使金融资源更多流向农村。三是适时制定或修改《粮食安全保障法》《农产品质量安全法》《农药管理条例》《植物新品种保护条例》等农村食品安全领域法律法规，建立健全农村食品安全制度，提升农村食品安全治理水平。由此形成以《乡村振兴促进法》为统领，由相关法律、法规、规章和其他规范性文件为支撑的涉农法律制度体系，为乡村振兴战略提供有力法制保障。

---

① 《邓小平文选》（第三卷），人民出版社1993年版，第379页。
② 高强：《乡村振兴的立法考量：基于国际经验的思考》，载《农村经济》2019年第8期。
③ 陈锡文：《关于〈中华人民共和国乡村振兴促进法（草案）〉的说明》，载《南方农村报》2020年6月27日。
④ 如《乡村振兴促进法》第18条、第19条、第20条、第21条、第23条、第24条、第27条、第28条、第31条、第35条、第37条、第46条、第48条、第55条使用了"国家支持""国家鼓励"等宣示性、号召性、倡导性法律规范表述。

（二）要构建科学有效的利益导向机制

无论对于国家发展，还是对于农村进步，乡村振兴是一场深刻革命。在这场革命中，农民是乡村振兴的主力军，农村是乡村振兴的"主战场"。实施乡村振兴战略，是为了农民，也要依靠农民。乡村振兴战略的总目标能否如期实现，很大程度上取决于农民是否积极参与。马克思深刻地指出："人们奋斗所争取的一切，都同他们的利益有关。"① 这表明，农民作为理性经济人，其是否积极参与到乡村振兴这场深刻革命中来，关键要看其切身权益能否得到有效保障。由此可知，保障农民的切身权益，调动其参与乡村振兴的积极性，必将成为乡村振兴立法的出发点和着力点。

法律关系实质上就是利益关系，立法过程就是利益的协调和分配过程。随着乡村振兴战略的推进，因农村土地、矿产等资源问题引发的各类利益纠纷日益增加。同时，涉及农业农村农民的政策、资金、项目等资源也不断流向农村，使得农村社会利益关系和利益格局日趋复杂化、多样化。立法，作为一种分配社会利益的活动，只有妥善处理好各种复杂多样的利益关系，保障农民的切身权益，让农民真正得到实惠，才能调动其参与乡村振兴的积极性；反之，不仅达不到预期效果，还可能会引发深层次的社会矛盾。因此，未来乡村振兴立法要落实"以人民为中心的发展思想"，通过构建科学有效的利益导向机制，激发农民参与乡村振兴的积极性和主动性，利用各种激励和制约手段引导农民的行为，把乡村振兴战略的目标任务转化为广大农民群众的自觉行动。

（三）要处理好立法与改革之间的关系

立法与改革，是我国当前的两个鲜明主题，也是实施乡村振兴战略不可回避的重要课题。实施乡村振兴战略，一方面需要通过立法形式将社会实践中一些成熟的、稳定的经验或社会关系上升为法律规定，其核心是"定规矩"；另一方面又要借助改革举措对原来确定的，但不适应经济社会发展的旧制度或做法（如农村集体土地使用权制度）进行改变，其核心是"求突破"，因此乡村振兴背景下的立法与改革是一对矛盾体。同时，这种立法与改革又

---

① 《马克思恩格斯全集》（第一卷），人民出版社1956年版，第82页。

互为条件、相辅相成，立法为改革提供制度保障，改革为立法注入新的动力。从马克思主义哲学观看，乡村振兴背景下的立法与改革的关系，是对立统一的辩证关系。实施乡村振兴战略是一项系统工程，在这个系统工程中，需要辩证认识并妥善处理好这对关系。

从实践来看，改革开放40多年来，为了妥善处理立法与改革的关系，在不同的发展阶段和时代背景下，我国采用了"先改革后立法""边改革边立法""凡属重大改革必须于法有据"等不同的立法策略。① 客观而论，这些立法策略有利有弊，但在特定时代背景下，对它们的运用是成功的。例如，改革开放初期，当时全国法律数量很少，② 很多领域都是无法可依，正因为采用"先改革后立法"的立法策略，加快立法速度，注重立法数量，才有2011年3月10日时任全国人大常委会委员长吴邦国同志关于"中国特色社会主义法律体系已经形成"的庄严宣告，③ 使得我国无法可依的状况得到根本性改变。

党的十八大以来，习近平总书记高度重视立法与改革工作，明确指出："要坚持改革决策和立法决策相统一、相衔接，立法主动适应改革需要，积极发挥引导、推动、规范、保障改革的作用。"④ 这一重要论述为在新时代乡村振兴战略背景下正确处理立法与改革的关系指明了方向：实现立法与改革决策相衔接，发挥乡村振兴立法对深化农村改革的引领和推动作用。其一，当改革决策与现行法律规定不一致时，可以先修改法律以适应改革。例如，2014年10月，党的十八届四中全会提出"明确地方立法权限和范围，依法赋予设区市的地方立法权"。为了落实党中央改革决策，全国人大于2015年3月修改了《立法法》，依法赋予所有设区的市地方立法权。其二，当改革决策需要法律授权时，法律要快速地予以授权，立法为"先立后破、有序进行"服务。

---

① 参见乔晓阳：《处理好立法与改革的关系（五则）》，载中国人大网，http://www.npc.gov.cn/zgrdw/npc/xinwen/2019—01/18/content_2070780.htm，最后访问时间：2021年12月27日。
② 如1979年只有《宪法》《刑法》《刑事诉讼法》《组织法》《选举法》《环境保护法（试行）》《婚姻法》等7部法律，数据来源：全国人大常委会立法规划室编：《中华人民共和国立法统计》，中国民主法制出版社2018年版。
③ 参见顾雷鸣、王晓映：《中国特色社会主义法律体系形成》，载《新华日报》2011年3月11日。
④ 中共中央文献研究室编：《习近平关于全面依法治国论述摘编》，中央文献出版社2015年版，第52页。

例如，根据党中央作出的改革决策部署，全国人大常委会于 2013 年 8 月至 2017 年 12 月先后作出了金融体制、农村集体土地使用权制度等 21 个授权决定。① 其三，立法要为改革决策预留空间。

二、推进乡村依法治理

（一）完善乡村治理结构

乡村治理结构，是指乡村治理主体在各自权力、职责范围基础上的行为模式以及相互之间的关系。② 乡村治理结构也可以被称为乡村治理模式。乡村治理主体的角色定位和关系互动是乡村治理结构的核心要义。就国家与社会的关系而言，"乡村治理既是乡村社会的内部治理，也是国家治理在乡村的延伸"③。从宏观方面来看，当下我国乡村治理结构问题主要体现为国家政权在乡村治理场域中发挥不充分与村民自治能力不足等，这极大地制约了乡村治理现代化。在乡村振兴战略背景下，提升乡村治理效能的关键是完善乡村治理结构，主要有以下三个着力点。

1. 强化基层党组织的领导功能

党的领导是我国宪法确定的一项基本原则，是中国特色社会主义制度的最大优势。新时代背景下，乡村治理结构的改革和完善要紧紧围绕这一根本定位来展开，将强化基层党组织的领导通过治理结构设计嵌入乡村治理的各个方面，并在基层党组织的引领和推动下，让乡村走向善治之路：其一，通过强化农村基层党组织建设，激发基层党组织活力，为实现乡村治理现代化提供理论指导和方向保障。其二，通过转变农村基层党组织的工作职能和履职范式，发挥乡村政治资源的独特优势，为乡村治理提供基础条件与服务支撑。其三，通过建立健全以农村基层党组织为核心的良好的组织生态系统，

---

① 参见张德江：《全国人民代表大会常务委员会工作报告——2018 年 3 月 11 日在第十三届全国人民代表大会第一次会议上》，载《中华人民共和国全国人民代表大会常务委员会公报》2018 年第 2 期。

② 马宝成：《乡村治理结构与治理绩效研究》，载《马克思主义与现实》2005 年第 2 期。

③ 参见杜鹏：《一线治理：乡村治理现代化的机制调整与实践基础》，载《政治学研究》2020 年第 4 期。

避免因过度依赖乡镇政府造成基层治理行政化和官僚化趋向，让乡村治理循序渐进发展。只有强化农村基层党组织建设，保证"以人民为中心"的实现，保持基层党组织的领导与乡村治理结构之间的良性互动，才能推进乡村治理现代化，助力乡村振兴。

2. 乡村社会内部各治理主体的类型化处理

乡村社会内部治理主体主要包括村民委员会、农村集体经济组织、合作社组织等。在多元治理结构下，这些不同的组织有着不同功能定位、价值取向和利益诉求，应通过类型化方式来规定各自的治理结构。对于村民委员会，既要理顺其与乡镇政府之间的关系，避免行政化倾向；又要规范村支两委关系，减少两者之间的"摩擦"；还要注意防止权力被村干部滥用，避免村民自治权力异化。确保村民委员会真正成为村民自我教育、自我管理、自我服务的群众性自治组织。对于农村集体经济组织，既要处理好其与村民委员会之间的关系，又要处理好农村集体经济组织的代表人与农村集体经济组织的经营者的关系，确保农村集体经济组织成为提升村民福利水平和农村自我保障能力的有效途径。对于合作社组织，既要处理好其与政府之间的关系，又要规范和完善其内部监督管理机制，确保合作社组织成为加强和创新转型时期乡村社会治理的有效载体。

3. 建立健全村级权力监督体系

当前有的基层工作人员腐化严重，不仅催生了黄赌毒盗、坑蒙拐骗等丑恶现象，而且这些严重腐化的乡村基层工作人员往往与乡村黑恶势力、宗族势力、"村霸"有着紧密联系，直接侵害村民群众的切身利益，恶化党群干群关系，损害党和国家形象，成为影响乡村社会和谐稳定的诱发因素。有权必有责，用权受监督。建立健全村级权力监督体系，提升乡村治理能力，既是法治乡村建设的基本内涵，也是乡村治理现代化的迫切要求。相比过去强调发挥村级权力的能动作用，新时期乡村治理迈入制度化、规范化和法治化发展轨道，更加注重对村级权力运行的有效监管。要在群众监督、村务监督委员会监督、上级党组织和有关部门监督与会计核算监督、审计监督等全程实时、多方联网的村级权力监督体系的基础上，通过创新建立比如村级小微权力清单制度等监督机制，将监督职能融入自治组织内部，形成监督合力，构建科学、高效的现代村级权力监督体系。让村级权力在阳光下运行，体现出"权为民所赋，权为民所用"的主权在民思想的深刻内涵。

（二）促进乡村治理体系中的"三治融合"

乡村治理，自古有之，但治理理念和方式各不相同。2017年党的十九大报告明确提出，"加强农村基层基础工作，健全自治、法治、德治相结合的乡村治理体系"，①为我国乡村治理现代化指明了方向。然而，这种乡村治理模式在实践中正面临着法治与自治、德治难以有效融合的困局。因而，有学者指出，"三治"的关键在于"有效融合"，②"自治、法治、德治相结合的乡村治理体系创新经验的精髓是'融合'"③。如何有效促进自治、法治、德治融合，学术界进行了较为深入、细致的研究，并取得了富有启发性的研究成果，但也存在一些问题和不足，主要表现在相关研究偏重"三治"的意义阐释、关系定位及概念辨析等理论问题，缺乏对融合"三治"的具体实践机制的深入探讨。

自治、法治、德治作为我国乡村治理的不同方式，应该是具体的实践，而不是抽象的概念。因此，"三治"有效融合需要依托于具体的实践机制。例如，湖北省宜都市推行家庭文明诚信档案制度的乡村治理模式，较好实现了自治、法治、德治的有效融合，这种做法值得推广。据报道，宜都市在全市155个行政村（社区）结合自身实际，以家庭为单位，建立家庭文明诚信档案，实行积分管理，将文明守礼、诚实守信、遵纪守法等行为终身记录应用。④将垃圾分类、邻里纠纷、助人为乐、诚实守信、创业带富、门前"三包"、参与志愿活动等行为与文明诚信打分直接挂钩，并设立奖惩分明的激励机制，促使村民自觉主动履行文明诚信义务。比如，以文明诚信80分为标准，对于年度80分以上的家庭，将在文明家庭评选、银行免息贷款、产业帮扶等方面给予优惠；对于年度80分以下的家庭，将在各类帮扶项目、评先评

---

① 习近平：《决胜全面建成小康社会 夺取新时代中国特色社会主义伟大胜利——在中国共产党第十九次全国代表大会上的报告》，人民出版社2017年版，第32页。
② 孙冲：《村庄"三治"融合的实践与机制》，载《法制与社会发展》2021年第4期。
③ 何显明：《以自治、法治和德治的深度融合推进乡村治理体系创新》，载《治理研究》2018年第6期。
④ 参见范昊天：《湖北宜都村村建家庭文明诚信档案》，载《人民日报》2021年1月2日。

优活动、集体经济分红等方面受到不利影响。家庭文明诚信档案制度的实行，让守信者受益、让失信者受限，有效调动了村民自治积极性，促进了"三治"的融合。

推行家庭文明诚信档案制度促进"三治"有效融合的实践逻辑在于：（1）凝聚乡村多元主体治理力量，激活自治活力。如宜都市让村民参与，对每户家庭的道德文明情况进行评审，发挥村民作为治理主体的作用，实现乡村治理工作由"管"到"治"的转变。（2）织牢乡村精细治理网格，强化法治兜底。尽管乡村治理以村民自治权的行使为主，但这种微观的自治权力运作不能脱离法治的约束。而村规民约发挥了积极作用，实现了乡村自治的规则之治。（3）打造乡村道德教化柔性支撑，敦厚德治滋养。宜都市家庭文明诚信档案制度建设的德治经验，在于把文明诚信打造成一种价值实体，将诸多法治和德治所追求的内容（如不搞铺张浪费）转化为村规民约中村民的文明道德义务。家庭文明诚信档案制度将民主自治、村规民约、道德风俗等三方面内容融为一体，较好地体现了自治、法治、德治在同一制度中的有效融合。

家庭文明诚信档案体系的建立，是"三治融合"乡村治理模式的生动实践。要把家庭文明诚信档案制度作为一种常态化的融合"三治"的乡村治理机制，还需建立配套制度措施：其一，建立一套科学有效的文明诚信考评体系。明确考评主体、考评对象、考评内容、评分标准、结果运用、保障措施等事项，让家庭文明诚信行为可以量化。其二，建立多部门联动工作机制。明确由宣传部门牵头，由精神文明机构具体负责，联合司法、民政、公安、综治等部门，建立服务于乡村治理的多部门联动工作机制，为文明诚信建设做足政府动员。其三，充分利用外来社会力量。宜都市家庭文明诚信档案制度建设的成功实践表明，家庭文明诚信档案制度之所以能够有效融合"三治"，并在乡村治理过程中发挥积极作用，不仅要依靠村委会的力量来保证其实施，还要借助其他社会力量来推动其落实。要充分发挥退休干部、退休教师的"余热"作用，积极组建红白理事会、道德评议会、乡风文明理事会等自治组织，激发多方参与热情，让乡村治理实现村民"自己的事情自己办"。

（三）正确处理自治与他治的关系

自治属于民主政治范畴，本质上就是民治。[①] 乡村治理场域中的自治，是指某一共同体的公共事务由共同体内全体成员进行自主管理，根据本地的社会、政治、经济、文化、历史、生态等条件决定公共事务的治理之道。[②] 村民自治是内生于中国本土的一种基层社会主义民主政治的制度创新，被认为是乡村治理的重要基础。他治是与自治相对的概念，是"治于他"或者"被他治"的意思，它体现为国家权力在社会公共生活中的在场。新时代中国乡村社会治理，既需要自治，也需要他治。

政治作为一种治理国家的行为，从治理主体看，它涵括了政权之治和政党之治。正确处理乡村振兴背景下的自治与他治的关系问题，关键是要理顺以下两对权力关系。

1. 处理好党的领导权与村民自治权之间的关系

坚持党的领导，既是社会主义法治的根本要求，也是法治乡村建设的重要保障。乡村振兴，关键在党。习近平总书记指出，"办好农村的事情，关键在党。党管农村工作是我们的传统。这个传统不能丢。"[③] 法治乡村建设，一方面，要加强基层党组织建设，强化党的领导，充分发挥党总揽全局、协调各方、凝聚力量的核心领导作用，确保法治乡村建设始终保持社会主义方向。另一方面，又要注意把握好一个度。党领导法治乡村建设，是政治方向、政治原则、政治立场领导，是把方向、管大局、保落实，而不是大包大揽、事无巨细去管。党领导法治乡村建设，既要充分发挥党组织的引领作用，又要全面激活村民自治的无限活力，在基层党组织领导与村民自治之间找到最佳契合点。

2. 处理好乡镇行政权与村民自治权之间的关系

《关于加强法治乡村建设的意见》明确提出，加强法治乡村建设的主要目标是，到2035年，法治乡村基本建成。乡镇政府是我国社会治理体系中最基

[①] 参见张文显：《"三治融合"从原发创新到持续创新》，载《治理研究》2020年第6期。
[②] 参见王建勋编：《自治二十讲》，天津人民出版社2008年版，第2页。
[③] 中共中央党史和文献研究院编：《习近平关于"三农"工作论述摘编》，中央文献出版社2019年版，第188页。

层的政权组织，是法治乡村建设的推动者和主导者，其职能是否充分发挥，在很大程度上决定了法治乡村建设的目标能否如期实现。推进法治乡村建设，一方面，乡镇政府要积极主动履行职责，在信息沟通、政策传达、资源分配等方面发挥重要作用，为村民自治做坚强后盾。另一方面，乡镇政府要准确定位其在乡村治理中的角色，从管理型政府向服务型政府转变，将基层管理权力向核心领域收缩，减少不必要的行政干预，给村民自治一定的空间，培育村民自治的主体意识和自治能力。只有理顺乡镇政府与村民自治的关系，才能实现乡镇政府与村民自治的有效衔接和良性互动。

（四）实现公法与私法的融合治理

公法与私法的融合治理在乡村治理场域中主要体现为村民自治组织与其成员之间的法律关系的调整问题。村民委员会是实现村民自治的组织形式，也是乡村治理的重要力量。由于村民委员会自治权与行政公权的身份混同，使得村民委员会与其成员之间的法律关系亦变得相对复杂，既包含私法关系，也包含公法关系。前者如 Y 村村民委员会在没有法律法规授权或行政机关委托的情况下，基于自身职能定位，在分配村集体的土地补偿金时与村民之间发生的争议。后者如 Z 村村民委员会为了维护本村公共利益行使法律法规委托的公权力、执行自治章程或村规民约等而形成的法律关系。对村民自治组织与其成员之间的法律关系处理得好与否，既关系到村民合法权益的有效保护，也关系到农村社会的和谐稳定，还关系到乡村振兴战略的有序推进。

公法与私法的划分最早由罗马法学家乌尔比安提出，一直都是法学研究的重要内容之一。公法规范与私法规范都是社会治理的主要方式，但在适用范围、规制手段、法益保护等方面有着明显差异。在乡村治理场域中，对村民自治组织与其成员之间发生的争议，亦应适用不同的法律规范予以调整。（1）村民自治组织因法律法规授权或受行政机关委托、执行自治章程或村规民约等与行使自治权有关而与其成员之间发生的争议，宜运用公法规则进行调整，相关争议可参照行政诉讼程序进行处理。（2）村民自治组织在没有法律法规授权或行政机关委托的情况下，基于自身的权利，对行使与自治权无关的争议，宜运用私法规则进行调整，相关争议可参照民事诉讼程序进行处理。然而，乡村治理中公共领域的乱象往往与私人领域的失序勾连在一起，需要公法与私法融合治理，已是不争的事实。

需要强调的是，无论公法抑或私法，都是社会现实的体现和反映，在乡村治理中所追求的根本价值具有相通性。乡村需要公法和私法融合治理，但这种融合治理并非完全的"公法私法化或者私法公法化"①，而是在面对具体问题时，根据不同性质的法律关系，选择适用公法规范或者私法规范，积极回应现代乡村治理的现实需求，有效实现良好社会治理状态的主要目的。

（五）科学理性处理基层执法任务与执法力量不协调的问题

推进国家治理体系和治理能力现代化，乡村治理是必不可少的关键环节。随着乡村振兴战略的推进，基层执法任务繁重与执法力量薄弱之间的矛盾越发凸显，不仅给经济发展和民众生活带来不便，也给政府权威和政府形象的树立形成障碍。缓解这一突出矛盾的主要思路是：

首先，推动执法力量向基层倾斜，强化基层执法队伍。乡村振兴，核心在人。要以乡镇综治服务中心建设为契机，根据乡村执法需求，生态环境、市场监管、治安管理、医疗卫生等与乡村振兴密切相关的主管部门将执法力量向基层倾斜，增加派驻人员，有效解决基层执法人员不足问题。要加强基层执法人员业务能力和法治素养培训，将政府涉农事项纳入法治化轨道，提升行政执法效能。要完善基层执法队伍管理，严格实施执法人员持证上岗和资格管理制度，加强基层执法队伍建设，规范基层执法行为。

其次，通过立法授予农村自治组织（村民委员会）涉农行政执法职能，执行涉农行政事务。这样处理，一方面，进一步将执法力量下沉至乡村，能缓解当前基层行政执法任务重和执法人员少的矛盾；另一方面，由更熟悉当地实际情况的农村自治组织参与执法，能提升执法效能。当然，相关法律法规在授权或委托农村自治组织时，需要把握以下几点：一要进行科学评估。要评估是否确有必要将相关执法权限授予或委托给农村自治组织。二要进行合理资源配置。在授予或委托相关执法权限给农村自治组织时，也要合理配置人、财、物等执法力量和资源，确保该项职权被授予或委托后能够真正落

---

① 公法私法化或者私法公法化是"以自治为导向的私法与以管制为目标的公法，通过强制性规范这一媒介，相互交错和融合在一起，为实现自治和管制的双重目标"。参见钟瑞栋：《"私法公法化"的反思与超越——兼论公法与私法接轨的规范配置》，载《法商研究》2013年第4期。

地见效。三要进行制度配套。要建立健全执法队伍管理、执法文书制作、执法权力清单、重大执法决定法制审核、执法绩效评估等配套制度，切实做到严格规范公正文明执法。

（六）提高自治章程和村规民约的质量与效力

村民自治章程和村规民约都是村民会议根据法律法规和国家政策，按照一定程序，结合本村实际情况，制定通过的实行村民自治的行为规范。其产生方式有两种：一是村民会议制定，二是对村民生活中逐渐形成的风俗习惯的认可。自治章程和村规民约作为"软法"，是乡村法治秩序中不可或缺的重要部分，合理利用可以弥补"硬法"的不足。然而，囿于村民法律知识和法治意识缺乏、参与度不高、制定程序不正当等诸多原因，致使自治章程和村规民约的质量不高，村民认可度低，效力匮乏，其在调节社会关系、弘扬优秀文化传统和维护乡村秩序等方面的积极作用尚未充分发挥。

自治章程和村规民约是内生于村民自治的制度规范，本质上是村民让渡权利达成的某种契约，其"有效性的实质依据是基于同意的社会权力，形式依据是合法程序"[①]。作为契约性的自治章程和村规民约，其质量应该是效力的基础和前提。诚如亚里士多德所言，"法治应当包含两重意义：已成立的法律获得普遍的服从，而大家所服从的法律又应该本身是制定得良好的法律"[②]。现代乡村社会治理，理应是良"法"之治。只有质量上乘并符合客观实际的自治章程和村规民约，才能得到村民的认同，并真正转化为他们的自觉行动。为此，需要着力强化以下三点：

第一，提高自治章程和村规民约的质量。质量不高，是当前自治章程和村规民约最大的问题。提高自治章程和村规民约的质量的路径主要有：其一，充分激发村民参与热情。广大村民是乡村民主自治的主体，他们的积极参与，并建言献策，不仅有利于提高自治章程和村规民约的质量，还有助于推动自治章程和村规民约贯彻执行。其二，完善制定和修改工作机制。主要包括让乡村法律顾问参与机制、草案审核机制、备案审查制度等。其三，健全合法有效的执行机制。可由村民委员会具体负责执行，村民代表会议和村民代表

[①] 罗鹏、王明成：《村规民约的内涵、性质与效力研究》，载《社会科学研究》2019年第3期。
[②] ［古希腊］亚里士多德：《政治学》，吴寿彭译，商务印书馆1965年版，第199页。

大会监督执行，分工负责，相互配合，确保自治章程和村规民约真正得以贯彻落实。

第二，国家应当设定底线。自治章程和村规民约作为村民实现民主自治的重要形式，能规定什么，不能规定什么，国家应当设定明确的底线。一是，不得违反法律法规，突破国家现有法律框架，侵犯村民的人身权利、民主权利和合法财产权利。如村规民约不得规定外嫁女不能继承娘家遗产。二是，不得违反"国家政策"[①]。如在三孩生育政策全面放开的当下中国，自治章程和村规民约不得规定一对夫妇只能生育一个或两个子女。只要其内容没有突破现有法律和政策底线，国家理应尊重，给村民自治留有足够创造空间。

第三，建立合宪性与合法性审查机制。合宪性与合法性审查机制具有通过筛查和阻止违法决策或行为，维护国家法治统一性的积极功效。自治章程和村规民约是村民自治的直接依据，其内容合法与否，不仅关系到村民的合法权益，也关系到社会的和谐稳定。建立合宪性与合法性审查机制，由特定的主体，按照一定的程序，对拟提请村民代表大会表决的自治章程草案和村规民约草案进行审查，"过滤"掉违宪违法成分。确保自治章程和村规民约既有民主自治的乡土性，又能与现代法治精神相契合。

三、建设多元化纠纷解决机制

乡村社会治理水平特别是矛盾纠纷化解能力直接影响社会和谐稳定，影响群众的获得感、幸福感、安全感，事关党的执政基础和执政地位。2015年12月，中共中央办公厅、国务院办公厅印发《关于完善矛盾纠纷多元化解机制的意见》，为全面深化多元化纠纷解决机制改革指明了方向。2019年10月，党的十九届四中全会提出，"完善社会矛盾纠纷多元预防调处化解综合机制，努力将矛盾化解在基层"。多元化纠纷解决机制作为社会矛盾化解的有益探索和社会治理体系的组成部分，需要进一步凝聚共识，整合多元力量，构建衔

[①] 此处的国家政策，包括国家政权机构发布的政策和党的政策。国家政策和党的政策是由不同主体制定和发布的有区别的概念，但实践中，经常出现由中共中央和国务院联合发文的形式，这种联合发文属于国家政策与党的政策合一的情况，党的政策被视为国家政策的一种类型。

接机制，打造共建共治共享的社会治理新格局。这是我国社会必须由"管理"迈向"治理"的根本原因所在，也是法治社会建设的现实背景和基本主题。①在新时代乡村振兴战略背景下，建立健全多元化纠纷解决机制，主要有以下三个着力点。

（一）赋予行政机关以附带民事争议的裁决权

行政裁决是指行政机关根据当事人申请，根据法律法规授权，居中对与行政管理活动密切相关的民事纠纷进行裁处的行为。②行政裁决制度作为一种矛盾纠纷解决机制，与其他纠纷解决方式相比，具有与生俱来的经济高效、专业性强等独特优势。创设这一制度的初衷与当前乡村社会民事纠纷日渐增多且日趋专业化和复杂化的客观现实高度契合。然而，囿于目前我国中央层面尚无行政裁决制度的统一立法，关于行政裁决的相关规定散见于《土地管理法》《森林法》《草原法》《矿产资源法》《商标法》《专利法》《政府采购法》《植物新品种保护条例》《中药品种保护条例》《集成电路布图设计保护条例》等单行法律法规中。实践中大量与行政管理活动密切相关的民事纠纷，因缺乏法律法规明确授权，即便当事人提出行政裁决申请，行政机关也无权或怠于进行裁处，使得行政裁决制度的独特优势无法彰显。在乡村治理场域中，赋予行政机关以附带民事争议的裁决权，将那些因缺乏法律法规明确授权但与行政管理活动密切相关而游离于行政裁决范围之外的民事纠纷，赋权行政机关一并作出裁决，无论对于缓解司法审判"量"和"质"的双重压力，还是对于维护当事人的合法权益，抑或对于维护社会和谐稳定，都能发挥积极功效。

（二）建立乡镇矛盾纠纷调解中心

调解可以及时化解各类社会纠纷，能够有效避免矛盾升级和外溢，因而被称为基层社会矛盾纠纷的"减压阀"和"过滤器"。③当前基层社会矛盾纠

---

① 江必新、王红霞：《社会治理的法治依赖及法治的回应》，载《法制与社会法制》2014年第4期。
② 2018年12月31日，中共中央办公厅、国务院办公厅联合印发的《关于健全行政裁决制度加强行政裁决工作的意见》，对"行政裁决"的概念予以界定。
③ 参见曹海军、鲍操：《系统集成与部门协同：基层社会矛盾纠纷化解的流程再造与治理效能——以浙江省A县"矛调中心"为例》，载《天津行政学院学报》2020年第6期。

纷的频发性和复杂性决定了调解参与主体的多元化,使得纠纷调解也呈现出"组织多元、运行不畅"的窘境,既不利于调解机构向专业化方向发展,也不利于各调解机构之间有效衔接。在乡村振兴战略背景下,建立乡镇矛盾纠纷调解中心,各部门及社会组织等调解主体以"物理位移"的方式入驻中心,并通过建立协调机制催生矛盾纠纷调处的"化学反应"。这种"一站式服务"化解乡村社会矛盾纠纷的实体机制,既方便村民群众,让村民"最多跑一地"就能化解矛盾纠纷,又能有效整合矛盾纠纷化解资源力量,促使乡村调解工作所需的调解资源下沉。当然,建立乡镇矛调中心需要强化以下几点:其一,需要强有力的领导中心,例如以政法委或者司法局作为领导机构,对中心进行日常管理和统筹协调;其二,要健全相关法律制度,推动中心运行制度化、规范化和法治化,促进调解、仲裁、行政裁决、行政复议、诉讼等有机衔接;其三,要完善在线调解平台,打破"信息壁垒"困境,提升在线化解矛盾纠纷能力,让信息多跑路,让村民少跑腿。

(三)人民法庭实行巡回审理

人民法庭作为基层人民法院的派出机构,是法院密切联系群众的桥梁和纽带。在乡村振兴战略背景下,人民法庭要选取典型案例,开展巡回审判,把庭审现场搬到田间地头、农家小院,就地化解矛盾纠纷。[①]这种灵活的办案形式既能方便村民群众,及时化解各类矛盾纠纷,又能进行现场普法宣传教育,切实提高村民群众的司法获得感。让广大村民群众感到法就在身边,达到"审理一案、教育一片"的法律效果和社会效果。

四、强化乡村法治宣传教育

干部群众的认可、信任和积极参与是法治乡村建设的基础力量。在某种程度上,法治乡村建设的难点在于乡村干部群众法律信仰缺失和法治意识淡薄,因此需要借助国家"八五"普法规划契机,通过开展乡村法治宣传教育活动,培养干部群众的法治意识和法律信仰,在乡村社会形成办事依法、遇

[①] 实践中有通过车载法庭、马背法庭、帐篷法庭、田间法庭、草原法庭等多种方式开展巡回审判。

事找法、解决问题用法、化解矛盾靠法的良好法治环境和法治氛围，为乡村振兴奠定坚实的法治基础。

（一）推进乡村法治文化阵地建设

利用乡村已有公共文化设施，着力打造法治文化广场、法治景区、法治和谐家园、法治文化一条街、法治文化村寨、法治大院、法治展览馆、农家法治书屋等具有地方特色的法治文化阵地，让广大干部群众能够出门见法治、抬头看法治、茶余饭后议法治，在潜移默化中接受法治文明的熏陶。

（二）落实一村一法律顾问制度

将法律顾问服务费用列入乡镇财政预算，按照乡镇政府购买法律服务的方式，根据"属地优先、就近服务"的原则，由乡镇政府统一选聘法律顾问，再分配到各行政村庄，实现乡村法律服务全覆盖。明确法律顾问主要职责是向乡村干部群众提供法治宣传、法律咨询、法律援助、参与调解等服务。规定法律顾问提供法律服务的最低时限，例如规定每名法律顾问每个月进乡村不得少于4天，每年为农村基层组织和干部群众提供法律服务不得少于50小时。建立法律顾问服务考核评价机制，细化考核标准，对考核结果实行奖罚措施，引导法律顾问主动为乡村提供优质的法律服务产品，促进法律顾问服务工作制度化、规范化、长效化。

（三）实施乡村"法律明白人"和"法治带头人"双培养工程

火车跑得快，全靠车头带。在驻村干部、人民调解员、村两委班子成员、退伍军人、退休干部、退休教师、老党员、新乡贤等中确定和培养一批"法律明白人"和"法治带头人"，充分发挥其在宣传政策法规，引领广大村民自觉尊法、学法、守法、用法，预防和化解农村社会矛盾纠纷中的示范带头作用，使广大干部群众的规则意识和法治思维内化于心、外化于行。

（四）加强农村义务教育

法治乡村，关键在人。建设法治中国，要从教育着手。切实加强农村义务教育，全面改善农村义务教育基本办学条件，不断提升农村义务教育教学质量。采取有效举措，保障适龄儿童和青少年接受义务教育的权利，提高公民素养，培养青少年国家观念、公民意识和法治意识。让"权利有保障、义务必履行"的法治精神和法治理念成为中小学义务教育的重要内容,从一开始就根植于每个孩子的头脑深处。

五、法治乡村建设的着重点和着力点

实施乡村振兴战略必须坚守以下"四条红线",这也是法治乡村建设的着重点和着力点。

(一)耕地保护红线

我国是一个农业大国,重视农业,夯实农业基础,历来是固本安民之道。土生万物,地发千祥。耕地是粮食生产的物质基础,是中华民族永续发展的根基,保护耕地就是保护我们的生命线。与其他国家相比,我国耕地总面积并不处于劣势,但"人均耕地少、耕地质量不高、耕地后备资源不足的基本国情在较长时间内不会改变"[1]。为切实保护耕地,《土地管理法》将"十分珍惜、合理利用土地和切实保护耕地"确定为我国的基本国策。[2] 2019年1月,中央一号文件《中共中央、国务院关于坚持农业农村优先发展做好"三农"工作的若干意见》强调,"严守18亿亩耕地红线"。2020年12月,中央经济工作会议对农业生产和粮食安全予以高度关注,提出要抓好八项重点任务,其中之一就是要"解决好种子和耕地问题"。2021年12月,中央农村工作会议再次强调,"耕地保护要求要非常明确,18亿亩耕地必须实至名归,农田就是农田,而且必须是良田"。这些表明,党和政府对耕地保护予以高度重视。在实施乡村振兴特别是推进农村土地制度改革过程中,要通过硬措施,严格耕地保护责任,既要遏制耕地非农化,又要防止耕地过度非粮化,不折不扣地守住18亿亩耕地。

(二)粮食安全红线

民以食为天,食以安为先。粮食安全是社会稳定的重要基础,是"国之

---

[1] 参见吕添贵、谢花林、李洪义等:《休耕政策实施的偏离风险、形成路径与防范体系研究》,载《中国土地科学》2019年第4期。
[2] 2019年8月修正的《土地管理法》第3条规定:"十分珍惜、合理利用土地和切实保护耕地是我国的基本国策。各级人民政府应当采取措施,全面规划,严格管理,保护、开发土地资源,制止非法占用土地的行为。"

大者"。我国是一个有着14亿人口的大国,党和政府历来高度重视粮食安全问题。毛泽东同志曾作出"吃饭是第一件大事"①的论断,提出"以粮为纲、全面发展"②的方针。习近平总书记十分关心国家粮食安全问题,指出:"保障好初级产品供给是一个重大战略性问题,中国人的饭碗任何时候都要牢牢端在自己手中,饭碗主要装中国粮。保证粮食安全,大家都有责任,党政同责要真正见效。"③牢牢守住粮食安全红线,其一,要强化规划刚性约束力,落实最严格的耕地保护制度;其二,要夯实农业生产发展基础,提高农业综合生产能力;其三,要加快农业科技创新,提高种粮效益;其四,要加快推进粮食安全保障立法进程,通过法律形式对粮食安全保障作出明确规定。

（三）生态保护红线

生态环境是人类赖以生存、生产和生活的必备条件。人类发展活动必须尊重自然,否则就会遭到大自然的惩罚。恩格斯在《自然辩证法》中深刻指出:"我们不要过分陶醉于我们人类对自然界的胜利。对于每一次这样的胜利,自然界都对我们进行报复。"④过去较长一段时间,在我国经济高速发展的同时,也带来了生态环境不同程度的破坏。良好的生态环境是农村发展和农民致富的最大优势和宝贵财富。相比城市,由于环境保护意识淡薄、相关法律政策缺失等多种因素,农村生态环境问题愈发突出。保护生态环境就是保护生产力,改善生态环境就是发展生产力。要处理好乡村振兴战略实施与生态环境保护的关系,乡村振兴不能以破坏生态环境为代价,不能走杀鸡取卵、竭泽而渔的发展之路。保护生态环境,是实施乡村振兴战略的一条基本红线,必须严守。习近平总书记指出:"我们要坚持节约资源和保护环境的基本国策,像保护眼睛一样保护生态环境,像对待生命一样对待生态环境,推动形成绿色发展方式和生活方式。"⑤实施乡村振兴战略,要牢固树立绿色发展理念。坚持农业农村优先发展,坚持人与自然和谐共生,严守生态保护红线,

---

① 《建国以来毛泽东文稿》（第五册）,中央文献出版社1993年,第236页。
② 邹华斌:《毛泽东与"以粮为纲"方针的提出及其作用》,载《党史研究与教学》2010年第6期。
③ 习近平:《论"三农"工作》,中央文献出版社2022年版,第327页。
④ 《马克思恩格斯选集》（第三卷）,人民出版社2012年版,第998页。
⑤ 习近平:《习近平谈治国理政》（第二卷）,外文出版社2017年版,第209~210页。

以绿色发展引领乡村振兴。

（四）农民权益保护红线

乡村振兴为农民而兴，乡村建设为农民而建。对于农民来说，土地就是"命根子"，是生产权益最集中的体现。农民土地权益是其根本利益之所在，是直接关系我国农业、农村、农民的生存与发展的重大问题。乡村振兴场域中的农民权益保护红线主要是农村集体土地所有权、承包权、经营权等"三权"如何通过法律规定有效实现。

首先，土地所有权。土地是农村最重要的生产要素，乡村振兴核心在于盘活土地资源。实施乡村振兴战略必然会涉及农村集体土地征收问题。只有充分保障被征地农民的根本利益，才能调动其参与乡村振兴的积极性、主动性、创造性。如何保障被征地农民的根本利益？我们认为，要严格规范公共利益，并对被征地农民依法给予充分补偿。即土地征收的前提一定是为了公共利益的需要，这是国家给农民的一个基本保障。需要强调的是，还要注意防范有的公司、企业或者其他主体打着为了维护公共利益需要之幌子，实则是为谋取私利之目的的现象。

其次，土地承包权。党的十九大提出，保持土地承包关系稳定并长久不变，第二轮土地承包到期后再延长三十年。为了充分保障农民土地承包权益，全面实施乡村振兴战略，2019年11月26日，中共中央、国务院印发《关于保持土地承包关系稳定并长久不变的意见》，就保持农村土地承包关系稳定并长久不变的重要意义、总体要求、政策内涵、推进措施、基础工作等五个方面提出了指导性意见。从我国目前的情况看，农村土地承包关系大体稳定。2018年12月29日修改的《农村土地承包法》第34条之规定为农村土地承包经营权的流转开了口子。① 我们认为，农村土地承包关系可以根据"大稳定、小调整"的原则在个别农户之间流转，但要严格依法依规进行。

最后，土地经营权。土地经营权即土地承包经营权，它是一种用益物权，简单说是指在承包的土地上经营的权利。在土地经营权流转中，关键要把握

---

① 《农村土地承包法》第34条规定："经发包方同意，承包方可以将全部或者部分的土地承包经营权转让给本集体经济组织的其他农户，由该农户同发包方确立新的承包关系，原包方与发包方在该土地上的承包关系即行终止"。

两点：其一，保障承包人（农民）的根本利益，激发农民参与乡村振兴的积极性；其二，土地经营权流转不得改变承包地的农业用途，保障国家粮食安全。在同时涉及抵押担保时，原则上只有土地经营权能作抵押担保，而土地所有权和土地承包权不能作为担保物，必须守住这条底线。

第四章

法治经济建设

以经济建设为中心是兴国之要,发展仍是解决我国所有问题的关键。[①] 党的十八大以来,面对国内外环境复杂而深刻的变化,以习近平同志为核心的党中央准确把握新时代社会主要矛盾和我国发展阶段性特征,围绕中国社会主义经济建设,提出了一系列新的重大战略思想和重要理论观点,逐步积累形成了法治经济建设理论,书写了当代马克思主义政治经济学和马克思主义法治理论的新篇章。系统准确地理解法治经济建设,对于推动高质量发展和现代化建设,对于我国当前及今后经济建设和法治工作都具有重要意义。

一、法治经济建设的提出与发展

中国特色社会主义法治经济理论萌芽于习近平总书记的个人经历和从政实践,在领导国家各项事业发展和中央各项工作过程中,就法治经济建设作出了一系列重要论述。

[①] 中共中央文献研究室编:《习近平关于社会主义经济建设论述摘编》中央文献出版社 2017 年版,第 3 页。

（一）地方层面率先提出"法治经济"新论断

在浙江工作期间，习近平同志先后提出了"八八战略"总方略和"绿水青山就是金山银山""腾笼换鸟、凤凰涅槃"等科学论断，作出了建设平安浙江、法治浙江、文化大省、生态省以及加强和改进党的建设等重要部署。2006年4月25日，浙江省委十一届十次全会作出建设"法治浙江"的决定，率先启动"法治中国"建设在省域层面的实践探索。是年5月，习近平同志在浙江日报《之江新语》专栏连发多篇关于法治的文章，其中就包括著名的《市场经济必然是法治经济》。在上海工作期间，习近平同志在深入调查研究的基础上对上海如何加强党对经济工作的领导、加快转变经济发展方式和带头推进长三角区域经济合作提出要求，其中蕴含着丰富的法治经济思想因子。①

（二）国家层面"法治经济"全面破题

2014年10月，党的十八届四中全会审议通过的《中共中央关于全面推进依法治国若干重大问题的决定》正式将"社会主义市场经济本质上是法治经济"写入党的文件，并对如何建设法治经济作出了系统部署。②2014年12月，习近平总书记在中央经济工作会议上发表重要讲话，在中央层面明确提出了"社会主义市场经济本质上是法治经济""法治经济的本质要求就是把握规律、尊重规律"③等诸多新论断。2015年10月，党的十八届五中全会审议通过的《中共中央关于制定国民经济和社会发展第十三个五年规划的建议》提出"加快建设法治经济和法治社会"。次年，第十二届全国人民代表大会第四次会议审议通过《中华人民共和国国民经济和社会发展第十三个五年规划纲要》，法治经济工作全面展开，并成为其后五年间我国经济与法治实践的重要遵循。

---

① 韩保江：《习近平新时代中国特色社会主义经济思想的实践基础》，载《学习时报》2018年4月25日。

② 《中共中央关于全面推进依法治国若干重大问题的决定》，载《人民日报》2014年10月29日。

③ 中共中央文献研究室编：《习近平关于全面依法治国论述摘编》，中央文献出版社2015年版，第115页。

(三)法治经济理论体系完善丰富

2017年年底,中央经济工作会议正式提出习近平新时代中国特色社会主义经济思想。习近平总书记围绕中国社会主义经济建设提出了一系列新的重大战略思想和重要理论观点,为法治经济建设培植了深厚的思想基础。2020年11月,在中央全面依法治国工作会议上,党中央正式明确提出习近平法治思想。习近平法治思想从历史和现实相贯通、国际和国内相关联、理论和实际相结合上深刻回答了新时代为什么实行全面依法治国、建设什么样的法治国家、怎样实行全面依法治国等一系列重大问题。[①] 习近平法治思想内涵丰富、系统完备,为法治经济建设提供了重要理论依据。中国特色社会主义法治经济理论随着国家各项事业的持续推进得到不断丰富和完善,主要可见于习近平总书记关于经济建设、法治建设,关于改革开放和领导干部工作等诸多讲话,以及中央重要会议决定、各类文件中。根据相关资料和报道整理提炼法治经济建设理论主线和构造,可将其分为本体论和建设论两大部分。前者可以从关系论、制度论和环境论三个维度来认识和解读,后者蕴含了以法治推进更高质量发展的建设方略。

二、法治经济建设之重大关系处理

(一)经济与法治的关系:经济与法治互构共进

法治经济建设的首要问题是法治和经济的关系问题。法治与经济的关系如同"鸟之两翼、车之双轮"。法治经济建设中法治与经济的关系至少包含如下方面。

第一,法治保障是市场经济的必要条件。习近平同志在2007年就指出,"市场经济必然是法治经济。""市场经济的高效率就在于价值规律、竞争规律、供求规律的作用,但发挥市场经济固有规律的作用和维护公平竞争、等价交换、诚实守信的市场经济基本法则,需要法治上的保障。如果不从法律上确认经济实体的法人资格,企业就不能成为真正的市场竞争主体。如果缺

[①] 《坚定不移走中国特色社会主义法治道路 为全面建设社会主义现代化国家提供有力法治保障》,《人民日报》2020年11月18日。

乏维护市场秩序的法治保障，市场行为就会失当，市场信息就会失真，公平竞争就会失序。如果缺乏对不正当市场行为进行惩防的法治体系，守信者利益得不到保护，违法行为得不到惩治，市场经济就不能建立起来。从这一意义上说，市场经济就是法治经济"。① 第二，全面依法治国是我国经济社会持续健康发展的根本要求。2014 年，在作中共十八届四中全会决定的说明时，习近平总书记明确指出："全面推进依法治国，是解决党和国家事业发展面临的一系列重大问题，解放和增强社会活力、促进社会公平正义、维护社会和谐稳定、确保党和国家长治久安的根本要求。要推动我国经济社会持续健康发展，不断开拓中国特色社会主义事业更加广阔的发展前景，就必须全面推进社会主义法治国家建设，从法治上为解决这些问题提供制度化方案。"② 第三，法治引领是高质量发展的内在要求。2017 年，习近平总书记在党的十九大报告中明确指出："我国经济已由高速增长阶段转向高质量发展阶段。"③ 这是中国特色社会主义进入了新时代的基本特征，是以习近平同志为核心的党中央根据国际国内环境变化，特别是我国发展条件和发展阶段变化作出的重大判断。面对新时代、新转变，2018 年 8 月，习近平总书记在中央全面依法治国委员会第一次会议上指出，"贯彻新发展理念，实现经济从高速增长转向高质量发展，必须坚持以法治为引领"。④ 此后，习近平总书记在多个场合反复重申了这一观点。第四，经济发展是法治建设的动力。2007 年，习近平同志就曾指出，"推进法治建设的一个重要动因，就是要反映和坚持社会主义先进生产力的发展要求，坚持为社会主义市场经济服务，坚持平等、自由、正义、效率等社会主义市场经济内在价值的追求"。⑤ 随着高质量发展和法治引领作用的提出，法治建设也被赋予更高使命、提出更高要求：唯有高质量的法治才能引领和保障高质量发展。第五，法治建设要在经济发展中谋划。习近平总书记在 2015 年中央政法工作会议上强调，各级党委要切实担负起维

---

① 习近平：《之江新语》，浙江人民出版社 2007 年版，第 203 页。
② 《中共中央关于全面推进依法治国若干重大问题的决定》，人民出版社 2014 年版，第 42 页。
③ 习近平：《决胜全面建成小康社会 夺取新时代中国特色社会主义伟大胜利——在中国共产党第十九次全国代表大会上的报告》，人民出版社 2017 年版，第 30 页。
④ 习近平：《加强党对全面依法治国的领导》，载《求是》2019 年第 4 期。
⑤ 习近平：《之江新语》，浙江人民出版社 2007 年版，第 203 页。

护一方稳定的政治责任,把政法工作摆到经济社会发展全局中来谋划,积极研究解决影响政法工作的重大问题。①2021 年 10 月,习近平总书记在中央人大工作会议上进一步提出"把改革发展决策同立法决策更好结合起来"②。

(二)政府与市场的关系:有效市场与有为政府

现代市场经济的核心问题是政府与市场的关系问题,中国经济体制改革和法治经济建设更是如此:"经济体制改革仍然是全面深化改革的重点,经济体制改革的核心问题仍然是处理好政府和市场关系。""进一步处理好政府和市场关系,实际上就是要处理好在资源配置中市场起决定性作用还是政府起决定性作用这个问题。"③

第一,应发挥市场决定性作用。2013 年,习近平总书记指出:"理论和实践都证明,市场配置资源是最有效率的形式。市场决定资源配置是市场经济的一般规律,市场经济本质上就是市场决定资源配置的经济。健全社会主义市场经济体制必须遵循这条规律,着力解决市场体系不完善、政府干预过多和监管不到位问题。""当然,我国实行的是社会主义市场经济体制,我们仍然要坚持发挥我国社会主义制度的优越性、发挥党和政府的积极作用。市场在资源配置中起决定性作用,并不是起全部作用。"④2015 年 12 月,习近平总书记进一步指出:"使市场在资源配置中起决定性作用,是深化经济体制改革的主线。党的十八届三中全会提出使市场在资源配置中起决定性作用和更好发挥政府作用,两个方面都讲了,但我在全会说明中讲得很清楚,改革的重点是解决市场体系不完善、政府干预过多和监管不到位问题。更好发挥政府作用,不是要更多发挥政府作用,而是要在保证市场发挥决定性作用的前提下,管好那些市场管不了或管不好的事情。"⑤

第二,处理好政府和市场的关系,关键是加快转变政府职能。关于政府

---

① 中共中央文献研究室编:《习近平关于全面依法治国论述摘编》,中央文献出版社 2015 年版,第 117 页。
② 习近平:《论坚持人民当家作主》,中央文献出版社 2021 年版,第 334 页。
③ 习近平:《习近平谈治国理政》,外文出版社 2014 年版,第 75、77 页。
④ 习近平:《习近平谈治国理政》,外文出版社 2014 年版,第 77 页。
⑤ 中共中央文献研究室编:《习近平关于社会主义经济建设论述摘编》,中央文献出版社 2017 年版,第 66 页。

的职能定位，习近平总书记 2013 年就指出，"我们加大转变政府职能力度，把工作重点转向营造公平竞争市场环境、保护生态环境、支持创新等，增强经济发展动力和活力"①。2014 年 11 月，习近平总书记进一步指出，"激发市场活力，就是要把该放的权放到位，该营造的环境营造好，该制定的规则制定好，让企业家有用武之地。我们强调要更好发挥政府作用，更多从管理者转向服务者，为企业服务，为推动经济社会发展服务"。②2014 年年底，习近平总书记在中央经济工作会议上提出："政府要加快转变职能，做好自己应该做的事，创造更好市场竞争环境，培育市场化的创新机制，在保护产权、维护公平、改善金融支持、强化激励机制、集聚优秀人才等方面积极作为。"③2016 年 3 月，习近平总书记指出："深化经济体制改革，核心是处理好政府和市场关系，使市场在资源配置中起决定性作用和更好发挥政府作用。""关键是加快转变政府职能，该放给市场和社会的权一定要放足、放到位，该政府管的事一定要管好、管到位，坚决扭转政府职能错位、越位、缺位现象。"④2021 年，习近平总书记在《正确认识和把握中长期经济社会发展重大问题》一文中再次强调："要坚持和完善社会主义基本经济制度，使市场在资源配置中起决定性作用，更好发挥政府作用，营造长期稳定可预期的制度环境。要加强产权和知识产权保护，建设高标准市场体系，完善公平竞争制度，激发市场主体发展活力，使一切有利于社会生产力发展的力量源泉充分涌流。"⑤

---

① 中共中央文献研究室编：《习近平关于社会主义经济建设论述摘编》，中央文献出版社 2017 年版，第 57 页。

② 中共中央文献研究室编：《习近平关于社会主义经济建设论述摘编》，中央文献出版社 2017 年版，第 62 页。

③ 中共央文献研究室编：《习近平关于社会主义经济建设论述摘编》，中央文献出版社 2017 年版，第 83 页。

④ 中共中央文献研究室编：《习近平关于社会主义经济建设论述摘编》，中央文献出版社 2017 年版，第 68 页。

⑤ 习近平：《正确认识和把握中长期经济社会发展重大问题》，载《求是》2021 年第 2 期。

三、法治经济建设与制度建构

（一）坚持和完善社会主义基本经济制度

基本经济制度是法治经济的基石。习近平总书记多次强调："坚持和完善公有制为主体、多种所有制经济共同发展的基本经济制度，关系巩固和发展中国特色社会主义制度的重要支柱。"①"实行公有制为主体、多种所有制经济共同发展的基本经济制度，是中国共产党确立的一项大政方针，是中国特色社会主义制度的重要组成部分，也是完善社会主义市场经济体制的必然要求。"②"要坚持和完善社会主义基本经济制度，毫不动摇巩固和发展公有制经济，毫不动摇鼓励、支持、引导非公有制经济发展，推动各种所有制取长补短、相互促进、共同发展，同时公有制主体地位不能动摇，国有经济主导作用不能动摇，这是保证我国各族人民共享发展成果的制度性保证，也是巩固党的执政地位、坚持我国社会主义制度的重要保证。"③正如张文显教授指出："法治经济的基石是基本经济制度，建设法治经济的第一要务是以宪法和其他法律确认和巩固社会主义基本经济制度，引领经济体制改革的社会主义方向，完善和发展社会主义基本经济制度。"④

（二）不断完善现代市场经济制度体系

法治经济建设的基础任务就是尊重并反映经济规律，不断完善社会主义经济法律制度，充分发挥市场在资源配置中的决定性作用并更好地发挥政府的作用。早在2006年，习近平就指出："要在完善社会主义市场经济体制上走在前列，首先就要在法治建设上走在前列，更多地运用法律手段来调节经济、实施监管，加强对知识产权的保护，提高自主创新能力，反对不正当竞

---

① 习近平：《习近平谈治国理政》（第一卷），外文出版社2018年版，第78页。
② 习近平：《论坚持全面深化改革》，中央文献出版社2018年版，第246页。
③ 习近平：《立足我国国情和我国发展实践 发展当代中国马克思主义政治经济学》，载《人民日报》2015年11月25日。
④ 张文显：《习近平法治思想研究（下）——习近平全面依法治国的核心观点》，载《法制与社会发展》2016年第4期。

争,维护市场秩序,保证社会主义市场经济的健康发展。"①《中共中央关于全面推进依法治国若干重大问题的决定》在布局法治经济建设过程中进一步强调,"必须以保护产权、维护契约、统一市场、平等交换、公平竞争、有效监管为基本导向,完善社会主义市场经济法律制度"。②从市场经济体制与市场制度体系的关系来看,法治经济建设是在不断深化经济体制改革进程中展开的。2019年中央经济工作会议提出,完善产权制度和要素市场化配置,健全支持民营经济发展的法治环境,完善中小企业发展的政策体系。改革土地计划管理方式,深化财税体制改革。加快金融体制改革,完善资本市场基础制度,提高上市公司质量,健全退出机制……根据上述论断,法治经济的建设内容至少包括平等的产权保护制度、开放的现代市场体系,诚信交易、公平竞争的市场秩序,科学调控、有效监管的政府作为,长期稳定可预期的制度环境。

四、法治经济建设与营商环境的改善

法治经济建设的重要表征就是良好营商环境。党的十八大以来,以习近平同志为核心的党中央致力于为经济发展营造良好的营商环境。良好营商环境的内涵在实践中得以不断丰富发展。在2019年第二届中国国际进口博览会开幕式的主旨演讲中,习近平总书记将良好营商环境的上述要点融合为"市场化、法治化、国际化"③。2020年企业家座谈会上,习近平总书记进一步强调"要实施好民法典和相关法律法规,依法平等保护国有、民营、外资等各种所有制企业产权和自主经营权,完善各类市场主体公平竞争的法治环境。要依法保护企业家合法权益,加强产权和知识产权保护,形成长期稳定发展预期,鼓励创新、宽容失败,营造激励企业家干事创业的浓厚氛围。要推进简政放权,全面实施市场准入负面清单制度,支持企业更好参与市场合作和竞争。要实施好外商投资法,放宽市场准入,推动贸易和投资便利化。对在中国注

---

① 习近平:《之江新语》,浙江人民出版社2007年版,第203页。
② 《中共中央关于全面推进依法治国若干重大问题的决定》,人民出版社2014年版,第12页。
③ 习近平:《开放合作 命运与共——在第二届中国国际进口博览会开幕式上的主旨演讲》,人民出版社2019年版,第7页。

册的企业要一视同仁，完善公平竞争环境"。① 梳理总结习近平总书记关于营商环境的讲话和论述，市场化、法治化、国际化的营商环境包含平等、公平、宽松、透明、可预期等特点，具有权益保护、秩序维系、激发活力、调动和保护创业创新积极性和创造性等功能。

（一）营商环境市场化

市场化是指彻底摆脱传统的计划经济模式的束缚，让市场在资源配置中起决定性的作用。市场化营商环境构建的核心命题是如何在制度层面正确处理市场与政府的关系，使政府在有限有为的范围内依法调控和治理经济。这里包括两个主要方面。首先是营造宽松市场环境。对此，习近平总书记多次强调，"在制度上政策上营造宽松的市场经营和投资环境"。② 营造宽松市场环境的一个行之有效的机制就是三张清单制度。早在 2014 年年初，习近平总书记就提出要推行权力清单制度。③2014 年 4 月，习近平总书记主持召开中共中央政治局会议时进一步强调要加快建立和完善政府权力清单制度，探索实行负面清单管理模式。④2015 年 9 月，习近平总书记主持召开中央全面深化改革领导小组第十六次会议审议通过了《国务院关于实行市场准入负面清单制度的意见》。会议指出："实行市场准入负面清单制度，对发挥市场在资源配置中的决定性作用和更好发挥政府作用，建设法治化营商环境，构建开放型经济新体制，具有重要意义。""对应该放给企业的权力要松开手、放到位，做到负面清单以外的事项由市场主体依法决定。实行市场准入负面清单制度要通过试点积累经验、逐步完善。"⑤2016 年 1 月，习近平总书记主持召开的中央全面深化改革领导小组第二十次会议指出，"政务公开是建设法治政府的一项重要制度。要以制度安排把政务公开贯穿政务运行全过程，权力运行到

---

① 习近平：《在企业家座谈会上的讲话》，人民出版社 2020 年版，第 4 页。
② 《习近平：全面贯彻党的十八届五中全会精神 落实发展理念推进经济结构性改革》，载《人民日报》2015 年 11 月 11 日。
③ 中共中央文献研究室编：《习近平关于全面依法治国论述摘编》，中央文献出版社 2015 年版，第 60 页。
④ 《中共中央政治局召开会议研究当前经济形势和经济工作》，载《人民日报》2014 年 4 月 26 日。
⑤ 《习近平：坚持以扩大开放促进深化改革 坚定不移提高开放型经济水平》，载《人民日报》2015 年 9 月 16 日。

哪里,公开和监督就延伸到哪里。要依法依规明确政务公开内容、标准、方式,加快制定并公开权力清单、责任清单、负面清单"。① 在 2020 年 10 月深圳经济特区建立 40 周年庆祝大会上,习近平总书记再次强调:"要优化政府管理和服务,全面推行权力清单、责任清单、负面清单制度。"② "政策要宽,就是要营造有利于大众创业、市场主体创新的政策环境和制度环境。"③ 如今,三张清单已然成为建设法治经济,实现有效市场和有为政府的重要抓手和标志,是建设透明、宽松、可预期的理想路径。

  放松准入的基础和保障是强化监管。2015 年习近平总书记阐释准入负面清单制度时,就强调"要坚持社会主义市场经济改革方向,把转变政府职能同创新管理方式结合起来,把激发市场活力同加强市场监管统筹起来,放宽和规范市场准入,精简和优化行政审批,强化和创新市场监管,加快构建市场开放公平、规范有序,企业自主决策、平等竞争,政府权责清晰、监管有力的市场准入管理新体制"。④ 2016 年 3 月,在参加十二届全国人大四次会议上海代表团审议时,习近平总书记指出:"要深化行政审批制度改革,推进简政放权,深化权力清单、责任清单管理,同时要强化事中事后监管。"⑤ 此后,习近平总书记在多次讲话中均在倡导清单制度的同时强调要同步加强监管。2021 年 3 月 16 日中央财经委员会会议上,习近平总书记更是站在宏观角度上提出要坚持"发展和规范并重"。⑥ 同年 10 月,习近平总书记在关于推动我国数字经济健康发展的讲话中进一步指出要"坚持促进发展和监管规范两手抓、两手都要硬,在发展中规范、在规范中发展",并特别强调要"建立全方位、

---

  ① 《习近平:扭住全面深化改革各项目标 落实主体责任拧紧责任螺丝》,载《人民日报》2016 年 1 月 12 日。
  ② 习近平:《在深圳经济特区建立 40 周年庆祝大会上的讲话》,人民出版社 2020 年版,第 9 页。
  ③ 中共中央文献研究室编:《习近平关于社会主义经济建设论述摘编》,中央文献出版社 2017 年版,第 83 页。
  ④ 《习近平:坚持以扩大开放促进深化改革 坚定不移提高开放型经济水平》,载《人民日报》2015 年 9 月 16 日。
  ⑤ 中共中央文献研究室编:《习近平关于社会主义政治建设论述摘编》,中央文献出版社 2017 年版,第 119 页。
  ⑥ 《推动平台经济规范健康持续发展 把碳达峰碳中和纳入生态文明建设整体布局》,载《人民日报》2021 年 3 月 16 日。

多层次、立体化监管体系,实现事前事中事后全链条全领域监管"。①

(二)营商环境法治化

营商环境法治化就是用法治的方式来改善营商环境。2016年,习近平总书记就指出,"要深入推进法治建设,着力打造全面振兴好环境。法治是一种基本的思维方式和工作方式,法治化环境最能聚人聚财、最有利于发展"。②2019年,习近平总书记主持召开的中央全面依法治国委员会第二次会议进一步强调,法治是最好的营商环境。要把平等保护贯彻到立法、执法、司法、守法等各个环节,依法平等保护各类市场主体产权和合法权益。要用法治来规范政府和市场的边界,尊重市场经济规律,通过市场化手段,在法治框架内调整各类市场主体的利益关系。要把工作重点放在完善制度环境上,健全法规制度、标准体系,加强社会信用体系建设,加强普法工作。③

法治化营商环境的特点是公平,即通过法治手段来营造平等对待、公平竞争的市场环境。平等主要是强调各类所有制主体在规则面前一律平等。2014年,习近平总书记就指出,要"健全以公平为核心原则的产权保护制度,加强对各种所有制经济组织和自然人财产权的保护,清理有违公平的法律法规条款"。④2016年3月,习近平总书记在参加全国政协十二届四次会议民建、工商联界委员联组会时的讲话中提出:"公有制经济和非公有制经济都是社会主义市场经济的重要组成部分,都是我国经济社会发展的重要基础;公有制经济财产权不可侵犯,非公有制经济财产权同样不可侵犯;国家保护各种所有制经济产权和合法利益,坚持权利平等、机会平等、规则平等,废除对非公有制经济各种形式的不合理规定,消除各种隐性壁垒,激发非公有制经济活力和创造力。"⑤"要着力放开市场准入,凡是法律法规未明确禁入的行业和领域都应该鼓励民间资本进入,凡是我国政府已向外资开放或承诺开放的领

---

① 《把握数字经济发展趋势和规律 推动我国数字经济健康发展》,载《人民日报》2021年10月20日。
② 《习近平李克强张德江俞正声刘云山王岐山张高丽分别参加全国人大会议一些代表团审议》,载《人民日报》2016年3月8日。
③ 《习近平:完善法治建设规划提高立法工作质量效率 为推进改革发展稳定工作营造良好法治环境》,载《人民日报》2019年2月26日。
④ 《中共中央关于全面推进依法治国若干重大问题的决定》,人民出版社2014年版,第12页。
⑤ 习近平:《论坚持全面深化改革》,中央文献出版社2018年版,第247页。

域都应该向国内民间资本开放。"①习近平总书记特别强调:"非公有制经济在我国经济社会发展中的地位和作用没有变!我们毫不动摇鼓励、支持、引导非公有制经济发展的方针政策没有变!我们致力于为非公有制经济发展营造良好环境和提供更多机会的方针政策没有变!"②

公平是法治化营商环境的关键特征。习近平总书记2013年就指出:"全面深化改革,关键是要进一步形成公平竞争的发展环境。"③2015年,习近平总书记在参加全国人大会议代表团审议时进一步指出:"要积极推进全面依法治国,营造公平有序的经济发展法治环境。"④在同年的中央经济工作会议上,习近平总书记再次强调,"营造商品自由流动、平等交换的市场环境,破除市场壁垒和地方保护","降低制度性交易成本"。⑤2016年,习近平总书记主持召开中央全面深化改革领导小组第二十三次会议,通过了《关于在市场体系建设中建立公平竞争审查制度的意见》这一重要文件。在2018年民营企业座谈会上,习近平总书记着重强调了为民营企业参与竞争营造公平竞争环境:"要打破各种各样的'卷帘门'、'玻璃门'、'旋转门',在市场准入、审批许可、经营运行、招投标、军民融合等方面,为民营企业打造公平竞争环境,给民营企业发展创造充足市场空间。要鼓励民营企业参与国有企业改革。要推进产业政策由差异化、选择性向普惠化、功能性转变,清理违反公平、开放、透明市场规则的政策文件,推进反垄断、反不正当竞争执法。"⑥2021年8月,习近平总书记在主持中央全面深化改革委员会第二十一次会议时强调:"强化反垄断、深入推进公平竞争政策实施,是完善社会主义市场经济体制的内在要求。""要从构建新发展格局、推动高质量发展、促进共同富裕的战略高度出发,促进形成公平竞争的市场环境,为各类市场主体特别是中小企业

---

① 习近平:《论坚持全面深化改革》,中央文献出版社2018年版,第250~251页。
② 习近平:《论坚持全面深化改革》,中央文献出版社2018年版,第481页。
③ 《习近平:关于〈中共中央关于全面深化改革若干重大问题的决定〉的说明》,载《人民日报》2013年11月16日。
④ 《习近平李克强张德江俞正声刘云山王岐山张高丽分别参加全国人大会议一些代表团审议》,载《人民日报》2015年3月9日。
⑤ 《中央经济工作会议在北京举行 习近平李克强作重要讲话》,载《人民日报》2015年12月22日。
⑥ 《习近平:在民营企业座谈会上的讲话》,载《人民日报》2018年11月2日。

创造广阔的发展空间,更好保护消费者权益。"① 此次会议通过了《关于强化反垄断深入推进公平竞争政策实施的意见》。在2021年11月的亚太经合组织工商领导人峰会上,习近平总书记进一步将"统一开放、竞争有序的市场体系"视为"中国经济长远发展根基"②。

(三)营商环境国际化

广义上讲,国际化的营商环境必然包含市场化、法治化等必不可少的要素。例如,习近平总书记在第二届中国国际进口博览会开幕式上指出:"中国将不断完善市场化、法治化、国际化的营商环境,放宽外资市场准入,继续缩减负面清单,完善投资促进和保护、信息报告等制度。中国将营造尊重知识价值的环境,完善知识产权保护法律体系,大力强化相关执法,增强知识产权民事和刑事司法保护力度。"③ 具体来看,国际化营商环境的首要标准是非歧视地对待外资,落实内资外资平等保护、公平竞争。习近平总书记2014年就指出:"要建立公平开放透明的市场规则,提高我国服务业国际竞争力。"④ 2015年,习近平总书记进一步强调:"要创新和改善利用外资环境,高度重视保护外资企业合法权益,高度重视保护知识产权,对内外资企业要一视同仁、公平对待,努力保持我国利用外资在全球的领先地位。"⑤ "我们反对任何形式的保护主义、反对任何形式的歧视性政策,愿通过协商妥善解决同有关国家的经贸分歧,积极推动建立均衡、共赢、关注发展的多边经贸体制。"⑥

近年来,随着我国各项工作不断取得进步,习近平总书记将营商环境建设的目标定位从"良好"升级为"更具吸引力"。这意味着,营商环境国际化

---

① 《加强反垄断反不正当竞争监管力度 完善物资储备体制机制深入打好污染防治攻坚战》,载《人民日报》2021年8月31日。

② 习近平:《坚持可持续发展 共建亚太命运共同体》,载《人民日报》2021年11月12日。

③ 习近平:《开放合作 命运与共》,载《人民日报》2019年11月6日。

④ 《习近平主持中共中央政治局第十九次集体学习并发表重要讲话》,载《人民日报》2014年12月7日。

⑤ 中共中央文献研究室编:《习近平关于社会主义经济建设论述摘编》,中央文献出版社2017年版,第300页。

⑥ 《习近平接受〈华尔街日报〉采访:坚持构建中美新型大国关系正确方向》,载《人民日报》2015年9月23日。

的重心要从对准国际标准、建立与国际接轨,符合国际惯例的市场经济运行机制和争端解决机制,转移到建设更高水平开放型经济新体制,提升我国制度环境的竞争力和吸引力。为此,不仅要在营商环境建设上缩小与国际通用规则的差距,消除外商在中国投资经营的不适应,更要从市场规则、行业准入、监管规则、税制设计、法治体系、服务型政府等方面探索并建构制度高地,"着力推动规则、规制、管理、标准等制度型开放",①持续打造具有中国特色和中国优势的崭新营商环境。

五、以法治推进高质量发展

(一)法治经济建设的创新思维

中国特色社会主义法治经济理论既是认识论,也是方法论,不仅阐述了法治与经济的多维关系,更重要的是提出了一系列建设法治经济的新思路、新方略。

1. 法律与规律一体遵循

法治经济关键是守法。各类主体都应遵守法律。但除此之外,法治经济的本质在于尊重规律。如果说法治政府的本质在于依法行政,②法治经济的本质则是尊重规律。习近平总书记指出,"社会主义市场经济本质上是法治经济","法治经济的本质要求就是把握规律、尊重规律"。③习近平总书记2017年1月指出:"发挥政府作用,不是简单下达行政命令,要在尊重市场规律的基础上,用改革激发市场活力,用政策引导市场预期,用规划明确投资方向,用法治规范市场行为。"④

对于法律(法治)和规律二者的关系而言,习近平总书记明确剖析,指出法治的功能在于保障市场规律和市场经济基本法则发挥作用:"市场经济的

---

① 习近平:《凝心聚力,继往开来 携手共谱合作新篇章》,载《人民日报》2021年2月10日。
② 王莉:《新时代"有为政府"的建设路径》,载《中国社会科学报》2020年12月16日。
③ 中共中央文献研究室编:《习近平关于全面依法治国论述摘编》,中央文献出版社2015年版,第115页。
④ 《习近平:把改善供给侧结构作为主攻方向 推动经济朝着更高质量方向发展》,载《人民日报》2017年1月23日。

高效率就在于价值规律、竞争规律、供求规律的作用,但发挥市场经济固有规律的作用和维护公平竞争、等价交换、诚实守信的市场经济基本法则,需要法治上的保障。"①

2. 示范与倒逼双管齐下

法治经济颇具特色的建设方式是创新示范,这突出体现在自贸区建设方面:通过自贸区的建设,打造法治经济先行示范区,以法治的非均衡发展加快实现法治经济的全面建成。2016年,习近平总书记在提出加快自贸区建设战略时中指出自由贸易试验区建设的核心任务是制度创新。要深化完善基本体系,突破瓶颈、疏通堵点、激活全盘,聚焦商事制度、贸易监管制度、金融开放创新制度、事中事后监管制度等,率先形成法治化、国际化、便利化的营商环境,加快形成公平、统一、高效的市场环境。②除了自贸区,习近平总书记也特别关注经济法治示范区建设。2012年,习近平总书记在视察前海时表示,前海可以在建设有中国特色的社会主义法治示范区方面积极探索,先行先试,打造最具竞争力的法治化、国际化营商环境。③

法治经济建设的另一个着力方式是开放倒逼。开放对法治经济建设具有巨大的促进作用,习近平总书记强调要充分运用开放的促进作用:"我们提出建设开放型经济新体制,一个重要目的就是通过开放促进我们自身加快制度建设、法规建设,改善营商环境和创新环境,降低市场运行成本,提高运行效率,提升国际竞争力。"④在2019年主持召开中央财经委员会第四次会议时,习近平总书记将开放的促进作用明确为"倒逼","要推动改革开放取得新的重大成果,善用高水平开放倒逼深化改革,提升市场化法治化营商环境"⑤。

3. 德法共治,并用两大治理系统

市场经济既是法治经济也是信用经济。中国传统自然经济建立在以"忠

---

① 习近平:《之江新语》,浙江人民出版社2007年版,第203页。
② 中共中央文献研究室编:《习近平关于社会主义经济建设论述摘编》,中央文献出版社2017年版,第301页。
③ 转引自张文显:《习近平法治思想研究(下)——习近平全面依法治国的核心观点》,载《法制与社会发展》2016年第4期。
④ 《习近平:营造稳定公平透明的营商环境 加快建设开放型经济新体制》,载《人民日报》2017年7月18日。
⑤ 《习近平主持召开中央财经委员会第四次会议》,载《人民日报》2019年4月22日。

诚"为核心的道德秩序基础上。① 现代市场经济仰赖以"诚信"为核心的道德秩序。建设法治经济,市场主体必须既要守法又讲诚信。法治经济始终将守法和诚信一体强调。习近平总书记指出:"守法经营,这是任何企业都必须遵守的一个大原则。公有制企业也好,非公有制企业也好,各类企业都要把守法诚信作为安身立命之本,依法经营、依法治企、依法维权。法律底线不能破,偷税漏税、走私贩私、制假贩假等违法的事情坚决不做,偷工减料、缺斤短两、质次价高的亏心事坚决不做。"②"诚者,天之道也;思诚者,人之道也。"人无信不立,企业和企业家更是如此。社会主义市场经济是信用经济、法治经济。企业家要同方方面面打交道,调动人、财、物等各种资源,没有诚信寸步难行。由于种种原因,一些企业在经营活动中还存在不少不讲诚信甚至违规违法的现象。法治意识、契约精神、守约观念是现代经济活动的重要意识规范,也是信用经济、法治经济的重要要求。企业家要做诚信守法的表率,带动全社会道德素质和文明程度提升。③

4.情法兼济,构筑亲清政商关系

2016年3月,习近平总书记在看望参加全国政协会议的民建、工商联委员时首次提出"亲""清"新型政商关系。习近平总书记指出,"新型政商关系,概括起来说就是'亲''清'两个字。对领导干部而言,所谓'亲',就是要坦荡真诚同民营企业接触交往,特别是在民营企业遇到困难和问题情况下更要积极作为、靠前服务,对非公有制经济人士多关注、多谈心、多引导,帮助解决实际困难,真心实意支持民营经济发展。所谓'清',就是同民营企业家的关系要清白、纯洁,不能有贪心私心,不能以权谋私,不能搞权钱交易。对民营企业家而言,所谓'亲',就是积极主动同各级党委和政府及部门多沟通多交流,讲真话、说实情、建诤言,满腔热情支持地方发展。所谓'清',就是要洁身自好、走正道,做到遵纪守法办企业、光明正大搞经

---

① 刘伟:《习近平新时代中国特色社会主义经济思想的内在逻辑》,载《经济研究》2018年第5期。
② 《习近平:毫不动摇坚持我国基本经济制度 推动各种所有制经济健康发展》,载《人民日报》2016年3月9日。
③ 《习近平在企业家座谈会上的讲话》,载《人民日报》2020年7月22日。

营"。①2017年,"构建亲清新型政商关系"正式写入党十九大报告。此后,习近平总书记在多个场合反复对其加以强调。

2020年,习近平总书记在新时代民营经济统战工作的重要指示中指出,"要按照构建亲清政商关系的要求,健全政企沟通协商制度,完善民营企业权益维护机制,激励干部主动作为、靠前服务,做到'亲'而有度、'清'而有为"。②在企业家座谈会上,习近平总书记强调,要"构建亲清政商关系。各级领导干部要光明磊落同企业交往,了解企业家所思所想、所困所惑,涉企政策制定要多听企业家意见和建议,同时要坚决防止权钱交易、商业贿赂等问题损害政商关系和营商环境"。③应当看到,法治经济的深入发展必然要求传统政商关系向新型政商关系转变。"亲清"政商关系的建构必须以法治的全面深化和政府职能转变为前提。

5. 抓住两类"关键少数"

法治经济建设的一大突出特点就是,既抓领导干部这个"关键少数",又抓企业家这个"关键少数"。

围绕法治经济建设,习近平总书记对领导干部多次提出要求,具体可概括为两个方面。在调控和治理经济、领导经济工作时要运用法治思维、法治观念和法治方式,遵循经济规律和社会规律、自然规律。在2014年中央经济工作会议上,习近平总书记指出,"法治经济的本质要求就是把握规律、尊重规律。各级领导干部要提高透过现象看本质的本领,深入把握经济规律、社会规律、自然规律,使对经济工作的领导更加自觉、更加有效"。④习近平总书记还指出:"经济发展进入新常态,党领导经济工作的观念、体制、方式方法也要与时俱进。要加强党领导经济工作制度化建设,提高党领导经济工作

---

① 《习近平:毫不动摇坚持我国基本经济制度 推动各种所有制经济健康发展》,载《人民日报》2016年3月5日。
② 《习近平对新时代民营经济统战工作作出重要指示强调:坚持"两个毫不动摇"把民营经济人士团结在党的周围 更好推动民营经济健康发展》,载《人民日报》2020年9月17日。
③ 《习近平在企业家座谈会上的讲话》,载《人民日报》2020年7月22日。
④ 中共中央文献研究室编:《习近平关于社会主义经济建设论述摘编》,中央文献出版社2017年版,第322页。

法治化水平。"① "领导干部尤其要带头依法办事,自觉运用法治维思维和法治方式来深化改革、推动发展、化解矛盾、维护稳定。"②

2015年10月,在党的十八届五中全会第二次全体会议上,习近平总书记专门阐述了"提高党领导经济社会发展能力":"要更加注重对国内外经济形势的分析和预判,完善决策机制,注重发挥智库和专业研究机构作用,提高科学决策能力,确保制定的重大战略、出台的重要政策措施符合客观规律。要更加自觉地运用法治思维和法治方式来深化改革、推动发展、化解矛盾、维护稳定,依法治理经济,依法协调和处理各种利益问题,避免埋钉子、留尾巴。要发挥政治优势,加强思想政治工作,创新群众工作体制机制和方式方法,及时了解群众利益诉求,及时解决群众思想认识问题和现实利益问题。各级领导干部要加强学习,加强调研思考,加强实践历练,增强把握和运用市场经济规律、社会发展规律、自然规律的能力,努力成为领导经济社会发展的行家里手。"③

企业家是经济发展的主动力。习近平总书记高度重视对企业家的激励与保护及其行为的规范,反复强调企业家的作用。习近平总书记2014年就指出"我们全面深化改革,就要激发市场蕴藏的活力。市场活力来自于人,特别是来自于企业家,来自于企业家精神"。④2015年年底中央经济工作会议上,习近平总书记特别强调:"企业家在推动经济发展中发挥着重要作用,要为企业家营造宽松环境,用透明的法治环境稳定预期,给他们吃定心丸。"⑤ 在2020年7月的企业家座谈会上,习近平总书记提出"政府是市场规则的制定者,也是市场公平的维护者,要更多提供优质公共服务。要支持企业家心无旁骛、长

---

① 《中央经济工作会议在北京举行 习近平李克强作重要讲话》,载《人民日报》2014年12月12日。
② 中共中央文献研究室编:《习近平关于社会主义经济建设论述摘编》,中央文献出版社2017年版,第323页。
③ 习近平:《在党的十八届五中全会第二次全体会议上的讲话(节选)》,载《求是》2016年第1期。
④ 《习近平在亚太经合组织工商领导人峰会开幕式上的演讲》,载《人民日报》2014年11月10日。
⑤ 《中央经济工作会议在北京举行》,载《人民日报》2015年12月22日。

远打算，以恒心办恒业，扎根中国市场，深耕中国市场"。① 同时，习近平总书记还提出企业家要在爱国、创新、诚信、社会责任和国际视野等五个方面不断提升自己。② 在2020年10月深圳经济特区建立40周年庆祝大会上，习近平总书记再次指出"要进一步激发和弘扬企业家精神，依法保护企业家合法权益，依法保护产权和知识产权，激励企业家干事创业"。③

（二）法治经济建设的重大意义

1. 法治经济建设的融合性

法治经济是继承和发展中国特色社会主义政治经济学和法治理论的最新成果，是习近平经济思想和习近平法治思想的重要融合与创新。

法治经济是实践与理论的互动中逐步沉淀形成的集体智慧结晶，是党的十八大以来以习近平同志为核心的党中央推动经济发展实践的理论凝结，是全党和全国上下积极投身改革实践，逐渐深化经济发展规律、社会主义建设规律、法治运行规律和人类发展规律认识的智慧集成。

2. 法治经济建设的回应性

法治经济的萌芽、确立和发展是在我国经济建设和法治建设的整体发展脉络下逐步形成和确立的。立足实际，鲜明的问题意识，着眼于解决社会主要矛盾和实践中的具体问题，是法治经济建设的产生动因和逻辑主线。

从宏观上来看，法治经济建设要立足中国的基本国情和世界发展趋势，以马克思主义政治经济学和马克思主义法治理论为基础，系统回答在新时代如何推进中国特色社会主义经济建设、如何落实全面依法治国等根本性问题。党的十八大以来，以习近平同志为核心的党中央领导集体，就中国发展中存在的一些突出短板，以及发展起来之后制度如何成熟定型等一系列重大现实问题，进行艰辛探索和系统回答，最终形成了法治经济建设的理论体系。习近平总书记在党的十九大报告中指出，"中国特色社会主义进入了新时代"；"我国社会主要矛盾的变化是关系全局的历史性变化，对党和国家工作提出了许多

---

① 《习近平在企业家座谈会上的讲话》，载《人民日报》2020年7月22日。
② 《习近平在企业家座谈会上的讲话》，载《人民日报》2020年7月22日。
③ 《习近平在深圳经济特区建立40周年庆祝大会上的讲话》，载《人民日报》2020年10月15日。

新要求。我们要在继续推动发展的基础上，着力解决好发展不平衡不充分问题，大力提升发展质量和效益"。①与此同时，中国国际地位已经发生历史性变化、中国发展方位已经发生历史性变化，中国共产党面临的执政考验更为复杂尖锐。世界格局、中国国情和党情的一系列重大变化，是法治经济建设不断发展的时代背景。法治经济建设也正是聚焦新时代中国经济发展和法治建设实际，着眼于解决新时代我国社会主要矛盾的可靠出路。

从微观上来看，针对经济领域存在的各种问题，习近平总书记反复强调必须用法治思维和法治方式加以解决，这些论述是法治经济建设理论的重要构成。习近平总书记在阐述"社会主义市场经济本质上是法治经济"就指出："经济秩序混乱多源于有法不依、违法不究，因此必须坚持法治思维、增强法治观念，依法调控和治理经济。""一些地方和部门还习惯于仅靠行政命令等方式来管理经济，习惯于用超越法律法规的手段和政策来抓企业、上项目推动发展，习惯于采取陈旧的计划手段、强制手段完成收入任务，这些办法必须加以改变。"②2015年，在党的十八届五中全会第二次全体会议上，习近平总书记进一步指出："无论是分析形势还是作出决策，无论是破解发展难题还是解决涉及群众利益的问题，都需要专业思维、专业素养、专业方法。那种习惯于拍脑袋决策、靠行政命令或超越法律法规制定特殊政策的做法，已经很难适应新形势新任务的需要。"③

3. 法治经济建设的辩证性

法治经济建设的一个鲜明特色在于辩证法的广泛运用。2016年3月，习近平总书记在参加十二届全国人大四次会议上海代表团审议时就曾强调："要讲辩证法、两点论，'看不见的手'和'看得见的手'都要用好。"④从本体论来看，法治经济强调促进改革与法治协同发展、有效市场与有为政府相辅

---

① 习近平：《决胜全面建成小康社会 夺取新时代中国特色社会主义伟大胜利——在中国共产党第十九次全国代表大会上的报告》，人民出版社2017年，第10~11页。

② 中共中央文献研究室编：《习近平关于全面依法治国论述摘编》，中央文献出版社2015年版，第115页。

③ 习近平：《在党的十八届五中全会第二次全体会议上的讲话（节选）》，载《求是》2016年第1期。

④ 中共中央文献研究室编：《习近平关于社会主义政治建设论述摘编》，中央文献出版社2017年版，第119页。

相成、法治经济与法治社会同步推进、激发活力与强化监管一体实施等，这些都彰显了辩证法的思想方法。例如，习近平总书记2015年主持召开中央全面深化改革领导小组第十六次会议指出，"要坚持社会主义市场经济改革方向，把转变政府职能同创新管理方式结合起来，把激发市场活力同加强市场监管统筹起来"。① 又如，《中共中央关于制定国民经济和社会发展第十三个五年规划的建议》中提出，"加快建设法治经济和法治社会，把经济社会发展纳入法治轨道"。再如，2021年10月，习近平总书记在中共中央政治局第三十四次集体学习时指出要"坚持促进发展和监管规范两手抓、两手都要硬；在发展中规范、在规范中发展"。② 在建设论中，法治经济关于重视法律亦重视规律，示范与倒逼双管齐下，德法共治、情法兼济等前述各个方面也彰显了鲜明的辩证观。可以说，"辩证法、两点论"贯穿了整个法治经济建设的方方面面，是法治经济建设的核心方法论。

4. 法治经济建设的创新性

法治经济内涵丰富，而且蕴含了诸多重大的创新观点。澳大利亚学者彼得斯认为，习近平新时代中国特色社会主义思想开创了以加强党的建设为基础的中国社会主义现代化和治理的新时代，其中关于结构性市场改革和法治的主张构成了"新的'发展哲学'的基本内容"。③ 法治经济建设方面最具理论创建性的论点突出体现在如下两个方面。

首先，超越市场与政府的二元思维。法治经济强调经济建设和法治建设必须全面坚持党的领导。党的集中统一领导超越了市场与政府的二元思维和"两手"论的一般理论，将党的领导作为经济运行机制的重要环节，实现市场调节、政府调节和党的领导"三位一体"。这在世界经济思想史和全球法治建设史上尚属首创。党的十八以来中国经济发展和法治建设的历程充分表明，"三位一体"的法治经济建设经得起实践检验。

---

① 《习近平：坚持以扩大开放促进深化改革 坚定不移提高开放型经济水平》，载《人民日报》2015年9月16日。

② 《把握数字经济发展趋势和规律 推动我国数字经济健康发展》，载《人民日报》2021年10月20日。

③ Michael A. Peters, *The Chinese Dream: Xi Jinping Thought on Socialism with Chinese Characteristics for a New Era*, 2017, p.1300.

其次，丰富和发展了法治与经济的关系命题。法治经济建设将法治视为全面持续深化经济改革、提升国家整体治理能力与治理水平、开展现代化建设和高质量发展的关键要素。从规范、保障到引领，将法治的作用进行了全面的定位。习近平总书记特别强调经济发展中法治的引领作用："贯彻新发展理念，实现经济从高速增长转向高质量发展，必须坚持以法治为引领。"① 法治经济建设对法治引领作用的强调，彻底破解了"发展要上、法治要让"的认识误区，更是发展了既往马克思主义理论关于法与经济的关系的论点，拓展了既往法治固根本、稳预期、利长远的功能定位，要求法治释放更积极的价值，法治建设的意义被放在了前所未有的高度，同时也对法治的作用提出了前所未有的期待。这意味着法治在经济建设过程中必须发挥引领、规范、保障全方位的效能。建设法治经济，必须运用法治思维和法治方式在法治的轨道上推进，以法治凝聚共识、规范进程、防范风险、巩固成果。法治经济建设对法治功能定位的提升，是立足新发展阶段、贯彻新发展理念、构建新发展格局，推动高质量发展的必然选择。此一创新论断对于释放市场机制动能，焕发市场主体活力，激活市场要素配置，对于全面建设法治中国、深化法治政府和法治社会建设都具有重大理论与实践意义。

5. 法治经济建设的实践性

法治经济建设要坚持将经济发展与法治建设问题放到建设中国特色社会主义事业的战略全局中加以思考和把握，放在国家治理体系和治理能力现代化建设大格局中加以构划和破题。法治经济既是市场经济对法治建设的内在要求，也是经济领域国家治理现代化的法治逻辑。② 当下，法治经济建设是高质量发展的必要保障，也是全面依法治国的重要指南。在从计划经济到中国特色社会主义市场经济及法治经济的发展过程中，法治经济建设充分释放其思想优势和实践价值，引领法治建设与经济发展逐渐实现同频共振，国家整体实现了从政策经济到法治经济的全面转型、从全能政府到有为政府的关键跨越，指引中国经济发展取得历史性成就，法治事业获得长足进步。我国改革开放以来的发展历程，特别是党的十八大以来中国经济与法治建设的实践

---

① 习近平：《论坚持全面依法治国》，中央文献出版社2020年版，第224页。
② 刘红臻：《解读法治经济及其建设》，载《法制与社会发展》2016年第3期。

成就表明，法治经济建设完全契合马克思主义经济基础与上层建筑的关系理论，法治中国建设所取得的诸多长足进步正是在不断回应中国经济发展需求的过程中实现的。法治经济建设不仅为解决基于普遍市场规律的共通性问题提出了法治的基本框架，也为解决中国市场经济发展的独特性问题提出了具体的"法治技术"；不仅是马克思主义政治经济学和马克思主义法治理论发展历程上的里程碑，亦为世界各国经济建设和法治实践提供中国智慧和创新方案。

（三）法治经济建设的实践要求

中国特色社会主义法治经济理论不仅是关于法治经济的思考、见解及理论研究成果，亦是法治经济的实践总结，对于立足新发展阶段、贯彻新发展理念、构建新发展格局、推动高质量发展具有重要的启发和指导作用。应当切实在法治各领域各环节贯彻落实法治经济建设理论，在经济生活的方方面面不断提升法治化水平。

1. 充分释放党的领导优势

党的领导是中国特色社会主义制度的最大优势，也是我国法治经济建设的最大创新。新时代高质量发展的任务复杂艰巨，党的领导是推进法治经济建设，顺利完成国民经济和社会发展第十四个五年规划和2035年远景目标的根本保证。践行法治经济，要全面推进党的领导制度化，确保党的领导常态化、全覆盖；要进一步健全党领导高质量发展的机制，确保党的领导有效融入现代市场经济运行机制之中；要通过科学立法和良好法治实施保障党的路线方针政策迅速高效实施；要坚持依法治国和依规治党有机统一，明确党的领导方式的政治性、程序性、职责性，确保党既依据宪法法律领导经济建设，又依据党内法规管党治党、全面从严治党；领导干部要坚决服从和遵守宪法法律，既充分履职，又严守领导边界。

2. 以高质效立法引领高质量发展

习近平总书记指出，要加快完善中国特色社会主义法律体系，以良法促进发展、保障善治。[①] 以法治推进更高质量发展，要加强党对立法工作的集

---

① 习近平：《论坚持人民当家作主》，中央文献出版社2021年版，第333~334页。

中统一领导,把改革发展决策同立法决策更好结合起来,坚持以立法引领改革、授权改革,以立法破除改革障碍、预留改革空间,以立法巩固改革经验、沉淀制度成果;要统筹推进国内法治和涉外法治,为国内国际双循环相互促进的新发展格局提供制度保障;要持续完善人大的民主民意表达平台和机制,做好人大协商、立法协商工作,通过调研、座谈、论证、咨询、听证、公开征求意见,建立立法联系点和基层联系点等方式,最大限度吸纳民意、汇集民智;要发挥好人大及其常委会在立法工作中的主导作用,探索专家深度参与、全程参与的机制,充分运用大数据和信息采集、舆情分析工具,精准分析目标问题,有效总结实施中的经验教训,深入推进科学立法、智慧立法;要丰富立法形式,把握立法节奏,将系统的法典编纂与适时的专门立法同步推进,及时、精准回应社会需求的同时,推进法律制度体系的逐步完善、逐步成熟、逐步定型。

3. 以科学监管维护良性市场秩序

监管之手如何塑造是当代市场经济发展的核心命题。以法治推进更高质量发展,要为市场决定性作用的发挥创造条件、排除障碍,为更好发挥政府作用健全机制、配备工具和资源;要持续深化"放管服"改革,坚持寻求放与管协同、发展与监管并重,构建全流程、综合式监管,探索穿透式、长效性监管,强化功能监管、开展风险监管;要健全监管规则、创新监管方式、落实监管责任,加快构建权责明确、公平公正、公开透明、简约高效的监管体系,构筑市场自律、政府监管、社会监督互为支撑的市场治理格局,形成公平、效率和充满活力的市场新秩序,助推实现高质量发展。

4. 发挥司法的更大作为

司法是法治经济的重要支撑。公平的市场竞争、高效的经济发展都需要权威公正的司法保障。以法治推进更高质量发展,司法运行应切实维护市场主体权益,保护诚实守信行为;应秉承中性原则,平等对待各类主体;应确保个案公正,加强法律适用统一;应充分发挥审判职能,服务区域协调发展,促进扩大对外开放;应深化现代科技与司法的融合、全面提升司法智能化水平;应完善司法联动模式、推进区域司法合作新机制,最终实现司法在优化营商环境中的更大作为,为高质量发展提供有力司法服务和保障。

5. 全面强化市场主体合规

全民守法是法治社会的基础工程。其中，市场主体守法是法治经济建设的重中之重。以法治推进更高质量发展，应拓展普法媒介触点，丰富普法形式方式，开展靶向宣导培训，实现有效普法全覆盖；应着力提升企业合规意识，全面促进企业合规建设，引导市场主体依法经营；应全面强化社会主义核心价值观引领，全面加快社会信用体系建设，充分释放法治与德治的互动优势。

第五章

法治区域建设

在当代中国的经济发展、社会变革和法治建设过程中,区域经济和区域发展无疑起过重要的推进作用。现代区域科学上所指向的"区域",一般是指跨越于主权国家或行政区划的,在经济、政治、社会和文化等各方面都具有共同性和固有特点(即区域性问题)的地域共同体。① 从经验层面归纳,区域既有全球化意义上的地方性区域,比如欧盟、亚太等,也有主权国家范围内

---

① 有学者将区域划分为五种:一是法律意义上的区域。有学者认为,这一意义上的区域,即法治区域,一般是指"在主权国家管辖和支配的特定领域,通过'法的主治'(Rule of law)而形成的具有良好法治秩序的区域,它包含立法、执法、守法和培育法治理念等诸多实现法的价值和功能的各种要素的综合体。"二是行政区划意义上的区域,或可称为行政性区域。这时的区域法治就基本上与依法治省(或"法治江苏""法治浙江"等)、依法治市、依法治县的内涵和要求相一致。三是经济发展意义上的区域,或可称为经济性区域。如我国的长三角区域、珠三角区域、环渤海经济区、京津冀三角区、长株潭经济区,等等,它们都是能够担当某种专业化分工职能的尽可能完整的经济区,具有跨行政区划的特点。四是综合区位意义上的区域,或可称为综合性区域。如我国的(西部)大开发战略、振兴(东北)老工业基地、促进(中部)地区崛起等发展战略的区域,都是在国家建设与发展规划中深受关注的大区域或特大区域,既有跨行政区划的特点,又综合了大区域内的经济、政治、文化以及社会状况的特点与发展需求。五是跨国界意义上的区域,或可称为国际性区域。如欧盟、东盟、北美自由贸易区等跨国家的、具有某种共性和固有特点的地域统一体。参见夏锦文:《区域法治发展的法理学思考———一个初步的研究构架》,载《南京师范大学学报(社会科学版)》2014年第1期。

以行政区域（省、市、县等）为单位的区域，同时也有因特定的政治、经济、社会、文化、民族等共同需求而连接起来的区域，如长三角、珠三角、西部、东部、民族自治区域等。① 由于受不同的历史发展进程、经济社会发展水平、文化传统和地理环境等诸多因素的影响，不同区域的法治发展具有明显差异。正是由于这种差异性的存在，国家法治发展遇到了区域性困境。区域法治发展便成为探索法治发展的中国道路的必然要求，也是实现当代中国区域社会治理现代化的有效路径，也形成了当代中国法治发展的统一性与多样性相结合的内在品质。在党的十五大提出依法治国，建设社会主义法治国家的方略，党的十八届三中全会决定全面深化改革开放和党的十八届四中全会要求全面推进依法治国的背景下，法治建设得到持续扩展和深入。一方面，一些地方进而提出建设法治江苏、法治福建、法治浙江、法治湖南等"法治××"口号，各地方都在本行政区划之前冠上法治之名，作出建设"法治××（行政区划之名）"规划，以提高本地区的法治化水平，发挥法治在本地区的经济和社会发展中的作用。例如，被称为全国第一部省级区域法治建设纲领性文件的《法治江苏建设纲要》于2004年颁布并实施，② 同年，上海市徐汇区提出为推进法治政府建设需要营造良好的区域法治环境。2006年，在时任浙江省委

---

① 国外在20世纪就已经关注区域及其发展问题。例如，1922年全俄中央执行委员会直属经济区划委员会认为："所谓区域，应该是国家的一个特殊的经济上尽可能完整的地区。这种地区由于自然特点、以往的文化积累和居民及其生产活动能力的结合而成为国民经济总链条中的一个环节。"［苏联］Г. М. 克尔日查诺夫斯基编：《苏联经济区划问题论文集（1917—1929）》，王守礼译，商务印书馆1961年版，第82页。又如，美国区域经济学家胡佛1970年对区域的定义影响较广："区域是基于描述、分析、管理、计划或制定政策等目的而作为一个应用型整体加以考虑的一片地区。它可以按照内部的同性质或功能一体化原则划分。"［美］艾德加·M. 胡佛、弗兰克·杰莱塔尼：《区域经济学导论》，郭万清等译，上海远东出版社1992年版，第239页。再如，我国有经济学家认为，区域或经济区域的概念，一般可以分为三个层面，即"一国国内的经济区域，超越国家界限由几个国家构成的世界经济区域，几个国家部分地区共同构成的经济区域"。"在大多数情况下，区域这一概念表明的是一国经济范围内划分的不同的经济区。"陈秀山、张可云：《区域经济理论》，商务印书馆2003年版，第1页。

② 2005年11月25日，中共江苏省委发布的《关于在全省开展建设"法治江苏合格县（市、区）"活动的决定》指出，"从2006年起，在全省开展建设'法治江苏合格县（市、区）'活动"，"开展建设'法治江苏合格县（市、区）'活动，要以依法行政和公正司法为重点，每年解决一两个涉及人民群众切身利益、当前最需要解决并容易见成效的问题，以此作为工作突破口，不断积累建设成果，渐进实现法治江苏的长远目标"。2012年3月23日，江苏省出台《关于深化法治江苏建设的意见》，提出到2015年建成全国法治建设先导区，实现"法治政府建设水平、公正廉洁司法水平、社会管理法治化水平、法制宣传教育工作水平、法治创建绩效五个位居全国前列"的工作目标。

书记习近平的提议下,浙江省委作出建设法治浙江决定,使法治浙江建设成为全省上下的共同使命和责任担当。① 之后其他一些省区亦开始关注区域法治建设问题,并形成了各自独特的经验。② 随着"西部大开发"等区域发展战略的出台和实施,一些地方又提出了跨行政区域的法治化建设目标和规划。③ 基于此,法治区域建设成为法治国家建设的重要组成部分,法治区域也成为法治中国的重要内容。与此同时,学术界对于以地方法治与社会治理模式创新实践具体进程为主要研究对象的区域法治发展问题,也给予了一定的关注。④ 另一方面,一些经济发展较发达地区的地方党委与政府,也基于本地社会经济发展与制度创新的现实要求,提出区域治理模式创新的具体要求或区域法治先行先导的决策规划。这又为相关研究提供了不少可资观察与分析的政治实践实证素材。到目前,学术界关于"法治区域"或"区域法治"的研究已经初具规模。⑤ 在当下中国法学界,在指称上述法治状态时,使用"法治区域"

---

① 2006年,中共浙江省第十一届委员会第十次全体会议作出建设"法治浙江"的决定,并规划了更为详尽的目标和实施机制。

② 此后,《法治安徽建设纲要(2011)》《法治广东五年建设规划(2011)》等建设方案不断被提出。

③ 2005年5月,福建、江西、湖南、广东、广西、海南、四川、贵州、云南九省(区)地方税务局通过协商制定的《泛珠三角区域地方税务合作协议》中也提出了"坚持依法治税,强化税收征管,优化征税服务,营造泛珠三角区域法治、公平、文明的税收环境"等有关跨行政区域的区域法治概念。2006年7月,辽宁、黑龙江、吉林三省签订了《东北三省立法协作框架协议》。

④ 从整个世界范围来看,"区域法治"("区域经济""区域政治""区域行政"亦然)的研究领域可以在两个层面上展开:第一个层面是开展国际范围内的"区域法治"的研究,诸如开展洲际区域(各大洲)或亚洲区域(如北美、南美、东亚、南亚等)以及国际区域组织(如亚太经合组织、东南亚国家联盟、美洲国家组织、欧洲联盟、非洲统一组织)内的"区域法治"的研究,以及加强区域内经济和社会发展的协调和互动;第二个层面是开展各主权国家(特别是幅员较大的主权国家)范围内的"区域法治"的研究以消除本国内不同地区(区域)之间经济和社会发展的不平衡状态,促进其协调、和谐与可持续发展,尤其是促进落后地区(区域)经济和社会的快速发展。本文主要研究后一层面。

⑤ 例如,关于区域法治发展的概念内涵、基本性质、客观基础、总体目标、主要内容、价值依归、路径选择、动力机制、功能类型、文化机理、发展模式、评价指数和方法论等问题均已涉及,对于法治中国进程中的区域法治发展的典型样本分析和不同区域法治发展的实践探索的比较考察也已渐次展开,逐渐形成了一个全新的理论分析工具系统,借以概括与揭示区域法治发展的一般原理和基本规律,进而拓展和丰富了中国特色的法学理论体系、法学学科体系和法治话语系统。

概念的较少，使用"区域法治"概念的较多①。考虑到与本书主题的一致性以及法治区域建设与区域法治建设这两个概念的内涵虽不完全相同但无本质上差别，故本章以使用"法治区域"的概念为主。② 本章所称"法治区域"，是指在我国一定行政区划内或跨行政区划运用法律进行治理，尤其将法治作为基本的治理方式、提高法治化水平和能力、为区域发展和建设提供法治保障的状态。

一、法治区域建设的基本逻辑

法治区域包括以行政区划为基础的法律治理和跨行政区域的法律治理；③既包括单一行政区划内的"地方法治"，又包括跨行政区划的一体化、合作型法治；"法治区域建设"是与"法治国家"建设相对应的法治实践样态，也是国家法治在"地方"或"区域"的具体实践。从我国法治进程的历史与现实来看，法治区域建设的形成是政治、经济、行政区划、区位、资源、制度、观念、历史、人口、文化、风俗、信息等因素共同作用的结果。不同地区在不同发展阶段，每个社会因素的作用都是不同的，从而造成区域法治发展的差异性是客观存在的、长期的。法治区域的完善程度对于法治中国的实现，具有不可替代的基础性、战略性甚至是决定性的作用。

---

① 国内外不少学者在研究区域法治发展时，对其作出了各种各样的类型划分。例如，以民族为划分标准，关注民族自治地方的区域法治；以中央或地方这样的行政结构为分类角度，将区域法治发展划分为中央区域法治发展、省级区域法治发展、县级区域法治发展，等等。有的按照经济、政治、文化等各方面的共同性与固有特点，将区域法治划分为行政性区域法治、经济性区域法治和综合性区域法治，行政性区域法治的典型就是省、市及下辖区、县等同一行政区划内的法治，相当于"法治江苏""法治浙江""依法治市""依法治县"等的内涵；经济性区域法治如长三角、珠三角、环渤海经济区、京津冀三角区、长珠潭经济圈、泛珠三角等区域的法治；综合性区域法治指针对我国落后地区开发或特定地区发展，并以实施我国区域开发和发展战略为背景的区域法治发展，如西部大开发战略、振兴东北老工业基地、促进中部地区崛起等发展战略的区域法治建设。有的以发展程度为标准，分为发达区域法治、较发达区域法治、欠发达区域法治、落后区域法治、新兴区域（如新设立的上海自由贸易试验区）的法治。

② 在涉及引用相关文献的时候，出于尊重原文的考虑，仍使用"区域法治"的概念。

③ 在一个主权国家内，跨越行政区划的，在政治、经济、文化等方面具有共同性和固有特点的地域共同体，如长江三角洲地区、珠江三角洲地区、京津冀地区等，也包括某一行政区划内、跨越于次级行政区划的次区域，如苏南、浙北、皖南，等等。

关于区域法治的定义，学术见解虽有大同，但存小异。在当代中国，区域法治乃是实施依法治国基本方略、推进法治中国建设的有机组成部分，是在国家法治发展进程的基本要求的基础上根据区域发展的法律需求，运用法治思维和法治方式推进区域社会治理现代化的法治实践活动。区域法治是治国理政的区域性依法治理模式。区域法治是在一国主权管辖范围内，通过具有区域特征的法律治理而形成的具有良法秩序的治理模式。区域法治是在国家法治发展的框架内，在特定区域建构一种协调有序的法治秩序，以适应区域社会发展的需要，推动区域社会治理的现代化，进而推进国家治理现代化的法治实践活动，以及由此形成的区域法治发展模式。①

（一）法治区域建设的自然逻辑

之所以要进行法治区域建设，首先在于中国区域发展的不平衡性，这是法治区域建设的自然逻辑。有专家认为，对中国问题的理解应当被放置在两个具有中国特色的背景之下，一是严重的城乡分割，二是严重的区域分割。这一国情的明显例子就是沿海与内地的差距与非对称性，它有着深刻的历史原因与当代条件。中国区域发展不平衡的状况由来已久，地理学上著名的"自黑龙江之瑷珲，向西南作一直线至云南之腾冲为止，分全国为东南与西北两部"的"胡焕庸线"是我国区域发展差异分界线。②这一区域差异在"胡焕庸线"于1935年提出之前，早已存在。③这种持续扩大的区域差距，在中

---

① 参见文正邦《区域法治——深化依法治国方略中的崭新的法治形态》，载《甘肃社会科学》2008年第6期；李爱平：《关于我国区域法治几个问题的思考》，载《西部法学评论》2011年第1期；张胜全：《我国区域法治的宪政基础与实践探索》，载《唯实》2012年第4期；夏锦文：《区域法治发展的法理学思考——一个初步的研究构架》，载《南京师大学报（社会科学版）》2014年第1期；蔡宝刚：《增进区域法治发展的法理证立》，载《法制现代化研究》（2013年卷），法律出版社2014年版；公丕祥：《法治中国进程中的区域法治发展》，载《法学》2015年第1期；等等。

② 其与400毫米等降水量线（我国的半湿润和半干旱区分界线）重合度极高，线东南区域以平原、水网、丘陵为主，以约40%的国土面积集聚了全国九成以上的人口和经济总量，线西北区域以草原、沙漠和雪域高原为主，地广人稀，受生态限制，其发展经济、集聚人口的功能较弱。

③ 当我们上溯历史会发现，沿海与内地的地区差异，并非现代才有的现象，而是在唐宋时期即已发端。唐代以后，尤其宋朝时期，连通中国西部与中西亚大陆的"丝绸之路"逐渐被海上航运线路取代。到了公元10世纪宋朝时期，"丝绸之路"已经很少作为对外贸易的途径。与之相对，东部的对外贸易则日渐兴旺，国家的经济重心逐渐东移，沿海的经济活动比内地要发达得多。到了近代，由于洋务运动、外商投资与民族工业的兴起，东部沿海集聚了我国近现代工业中的大部分，经济发展水平、社会开放程度、人民生活水准明显高于内地。尤其改革开放以后，随着经济全球化的不断深入、社会主义市场经济的逐渐确立，沿海与内地之间的差距随之再次扩大。

国不仅是一个经济问题,更是一个社会问题,关系到中国当代社会的和谐稳定。这种自然状况,决定了执政者既要考虑各区域的自然资源禀赋、地理区位因素、历史人文、基础设施等条件,允许区域之间存在结构差异、发展差距,又要运用法治手段将区域差距纳入可控范围,并将法治先导区域的文明成果普及到更多区域共享。

(二)法治区域建设的历史逻辑

区域法治是历史的存在,今天的区域法治是历史上运用法律手段进行区域治理的延续,这是区域法治的历史逻辑。区域治理是人类一项古老而常新的政治法律活动。[①] 区域治理发展是人类文明演进自然生发的历史过程,是社会基层创造和国家权力推动双向互动的必然产物,既有内在的统一性特征,又有鲜明的多样性品格,进而呈现出多样性统一的运动样式、发展类型、演进逻辑。

人类部落时代即是区域治理的开端,部落依据各自划定的区域而治,对外部落与部落既有边界又有合作,共同保障部落安全,对内保持部落及成员的治理规则,保障部落运行秩序。随着人类文明的演进,区域治理因应区域社会变迁,在不同的历史时期和在不同的国度经历了不同的发展型态、表现形式。人类依区域而居,生活的规则依照区域而定;区域间文明互鉴,国家间相互学习,基层社会治理由自律、自治、共治不断升华和进化,人类法治文明史,也就是从区域治理到区域法治的发展史。[②] 与法治有关的一切智识与经验,是由长期、反复的法治实践累积而成,法治发展具有渐进性。诸如法律、道德、习惯、制度、思潮、文化等一切社会现象都是以一种累积式、渐进性发展的方式而得以逐渐形成的。只有依据这些累积、渐进性发展,人的理性才能得到发展并成功地发挥作用。法律、法治、法律文化、法治发展等关键词,其产生与沿革都不是断裂的,应当具有持续性、传承性。区域法治发展正好符合了我国法治道路的渐进性发展规律,体现了事物循序渐进的发

[①] 如云南丽江泸沽湖畔的摩梭人村寨,美国的印第安人部落,新西兰的原住民社区,至今仍然保留着其族群独特的内部管理规则。

[②] 参见戴小明:《区域法治研究:价值、历史与现实》,载《中共中央党校(国家行政学院)学报》2020年第1期。

展方向。

我国自古推行地域分级治理模式,地域空间乃是国家治理的基础性板块。历史和实践表明,国家治理离不开科学合理的分层分级。我国作为一个地域辽阔的国家,所形成的治理传统是通过区域治理而实现对国家的有效治理。[①] 一方面,中央必须以文化、军事等手段有力控制地方,确保地方不能抗衡中央或者分裂出去;另一方面,中央在经济社会方面还需向地方放权,调动地方积极性,否则信息获取和财政收支的困难,必然使得国家治理效率低下,秩序不稳。

党的十一届三中全会以后,国家的战略重心转移到"以经济建设为中心"上来,面临着促进经济发展和恢复民主法治的双重任务。面对当时高度集中的计划经济体制以及物质资源普遍贫乏带来的社会问题,一些地方意识到打破僵化体制、激发社会活力的紧迫性,提出向中央"要政策"的诉求,从而催生了在深圳等特区开展试点的各种制度改革。随着改革开放的不断深入,我国不断涌现了一些较为发达的"特定区域"。这些特定区域对法治建设有更高的需求,却遇到了诸多法律上的瓶颈,也由此影响了这些特定区域经济发展和法治建设。经济与法治之间的密切关系,决定了特定区域经济的超前发展需要法治的先行作为支撑,通过法治先行促进特定区域经济的快速和高质量发展。尤其需要创新授权立法制度,通过国家权力机关对特定区域所在地的省、市权力机关直接的精准立法授权方式,允许他们在一定范围内突破或变通上位法,制定适合特定区域发展需要的地方立法。为实现特定区域的法治先行,必须对国家法治统一的含义作出新解读:法治统一并非机械地要求地方立法与上位法的完全一致,也不是在地方立法方面实行绝对的平均主义。1979年9月,中共中央、国务院转批广东省委的报告要求"尽快制定一些必要的经济法令、条例和规章制度。除应由中央统一制定颁布的以外,属于地

[①] 中华人民共和国成立前,区域治理的历史发展大体可以概要式划分为如下五个阶段:部落时代的区域治理、封建社会时期的区域治理、民国时期的区域治理、军阀割据时期的区域治理、中国共产党区域性政权创建时期的区域治理。

方职权范围内的,广东要抓紧制定并颁布执行"①。1981年11月26日,全国人大常委会授权广东省、福建省人大及其常委会制定所属经济特区各项单行经济法规,并报全国人大常委会和国务院备案。此为改革开放后中央授权地方先行立法的起源,地方制定了各项法规不仅成就了当今的深圳特区,而且为国家立法探路并积累了实践经验,更重要的是奠定了以地方性法规为中心的区域治理基础。多元的区域建制,反映了我国国家治理的统一性与多样性、开放性与包容性,地方治理的自主性与复杂性、原则性与灵活性,体现了国家治理体系历史传承与创新发展的有机衔接,彰显了单一制下复合型国家结构形式的中国智慧、中国创造、中国特色。

"区域法治"起点于"地方法制"和"地方法治",是通过在特定行政区划内中央授权立法的方式实现的。它不同于"先行法治论",其动因并非因经济社会发展水平较快而需要高于全国水平的法治,而是同处于经济体制制约着生产力发展水平的落后时代,亟待通过法律制度变革来破除经济社会发展障碍,并以此构筑有利于社会发展的法治环境。自"依法治国"的基本方略提出以来,一些地方纷纷提出"依法治×"的话语框架,不仅包括依法治省、依法治市、依法治县、依法治乡等纵向的行政层级,而且横向上延伸至依法治企、依法治校、依法治系等,②而"法治中国"目标的提出,又引起"法治××"的繁荣——此前已有此类框架,而且从"法治浙江"到"法治中国"展示了习近平法治思想的演进脉络。

(三)法治区域建设的现实逻辑

在当下中国,法治区域建设不仅具有必要性,而且具有可能性,这是法

---

① 广东省人大常委会:《改革开放40年广东地方立法发展历程》,载中国人大网,http://www.npc.gov.cn/npc/c1773/c1848/c21114/c35254/c35256/201905/t20190521_267099.html,最后访问时间:2021年12月27日。

② 例如,2004年7月,《法治江苏建设纲要》出台,并被称为全国第一部省级区域法治建设纲领性文件;2004年2月,上海市徐汇区也提出了"营造良好的区域法治环境"的目标;2005年5月,福建、江西、湖南、广东、广西、海南、四川、贵州、云南九省(区)地方税务局通过协商制定的《泛珠三角区域地方税务合作协议》中也提出了"坚持依法治税,强化税收征管,优化征税服务,营造泛珠三角区域法治、公平、文明的税收环境"等有关跨行政区域的区域法治概念。又如,2006年7月,辽宁、黑龙江、吉林三省签订了《东北三省政府立法协作框架协议》,从此开始了我国区域法治建设中的立法协作;2009年,北京、天津等五省市签署《环渤海区域政府法制工作交流协作框架协议》,对此后环渤海地区的立法合作活动作出了相应规定;等等。

治区域建设的现实逻辑。

首先,区域之间的不平衡性决定了法治区域建设的必要性。基于缩小地区差异的考虑,我国于 2000 年开始先后提出实施"西部大开发""振兴东北"和"中部崛起"等区域均衡发展战略,以及在中西部地区加快基础设施建设,加强生态环境保护,积极调整产业结构,加大改革力度,等等。这些致力于实现区域协调发展的政策,在一定程度上有助于落后地区实现长期的经济增长。但是,由于中国目前正处于社会变革的转型时期,各地方在经济、文化、城市建设等各个方面均有差异性与不平衡,这使我国的法治进路充满了复杂性与特殊性。不仅全国范围内存在后发区域法治发展如何促进的问题,即使在经济先发区域内部也存在区域发展不平衡问题。如江苏省的苏南、苏北差异,广东省的粤南、粤北差异等。区域之间的不平衡性要求尽快推进区域法治建设。

其次,某些区域区情的相似性决定了区域法治建设的可能性。法治区域建设的经济社会基础,是支撑、构成法治区域系统并推动法治区域建设的各种自然的、经济的、社会的必要因素的总和。我国虽然是一个具有不平衡发展现实的国家,但社会中所具有的多层面、多元化的现象并不是杂乱无章的。同一个地理区域中的经济形态、秩序样式、文化内容、思想传统、法治化水平往往是比较类似的,这就为实现区域法治提供了良好的现实基础。

再次,特定区域的法治建设的能动性决定了法治区域建设的可能性。任何主体的活动不仅受到客观世界的制约,更具有主观能动性。区域法治发展进程中,区域的能动性主要是指各区域在国家法治化、区域法治化过程中所发挥的能动作用。① 这种能动性反映了区域法治发展的精神与要求,不仅推动了整个国家法治化的进程,也为区域法治的发展提供了宝贵的经验。

从次,区域建设发展的成效为法治区域建设奠定了现实基础。近年来,我国一些经济较发达的地区已经率先提出了开展区域建设的问题,其中最富

---

① 例如,在区域立法方面,这种能动性表现为根据本区域的具体情况,对国家已颁布的法律或行政法规作出具体的规定,或对国家尚未立法,且不受国家专属立法权调整的事项进行先行立法。又如,区域性的行政执法、行政法治,比中立的司法更显积极主动性,力图灵活处理区域内的各种行政事务。再如,即使是以被动、消极、中立为重要特性的司法,也要在国家现行法律框架内,根据地情和区域实际开展能动司法。

典型意义的就是对外开放,它具有空间渐进性。1979年,在邓小平同志的指挥下,我国在深圳、珠海、汕头和厦门尝试设置经济特区。1984年,中央政府又将开放政策扩大到14个沿海城市,并为经济特区和沿海开放城市制定了特殊政策。1988年,我国进一步扩大对外开放范围,采取"沿海地区发展战略",把长江三角洲、珠江三角洲和闽南三角地区扩大为对外开放的一个"大三角",同时将辽东半岛、胶东半岛、河北的环渤海湾地区和广西靠近北部湾的一些城市列为沿海开放区。20世纪90年代,我国继续实施这一战略,相继批准上海浦东新区的开发、开放,增设浦东外高桥、天津港、深圳沙头角和福田等保税区,并在深圳特区建立保税生产资料市场。我国其他区域的开发与发展同样经历了由东向西、由南往北、由沿海至内地的过程。随着东部沿海战略的实施,在20世纪90年代中后期,我国的区域发展差距开始加大。为了同时也促进中西部地区的发展,我国在世纪之交全面实施西部大开发战略,2003年开始振兴东北老工业基地,2004年开始高度重视中部崛起,后来又批准设立了上海自由贸易试验区。上述区域发展的空间渐进是我国区域发展战略取向不断调整、稳步推进的成功范例,为法治区域建设奠定了现实基础。

最后,已有的法治区域建设实践佐证了法治区域建设的可行性。推动区域化的法治发展不是中国的特别现象或特殊决策,而是具有全球普遍意义的、富有现实性的基本做法。世界上许多国家都有自己的法治区域建设过程,不少国家在法治区域建设方面已经颇有建树,取得了较为丰富的成功经验。[①]就国内情况而言,早在21世纪初,我国一些经济比较发达的区域已经率先提出了开展法治区域建设的问题。从近20年的实践看,都取得了丰富的经验和很

[①] 例如,美国自十九世纪开始,直到二十世纪六七十年代的西部开发过程,就是以一系列的法律、法令为重要推动力的,这些法律对促进美国的区域发展起到了纲领性的作用;英国也是一个区域发展差异较为突出的国家,对此,英国政府颁布了多项法律,在这些法律的基础上形成了一系列解决区域问题的区域政策;德国更是具有重视解决区域失衡的历史传统,推行均衡发展的区域战略,并将实行均衡区域发展写进宪法,使德国的区域发展战略具备了坚实的法律基础;在经济建设上取得重大成就的日本,其有关地区经济振兴的立法比欧美国家还要完善,为了实现全国各地区的经济发展,其实施以国土综合平衡发展为目标的地区振兴政策,并为政策的执行提供切实可行的法治环境;韩国也建立了比较系统的区域发展法律体系;巴西、欧盟也为解决区域间冲突差异作出了巨大的努力,取得了显著的成效;等等。

好的成就，并大大助推了法治中国建设。

（四）法治区域建设的经济逻辑

法治对经济和社会的巨大保障作用，构成法治区域建设的经济社会逻辑。一个主权国家内部区域的经济与社会发展，如同国与国之间一样存在着治理竞争，而这种竞争很大程度取决于法治环境（常称之为"软环境""软实力"）的优劣，因而法治区域建设往往成为区域经济竞争的重要手段。当今区域经济发展的竞争，说到底是法治环境的竞争。市场经济是法治经济法治水平高，就意味着政府的服务水平高、办事效率高、诚信程度高，投资成本才会低廉，投资回报才会丰厚，区域发展才有竞争力。在现实生活中，区域社会经济繁荣、社会稳定有序、社区和谐平安，已经成为当今时代民众迁徙、选择居住地和工作地的重要指标。但如果没有法治的护佑，社会将无序失控，缺失安全的基本保障，即使拥有巨大财富，也无安全保障。就民众的社会生活而言，区域法治保障区域经济社会发展，守护辖区居民安居乐业。就经济活动而言，行为人在作出投资决策时必然会考虑资本运行是否安全，签订的合同是否能够得到切实履行等问题。如果所在区域交易安全缺乏保障，签订的合同不能切实得到履行，资金不时面临或明或暗的盘剥、讹诈，甚至人身财产安全不能得到有效保障，投资者很可能会作出减少或者放弃投资、交易等市场行为。市场经济的本质是法治经济，而法治经济的核心要求在于产权保护与合同履行。如果法治无法满足这一要求，必然会降低本区域资本、劳动力等生产要素的流动效率，如果再有权力寻租等腐败现象雪上加霜，将对区域发展形成巨大的破坏作用。我国的区域治理传统决定了地方政府基于财政收入（这一首要因素）考量，会通过制定"一揽子"地方性法规、规章或政策文件营造良好投资环境，吸引外来投资，促进区域跨越发展。

（五）法治区域建设的文化逻辑

法治区域建设与一定区域的文化有着千丝万缕的联系，文化是法治区域建设的主要引力之一，这是法治区域建设的文化逻辑。文化就其广泛意义而言是一个复杂的整体，主要包括知识、信仰、艺术、道德、法律、风俗以及人们所习得的能力和习惯等。① 文化是民族的血脉，是人民的精神家园。法律与文化有着天然的共生和互动关系，文化驱动是法律发展极为重要的源泉。文化与法治的关系是法理学研究的基本理论问题。文化作为一种生活方式对法治具有重要影响，文化维度是认识和推进区域法治发展的精神维度。德国法学家马克斯·韦伯曾言："任何一项事业的背后，必然存在着一种无形的精神力量；尤为重要的是，这种精神力量一定与该项事业的社会文化背景有密切的渊源。"② 一位俄国法学家指出："可以确信，大多数人的行为标准并不是法律，而是文化（一般文化和法律文化），因为他们并不知道具体的法律规定，也从未熟悉过法律。"③ 区域文化，涵盖了富有该区域特色的价值观念、风俗习惯、人文历史传统，并常以一种"遗传基因"的作用方式，深刻影响着本区域人们的心理素质、思维方式与价值观念，使之深深打上本区域、本民族的文化和历史特点的"烙印"，从而影响区域法治的发展。④ 美国法学家伯尔曼提出："法律渊源不仅包括立法者的意志，而且也包括公众的理性和良心，以及他们的习俗和惯例。"文化通过人的心智来认知、理解法律并进而支配人们作出如何立法、执法或守法等具体行为。文化通过其具有的强大渗透力影响支配人的心智，进而再通过每个人的心智对立法、执法、守法、守法等法治的各个环节形成深层的渗透力和影响力。而文化具有很强的区域性，文化首先表现为区域的文化，这种区域文化犹如一定的人文土壤生长出并滋

---

① 大致有内涵不同的三种文化观：广义文化观、中义文化观和狭义文化观。广义的文化观认为，文化是人类创造的一切，主要包括精神文化、制度文化和物质文化。中义的文化观认为，文化是指社会的意识形态，以及与之相适应的制度和组织机构。狭义的文化观认为，文化仅指社会的意识形态或社会的观念形态，即精神文化。参见李林：《中国语境下的文化与法治文化概念》，载《中国党政干部论坛》2012年第6期。

② ［德］马克斯·韦伯：《新教伦理与资本主义精神》，黄晓京、彭强译，四川人民出版社1986年版，第3页。

③ ［俄］B.B.拉扎列夫主编：《法与国家的一般理论》，王哲等译，法律出版社1999年版，第404页。

④ 与其他地域相比，江浙一带有着更为丰富的法律文化传统和内涵。从某一较小区域看，如徽州文化主要指以今徽州地区为核心而形成的地域性文化。由于特殊的地理单元的闭合性、丰富的物产及对外商品交换的内在需要，徽州地区发展出了具有竞争力的商品经济形态，形成了中国历史上与晋商并驾齐驱的徽商群体，创造了辉煌的徽州文化。经济基础和社会生态决定了文化模式。在徽州地区，契约意识曾经相当发达，流传到今天的商品交换类契约亦成为徽州文化曾达到的文明高度的有力证据。社会生活中，人们表现得就不甚看重礼俗调整，而更倾向于正式的法制规范。

养着一方法律，法律是从特定区域的"土地"中长出来的规则。同理，即使是域外移植和借鉴过来的法律也要经过本土化筛选与培植才能够"接地气"和"供养料"，否则就可能因水土不服而不能生根成长。因此，"由于生态的原因，地区成为一个文化单位，因为不同的自然环境，即使没有造成但至少也促进了不同的生活方式，相应地使得文化不可避免地具有地域性，法律不仅是这种文化的重要组成部分，而且法律运作的各个环节也与地域文化如影随形。区域法治发展有着自身的文化基石或精神品性，一定的区域文化在一定程度上造就一定的区域法治发展特色，重视和践行这些特色不仅是国家整体法治建设的重要内容，同时也是通过地方创造性的彰显更加全面和深入推进国家法治建设的重要力量。①区域自身独特的、无法替代的历史、人文资源兼具传承与创新意义，是区域法治的文化特色，也是发挥区域比较优势的重要条件。正是由于丰富多彩的区域文化的浸润和驱动，法治发展也相应生长出各具特色的区域法治样态。我国经过多年的历史演变逐渐形成了中原文化、关中文化、燕赵文化、齐鲁文化、湖湘文化、荆楚文化、吴越文化、巴蜀文化、岭南文化、东北文化等诸多文化圈或地域文化。这些文化圈中都有着各自信奉的传统习惯、权利义务观念、价值形态等文化基因，在这些各具特色的文化的催生影响下逐渐形成了区域特色的法治发展样式。区域自身独特的、无法替代的历史、人文资源兼具传承与创新意义，是区域法治的文化特色，也是发挥区域比较优势的重要条件。因此，某个区域的风土人情、民间习俗等文化因子都是构成、影响和催生地方性法律知识的重要因素，是形成法治区域建设的文化精神底蕴，使得区域法治发展不仅成为可能而且势在必行的至为重要的因素。

（六）法治区域建设的关系逻辑

法治区域建设或地方法治与"国家法治"是何种关系，这决定了这两个概念是否具有必要性，进而引发跨行政区划的"区域法治"实践中互不隶属的地方国家机关之间如何协调的问题。

从哲学上讲，一种整体性的存在，必然依赖并通过具体的组成部分来实

---

① 参见蔡宝刚：《法律是从"土地"中长出来的规则——区域法治发展的文化解码》，载《法制与社会发展》2014年第4期。

现。国家在时间维度上是文化交融传承的共同体，在空间维度上是由不同地域联结而成的集合体。每一个国家只有一个中央政府，却有多个地方政府。地方政府与民众的日常生活更为息息相关，与多样性的地理和社会生态环境的联系更为密切。国家是多样性区域的聚合，国家治理是地方性经验的积累。国家治理是一个多样性与统一性有机结合的过程，多样性是统一性的基础，统一性又是多样性的必然表现形式。现代区域法治是国家法治发展的有机组成部分，是国家法治发展在主权国家的特定空间范围内的展开和具体实现。中外单一制国家治理的历史与现实的实践充分表明，区域法治从来都是国家法治体系的有机组成部分，而地方性法规则是区域法治体系的基础与前提，直接决定区域法治体系运行的成效，进而影响着国家法治体系的建构。区域法治发展不是一个孤立自在的过程，不仅受到特定区域经济社会条件的制约或影响，而且在总体性方向上与国家发展状况形成不可分割的有机整体。国家发展进程中每一个重大事件或重大变动，都会或迟或早地波及区域社会生活领域，进而直接或间接地、不同程度地影响着不同区域法治发展的实际过程，甚至在很大程度上对区域法治发展进程的走向产生决定性作用。

尽管我国作为一个单一制国家，法治建设必须强调政权、制度和法律的统一性，但我们更不能忽视中国是一个大国，不同区域的主体有着不同的法权要求。因此，我国的法治建设应当以一种新的法治理念为基础，即"区域性的规则共治"。这种理念的基本要点是：我国的法治实践应当逐步建立区域化的规则共治模式，并且在这种理念的指导下，首先允许形成不同经济生活区域的不同程度、不同形式的共治秩序，然后才能够逐步实现整个社会层面的秩序转换。这一理念既充分考虑了我国的国情，也符合我国当代法治建设的特点。区域法治与社会秩序、经济水平的渐进式变迁相呼应，使现代化程度不同的区域形成了各自不同的治理模式，而这必将更有利于不同区域的社会发展与法治建设。

法治区域建设展现国家法治生机与魅力，体现地方治理特色与活力，是观测国家法治状况的重要维度和解释依据，是推动国家法治转型和法治发展、实现国家治理现代化的有效路径。国家法治与区域法治互为依存、相互促进、共同发展，国家法治发展指引区域法治创新、保障区域法治实践；区域法治创新助推国家法治试验，倒逼国家法治变革。区域治理实践，涉及经济建设、政治建设、文化建设、社会建设、生态文明建设"五位一体"总体布局的治理领域，以及省、市、县、乡镇等多个层级、各个层面。区域的治理能力、治理水平、治理样态，反映国家制度在地方的治理效能。我国《宪法》第三条规定，中华人民共和国的国家机构实行民主集中制的原则，"中央和地方的国家机构职权的划分，遵循在中央的统一领导下，充分发挥地方的主动性、积极性的原则"。我国各省、自治区、直辖市是中央统一领导下具有相对自主性和独立性的行政区域。按照国家机构职权划分的要求，区域法治一方面必须在遵循和维护宪法的统一与尊严的原则下来实施；另一方面亦需充分发挥自身的主动性、积极性，以丰富其法治质量的内涵。

  法治中国的推进，应当建立在区域法治发展多样性的基础之上，从复杂多样的法治表象背后揭示出法治中国建设的一般性规律。国家治理体系必须关照区域发展现实、汲取区域治理经验。不论是共同推进，还是一体建设，既强调法治建设的驱动主体多元，也强调主体间的协调互动；既是国家治理依法建构与区域法治实践创新的有机统合，也是纵向法治统筹上下互动的制度回应与横向区域之间法治竞合互补的有机结合。区域是国家治理体系的基础板块，各个区域能否有效依法治理是国家法治统筹能力的重要衡量指标。国家对区域的法治统筹，源于国家的区域发展战略，公平与效率兼顾，既考虑均衡，亦注重发展，目的在于区域补差或区域辐射拉动，最终实现全国"一盘棋"和谐有序发展。我国疆域辽阔、民族众多，国家治理在实践中离不开法治建设在区域层面的展开。坚持国家法治统一性前提下的区域法治发展是基于社会运行实践总结出来的重要法治建设规律。"地方性"是区域法治发展的最主要的特征，也是其得以存在和发展的基本前提，没有地方性特色就无从谈起区域法治，因为区域法治是国家法治在一定区域内的展开，是根据区域不同的自然环境、经济基础、历史传统、民族习惯等因素实施法治治理，形成具有区域特色的法治运行模式。诸如依法治省、"法治江苏""法治浙江"等具有中国特色的区域法治理论与实践，具有其独特的历史和现实基础。尽管这种模式主要来自党政力量的推动，带有浓厚的党政意志，有时会具有缺乏社会的有效参与或只有法治的形式而缺少法治的内涵等缺陷，但这种模式也存在诸多积极因素；尽管由于政治意识形态与社会意识阈限的束缚，自下而上的法治诉求并非从一开始就能够表现得动力十足，但自上而下的政府推进模式，有效解决了工作协调难度大、社会资源整合难以及运行机制不畅等诸多难题，保证了地方法治的有效推进。但由于地区发展的不平衡，特别是发展本身具有的复杂性带来的特有局面，诸多问题需要在中国特色的区域发展和区域法治理论下加以协调才能够妥善加以解决。

总之，国家法治与区域法治的内在联系得以理论证成和实践验证。当然，区域法治与国家法治也可能存在一定的紧张关系，区域法治发展的不均衡对于国家法治发展会产生牵引力，这种牵引有可能是积极前行的，也有可能是迟滞甚至是离心的，这是我们必须加以关注的。

（七）法治区域建设的实践逻辑

法学研究不能局限在学术圈，法学研究者要紧紧把握时代脉搏，关怀法治实践，坚持理论与实践相结合，投身全面依法治国火热实践。探讨法治国家建设这个宏大的、不断发展的实践性命题，就需要着眼于从行政区划意义上的省、市、县、乡镇乃至公民、企事业单位、社会组织等微观层面衡量法治状况、寻找法治需求、激发法治创新。这一逻辑并非理论证成，而是法治实践的真实反映，诸如湖南"程序型法治"、广东"自治型法治"、浙江"市场型法治"等地方法治实验即是例证。如果再次向前推移，诸如小岗村"联产承包责任制"等也是来自基层群众的制度创新，并被《宪法》所确认。法律的真正意义在于现实生活，需要充分重视"现实中的法"和"行动中的法"。这是"地方法制""地方法治""区域法制""区域法治""区域法治发展""法治区域""法治区域建设"等命题产生的实践动因。[①]"法治区域"实际上针对的是某一"区域"存在的法治短板或激发的法治需求，目标是在国家

[①] 我国对"区域法治"的研究，发端于国家实施西部大开发战略。自2013年以来，区域法治发展开始成为一个独立的法律概念，学者从不同角度对"区域法治"的相关概念、实践类型、运行模式、动力机制等展开了深入分析，从理论上阐释了区域法治的必要性、在区域发展中的作用以及与国家法治的关系、区域法治的整体性与自主性、区域法治与民族区域自治、以特定法治区域如"法治××"为样本的区域法治等问题；在区域法治建设路径方面，提出了确定立法方针、利用多种法律资源、重构产权体系、培育市场主体、政府宏观调控与横向区域合作、可持续发展与人力资源开发的法律促进等思路。

法治统一的前提下打造强劲的"法治区域"。从实践来看，区域之间法治发展不平衡引发的竞争，并不总是良性竞争，可能会产生法治内耗。譬如有些省市为了招商引资而竞相出台地方性法规及各种优惠政策，降低税率，提供补贴，有的甚至突破国家法律底线，最终损害本地利益，两败俱伤。有些区域满足于"口号法治"，行动上喜"维稳法治"，避"维权法治"。但是，从总体而言，区域法治对于国家法治具有诸多积极的实践意义。

（八）法治区域建设的法律逻辑

法治区域建设是法治中国建设的题中应有之义。法治作为一个综合性的制度建构，应当具备宽覆盖度的层次体系。法治区域建设是推进法治中国建设的可行之策、现实之举。早在20世纪，就有学者提出，用好用足地方立法权乃地方所需、国家所望。1981年的全国人大常委会工作报告中提到，我国国家大，民族多，各地的政治、经济、文化的发展是不平衡的。立法应当注意全国千差万别的具体情况，避免一刀切。这说明早在当时，人们就已经意识到，中国社会各地区发展的不平衡性，使转型中国的法治建设不可能整齐划一，法治的进程也不可能呈现出齐头并进的状态，而是必然在具有统一性与协调性的同时，关注区域特性和地方特色。如今，学者们已基本达成共识，推进国家法治既要重视法治的统一性，又要关注法治建设在不同区域的差异性与特殊性，重视区域法治发展的必要性、现实性和紧迫性。近些年来，西部区域、长三角区域、沿海经济区域等都在积极探索完善，并以其成功经验表明，区域法治是国家法治在一定区域的表现形式，是实现法治国家和法治社会的重要基础。总体而言，区域法治是在一国主权管辖范围内，通过具有区域特征的法律治理而形成的具有良法秩序的治理模式。并且一国国内的各个法治区域之间有着共同的基础与目标，彼此联系，且将各自的规则、制度、经验融入整个国家法治建设的大局中。区域法治是国家法治在一定区域内的展开，是根据区域不同的自然环境、经济基础、意识传统、民俗习惯等因素实施法治治理，形成区域特色的法治运行模式，也可以说是治国理政的区域模式，体现了国家法治统一性基础上的区域法治特殊性，以及国家法治整体性基础上的区域法治自主性、个别性。就区域法治的法律渊源而言，我国《宪法》要求维护社会主义法律、制度的统一和尊严，"一切法律、行政法规和地方性法规都不得同宪法相抵触"（第5条），但同时强调，"充分发挥地方的主动性、积极性"（第3条），最大限度包容和鼓励区域法治探索，为法治区域建设开辟了广阔空间。在"重大立法于法有据"的基本原则下，随着立法备案审查等体制机制的完善，建立以国家立法为基本依据、自上而下协调运行的规范体系成为可能，区域法治发展不仅不会对国家法治统一性带来冲击，而且是国家法治的具体落实和先行探索。

（九）法治区域建设的理论逻辑

法治区域的概念是否成立，学术界和实务界的意见并不统一。"法治区域"或者"区域法治"论者认为，"区域法治发展是与国家法治发展相对而言的，它是主权国家的国家法治发展在特定空间范围内的具体展开和实现，从而构成国家法治发展进程的有机组成部分"。[①] 由于"地方是区域的基础，区域是民族国家构成的地理空间，国家是由不同区域的集合"，[②] 对"区域法治"进行类型化分析的基础上，进一步分析跨行政区划的"区域法治"动力机制等深层问题是完全必要的。一些反对运用"区域法治"或者"法治区域"概念的学者认为，现代社会条件下的法治具有国家性、系统性和整体性，法治的问题与地方治理以及经济社会发展实践的区域性不能兼容，在主权统一的一国范围内提区域法治的独特性，有损法治的国家权威。[③] 还有学者认为"区域法治"（或"地方法治"）的提法，不利于维护法治的"国家"权威性和统一性，会导致国家法治的"碎片化"，断裂国家法治精神的命脉。[④] 还有观点认为，"区域法治"的概念面临着"特定区域"的不确定性以及忽略了法治与主权的关系这两种困境，特别是基于分析实证主义法学派的观点——"法律是'主权者的命令'"，而"主权"具有至高无上性和排他性，如果承认"区域法治"就意味着存在着与国家主权相对的"区域主权"或"地方主权"，显然是不符合逻辑的；进而认为从国家到区域的治理活动，关键在于制度化、

[①] 参见公丕祥：《区域法治发展的概念意义——一种法哲学方法论上的初步分析》，载《南京师大学报（社会科学版）》2014年第1期。
[②] 戴小明：《区域法治：一个跨学科的新概念》，载《行政管理改革》2020年第5期。
[③] 张彪、周叶中：《区域法治还是区域法制？——兼与公丕祥教授讨论》，载《南京师大学报（社会科学版）》2015年第4期。
[④] 参见韩大元：《简论法治中国与法治国家的关系》，载《法制与社会发展》2013年第5期。

规范化，这是问题的根本症结，就此言之，使用"区域法制"的概念更为妥当，创设"法治区域"或者"区域法治"的概念则是不必要的。① 尽管上述观点虽然有一定道理，但我们认为法治区域或区域法治的概念在理论上是完全可以成立的。

首先，对法治的概念有多种理解，不必用某一种理解来限缩法治的内涵和外延。"法律是主权者的命令"只是分析实证主义法学的观点，对于"法律是什么"还存在着诸多解读，以国家主权统一性来否定"法治区域"或者"区域法治"，理由并不充分；法治归根结底是一种国家治理方式，与主权并非绝对的一一对应关系，中央主导下的地方治权自主可以成为区域法治或者地方法治概念的根据。进入20世纪后，主权理论在对内关系上的意义发生了转变，无论是联邦制国家，还是单一制国家，主权通过宪法、法律转化为治权，治权在横向（立法权、行政权和司法权）和纵向（中央和地方分权）意义上的划分已经成为一种常态。以立法权为例，中央对地方是以《立法法》为依据的渐进性、有限放权。自1997年党的十五大将"依法治国"确定为基本治国方略，法治概念的正当性在当代中国的政治话语谱系中不再受到怀疑。但对法治的理解并不一致，通常在三个层面上理解或表述法治：一是作为国家治理和社会运行基本意识形态的法治。这里所说的法治的意识形态，主要是指现代国家的政府依法行政、社会依法治理、公民依法办事的基本理念共识，是在现代国家制度背景下，对国家和社会公共事务按照法律规定处理原则的优先价值取向。这种对于法律的形式作用的承认尽管不是区分法治与人治的关键，但是基于历史发展客观规律和现代性的特殊社会现实，对法律规范的优先地位的确认，却是现代法治正当性的历史逻辑基础。二是作为现代国家基本制度设计框架的法治。这种法治概念是现代国家法治制度设计框架理念在当代中国特定社会历史条件下的具体表现。三是作为现代国家及其地方具体制度运行方式的法治。这种意义上的法治，不仅强调需制定良法，而且强调善治；不仅可运用于国家层面，而且可运用于地方层面。如果从第三种意义上来理解法治，法治区域的概念在逻辑

---

① 张彪、周叶中：《区域法治还是区域法制？——兼与公丕祥教授讨论》，载《南京师大学报（社会科学版）》2015年第4期。

上是可以成立的。

其次，法治概念本身就具有相对性、地域性或多样性，也呈现出多种样态和表现形式，不能用一种模式或样态否定其他模式或样态。法治并非抽象的，而是具体时空限度内的主体、对象、行为等构成的现实活动，最终体现在以法律规范为核心的规范体系作用于社会生活的方方面面，是"法的运行"过程及其效果的反映。任何一个单个国家的法律体系及由此产生的相应的"法治观念"或者"法治意识形态"，都不会是"法治"的整体本身或全部，也不过是"一定区域内"的"法治"；某一个国家的法治理念，在某种意义上是一种"地方性知识"，某一个国家的法治也是一种"区域的"法治。尤其在全球化的背景下，国家内部的整体与地方的制度差别，更可能被看作是一种大区域与小区域的制度差别。因此，解释国家间的法律制度差异的理论在一定条件下也许就可以被运用到解释国家内部不同区域的差别上来。

再次，尽管"区域法制"概念切中了地方或跨行政区划治理存在着制度、规范短缺这一问题，但若仅停留于制度、规范而忽略制度、规范的贯彻实施或有效治理，仍然无法解决地方权力运行不规范的现实问题，良好的制度最终需要落实到实施和治理层面才能真正发挥作用。此外，"区域法制"只是解决"有法可依"的法治前提问题，在短期内具有紧迫性，而从长远来看，区域法制体系只是区域法治体系的一个方面；"区域法治"作为一种客观存在的、与国家法治相对应的地方法治样态，是国家法治发展的新类型、新样态或方法论，与中国特色社会主义法治体系具有高度的契合性；法治区域（或区域法治）的概念所指涉的对象以及范围具有明确性，不仅可以成立，而且具有重要价值。

最后，法治区域的命题，通常可以在三个层面理解和把握：通过或运用法律治理某一个特定的区域；在特定区域治理中，优先考虑法律的适用或即将法治作为基本或首选方式；在某个区域实现法治化治理。无论哪种理解和把握，将法治概念运用于区域，不仅是可能的，而且是必要的。这是哲学上普遍性、特殊性和个别性关系在法治理论领域中的具体体现。

二、法治区域建设的重要意义

新时代是法治中国大踏步前进的时代,推进法治区域建设,是深化全面依法治国实践的重要战略与策略选择。法治区域建设作为全新的法治发展类型,是在国家顶层设计的指引下,地方政府以积极的姿态介入其中并加以推动的时代产物。无论是权力推动型的区域法治如京津冀协同发展、国家公园体制试点的法治实践,还是市场驱动型的区域法治如长三角区域一体化发展的法治探索,都在为法治发展的中国道路探索经验,为区域间合作治理提供法治框架,以发展区域法治推动国家法治全面均衡发展,为区域经济社会发展提供法治保障等方面作出了重要贡献。进行法治区域建设对于法治国家建设的重要意义,主要表现为以下几个方面:

(一)探索经验意义

国家治理是地方性经验的积累,基础在区域、根基在基层、难点在基层、活力在基层。习近平总书记强调指出:"试点是改革的重要任务,更是改革的重要方法。试点能否迈开步子、蹚出路子,直接关系改革成效。要牢固树立改革全局观,顶层设计要立足全局,基层探索要观照全局,大胆探索,积极作为,发挥好试点对全局性改革的示范、突破、带动作用。"[①] 区域是社会的原生板块,区域是社会矛盾纠纷解决的主战场,是权利公平正义的彰显地,也是理解和建设现代法治的出发点。当代中国40多年的改革开放是摸着石头过河,坚持区域治理先行带动就是基于历史经验总结并在实践中摸索出来的重要规律。通过区域的改革试点,积累改革经验,防范改革风险,降低改革成本,探索可复制可推广的治理体制机制和样本,服务国家治理。无论是单一行政区划意义上的"区域法治",还是跨行政区划的"区域法治",在经济社会发展中均发挥着"试点"或"先行"作用,被中央所确认并成为控制改革

---

① 《习近平:树立改革全局观积极探索实践 发挥改革试点示范突破带动作用》,载《人民日报》2015年6月6日。

风险、推进国家战略的重要举措。① 正是通过区域先行先试，为未来中国的整体发展提供有益的经验和具体的思路。② 区域法治汇聚不同的法治经验，实现法治中国的多样性统一。可见，法治区域建设是法治中国渐进性的生动体现，也是实现法治中国的有效路径。只有高度重视法治区域建设及其经验，尊重地方、基层和群众的首创精神，坚持眼睛向下、脚步向下，鼓励引导支持基层探索更多原创性、差异化改革，及时总结和推广基层探索创新的好经验好做法，法治中国建设的目标才能全面实现。

（二）示范带动意义

法治区域建设既要立足区域，又不能局限于本地知识和本地事务，必须打破本土局限，具有战略思维、国家眼光和作为。法治区域建设的意义，不仅在于构建区域自身的法治秩序，还在于其先行性、实验性的作用，带动、引领相关区域法治的创新发展，助力法治国家实践。法治区域建设的最终目标是促进"法治中国"实践的整体推进，而不是只是保持自身的领先状态就可以了。从这个角度来说，法治区域建设应当更加关注地方与中央的关系，关注区域之间的发展关系，不仅是保证本行政区域内，而且更应当是起到示范作用，进而推动更广泛区域的法治发展进程。③ 通过顶层设计与基层探索相结合，全面深化改革各项决策部署进展顺利，形成了一大批改革理论成果、制度成果、实践成果。基层是改革创新的源头活水，要注重激发基层的改革创新活力，支持开展差别化创新。我国经济先发区域在国家法治统一原则下

---

① 以国家监察体制改革为例，这是事关全局的重大政治体制改革。2016年11月，中共中央办公厅印发《关于在北京市、山西省、浙江省开展国家监察体制改革试点方案》，部署在三省市设立各级监察委员会，从体制机制、制度建设上先行先试、探索实践，就是为了在全国实施积累经验。

② 党的十八大开启了全面深化改革、全面依法治国的新征程，改革试点与法治先行相互促进，以法治思维引领改革、推动改革，全面深化改革于法有据，赋予顶层设计与基层探索新的时代内涵。2013年以来，中央在国家治理各领域部署开展了一系列重大改革试点，为顶层设计探索了一批可复制可推广的经验。如司法体制改革、户籍制度改革、国家监察体制改革、全面创新改革试验区以及自由贸易试验区试点等。

③ 如"最多跑一次"改革，从浙江的探索到全国复制、推广，为政务服务中那些涉及企业、民众经常要办的事项，做到网上办、掌上办、一次办、马上办提供了示范；建立自由贸易试验区是新时代中央进一步推进改革、扩大开放的战略举措，2013年9月上海自贸区挂牌，到2019年8月经4次扩容，自贸区建设从上海试点向中西部扩展；长三角区域（江苏、浙江、安徽、上海四省市）政务服务"一网通办"试点，到"跨省通办"全国联动。区域治理先行先试的多样性探索、创新性改革为国家治理积累了实践经验和制度验证。

率先推进法治区域建设是完全可行的。对于这些经济先发展起来的区域,国家层面主动要求其在现代化建设中进一步发挥引领示范作用,区域政府与民众也积极寻求优势保持。"法治湖南""法治江苏""法治浙江""法治广东"等区域"先行法治化"现象在实践中得到普遍关注。先发区域的法治先行先试与制度创新,可以为法治中国提供完善的样本与范例,形成有效的借鉴。区域先行的一批制度在实践探索之后,被其他区域效仿推广,甚至逐渐上升至国家层面,起到了提供法治示范和积累法治实践经验的作用;[①]先发区域富有能动性、自主性的法治建设,也有利于加快推动法治中国的进程。"长三角""珠三角"等区域的法治先行或将成为中国法治现代化的重要驱动板块。

区域法治先行的研究与实践,对于在新的历史条件下,通过区域制度发展的先行先试,为我国法治和制度现代化发现问题和提供破解思路,承担着重要的责任。而随着改革开放的推进,我国法治和社会发展进一步发展的需求愈发迫切,其不仅仅是时代的必需,而且其需求更为现实、迫切,需要我们立刻对相关的理论、实践问题作出回应。因此其要求的是一种理念上的率先和垂范作用,是整体的法治推进过程中的战略理念的示范性作用。法治区域建设的历史任务,在于进一步推进国家体系和治理能力现代化目标在行政区域内的率先实现,是一个意在长远的政治发展方向。与此相比,率先订立一些地方性法规,发现一些其他地区尚未发现的规则需要,只能算是一些政策性目标任务,虽是工作中不可避免,实在并非关键所在。进一步而言,区域法治先行是对未来法治中国战略下法律体系和法治方式状况的先行先试,其担负的宏观任务要远远高于阶段性的具体事务。在区域经济一体化和经济全球化格局下,本区域的发展如何融入经济全球化进程,特别是在促进产业升级换代、社会进步、国际交往等方面,有不少制度性问题,值得研究和探讨。我国东部和南部沿海地区自改革开放以来,就处在我国与世界交往的前

---

① 如立法听证制度,始于广东省人大于1999年就《广东省建设工程招标投标管理条例(修订草案)》的审议举行听证,在2000年第九届全国人大三次会议审议通过的《立法法》中得到确认,但听证程序如何并未明了。当年浙江省人大在修订《浙江省实施〈中华人民共和国消费者权益保护法〉办法》过程中举行立法听证会,引起各方关注,其他区域很快便借鉴浙江的做法并不断完善。随着立法听证制度在区域实践的不断成熟,2005年全国人大常委会首次就个人所得税起征点举行立法听证会,在国家层面进行实践示范与推广。

沿，也由此获得了不少率先发展的红利。在新的历史背景下，我国需要通过进一步扩展国际合作，加强国际竞争力，提升国际经济与政治地位，而作为发展先行地区显然会在这些方面也遇到许多新的问题和新的发展机遇，如何为解决上述问题提供制度和规范支持，是区域法治先行研究和制度实践必须予以关注的方面，其承担着为我国整体发展先行先试的历史责任。

（三）贯彻落实意义

法治必须落地于基层、落实于基层、生根于基层。正是在这个意义上，国家法治与区域法治是相互联系、相辅相成、共同协进的。从本质上看，区域法治发展与国家法治发展具有内在的统一性，都是以制度化、规范化为目标。国家治理体系和治理能力现代化必然要求区域法治的现代化，包括法律规范体系和治理实践的现代化。依法治国的基本方略是执政的中国共产党领导人民治理国家的总体性的制度设计和制度安排，必须落实到区域法治的基础层面，必须依靠各地区提供必要的政治资源加以支持才能得以实现。在国家法治的区域实践中推动着国家治理的现代化变革，是从抽象意义上的法治走向实践层面的国家治理法治化的重要路径。如果没有不同区域的活动空间和支持力量，依法治国的基本方略必然落空。由于地方性因素的客观存在，地方、基层民间的法规与制度是整个社会依法办事、依法治理的前提，国家法律只有通过每个公民维护自身合法权利的行为、通过各种规则和制度在基层和地方的落实才能够实现。因此，区域法治发展的精神与国家法治发展应当保持一致，应当在国家法治发展战略的指导下，根据特定区域经济社会发展的法律需求，运用法治思维和法治方式，推进落实区域治理体系和治理能力现代化的战略规划与行动方案。

（四）因地制宜意义

区域法治发展的中心问题是建立和健全切合区域特点和实际、因地制宜的强有力的法治保障体系，使立法、执法、司法、守法等各环节都在其有机联系中发挥系统优势和合力，以便于正确运用各种法律手段来调整济和社会关系，并及时有效地化解各类纠纷、冲突和矛盾，以保障、激励和促进区域经济和社会发展。在主权国家的范围内，每一个区域社会的存在与发展的条件是千差万别的。由此，法治统筹强度自然不完全一致。参差不一的经济发展状况、社会结构特性、生活水平、人们的观念与意识、方言与风俗习惯、文化与历史、气候条件与地理状况等因素，必然形成不同区域社会发展的不同特点，从而成为法治区域建设差异性的基本根源。法治区域建设的重要目标和任务之一，就是要因地制宜、因势利导、各展所长、优势互补，形成与区域经济和社会发展相适应的法治区域。这就要求在一定的区域范畴内，依据区域现有的社会、经济、文化状况、资源禀赋等，充分发挥区域的条件和优势，将其转化为法治优势，形成区域法治特色，促进区域法治发展。例如，区域所处的地理位置、土壤和气候、矿藏等自然资源，是区域法治发展的重要社会经济基础之一。我国境内不同区域的地理风貌、历史文化、社会环境、经济状况等个体性表现构成法治区域建设所赖以存在的现实基础。另外，在地域辽阔、民族众多的中国，中央管辖之下的省、市、县、乡四个层级，囿于地形复杂、民族政策、风土人情、历史传统等，各个层级、区域的法治统筹强度也不尽然相同，因而国家进行法治统筹的形式也会多种多样：或表现在法律上对经济发展滞后区域给予特殊照顾，不使区域发展差距扩大；或对经济发展先行区域如沿海开放城市、经济特区、自由贸易区等实行特殊激励、鼓励创新、允许试错；或是某些全国性法律不在区域内实施；或是出台某些法律仅在特定区域内试行。推动法治区域建设，就是要善于通过地方性法规、地方政府规章等法治规则系统，赋予区域社会主体创造社会财富、促进自身发展的重要权能，从而在规范与制度的框架下让一切创造财富的源泉充分涌流，推动区域竞争优势的形成与发展。在法治区域建设中，各地也会根据本地的资源优势和问题导向，发展出不同类型的区域法治，例如湖南的"程序型法治"、广东的"自治型法治"和浙江的"市场型法治"，也会根据本地区的自然禀赋和面临问题，制定出颇具特色的区域规范①。

（五）协同发展意义

我们所说的法治区域建设包括特定区划内和跨行政区域的两种类型。在

---

① 例如，为了对水源、土地、森林、矿藏、能源等具有稀缺性、分布不均衡性的资源进行保护，不少地方加强了自然资源保护方面的立法。例如，《新疆维吾尔自治区实施〈中华人民共和国草原法〉办法》《内蒙古自治区草原管理条例》《广州市白云山风景名胜区保护条例》《沈阳市林地建设保护条例》《甘肃省矿产储量管理条例》《云南省珍贵树种保护条例》等。

跨区域的情形下,各部分之间的协同,显得特别重要。法治区域建设的协同发展可从两个层次展开:区域法治系统与外部系统的协同,区域法治系统的自协同。自协同可为外部协同奠定基础,而外部协同则为自协同提供保障。法治区域建设系统的发展需要法治区域建设系统内外部之间的双重协同发展。法治区域建设系统要实现与区域经济系统、区域文化系统、科技系统的协同,实现与社会公众的良性互动;在法治区域建设系统内部要实现区域立法与区域司法、区域执法、行政司法的协同,实现区域内多元纠纷解决机制的协同。法治区域建设系统由内到外的协同所产生的协同效应可实现系统的协同行为与创制秩序之间的平衡,进而逐步实现区域法治协同发展的制度化和高效化。[①]

(六)动力形成意义

无论是中央还是地方,在特定区域推动法治建设的动力何在,特别是地方国家机关的法治动力成为一个关注点。有学者提出"地方法治实践的动力机制研究有两种理论取向:一是国家'试错'策略理论;二是地方竞争理论"。无论是自上而下的体制性推动还是区域之间自发的横向竞争,都可能出现坚持中央统一性的同时导致法治实践的异化问题。因此,有学者主张,寻找法治区域建设的动力应当回归到"地方"本身上来,跳出"中央—地方"的线性思维,着眼于中央推动下逐渐达成的全社会性的法治共识以及由民众构成的社会对法治的普遍需求,从社会或民众与法治之间的相互作用中求解;而忽略或缺失"社会"维度的"自下而上"的法治动力分析,可能导致国家法治抽象化和区域法治悬浮化,因为民众在社会层面的回应是法治实践必不可少的另一面,只有在国家(或地方)与社会的互动中才能使"良法"转化为"善治"。人们交互活动必须在一定的区域空间进行,社会在空间意义上可以说是区域的组合叠加。社会中的区域差异的存在构成了社会发展的动力机制。经济基础是影响法治发展的决定性力量,市场竞争是区域法治竞合的本源力量。同时,区域法治发展还包含诸多非经济因素的影响,诸如政治生态、人文风俗、地理条件等,皆显现出鲜明的个体性特征,需要法治统筹区域间

---

① 参见张丽艳:《区域法治协同发展的复杂系统理论论证》,载《法学》2016年第1期。

的差异。国家对区域的法治统筹与区域之间的法治竞合汇聚为区域法治发展的动能。差异内蕴竞争，区域差异引致的市场分割会促进区域间的市场竞争，市场在竞争中增进活力，市场活力是现代经济社会发展的根本性力量，区域性市场活力是最为显著的区域竞争性活力。竞争是社会进化及法律进化的根本机理。和平竞争的最优载体是法治化竞争，和平形式竞争只有在法治化轨道上运行才能长期实现。法治化竞争也称法治竞合，是内蕴合作的高层次竞争，是将区域竞争性活力纳入法治化轨道释放，区域法治发展的动力也源于此。① 以法治为核心竞争力，制度创新驱动区域先行发展，率先聚合创新发展的法治动能，也会让区域竞争性活力在法治的框架下充分展现。理性的地方主政者在区域竞争中逐渐认同法治，不仅充分认识到法治、依法行政、法治政府之于经济增长的重要性，而且明确提出要将法治作为第一竞争力，更是明确地将法治区域建设上升到了地方竞争的高度。

（七）消解困境意义

法治是一个经验命题，它在不同时空会有不同变化，而且其演变的速度也不固定。虽然我国已经形成中国特色社会主义法律体系，但这只是法治中国建设的第一步，并不意味着中国法治建设已经完备、成熟，而且还存在着区域性发展的诸多困境：首先，从时间上来看，中国历史上是一个中央集权制国家，以权力治理和控制天下，即以权力编制的网络覆盖全国，建构并控制社会秩序，乃是历代执政者的基本共识。这直接造成公民权利的萎缩，并且以身份区别人之高低贵贱。国家权力的膨胀和公民权利的萎缩，导致民众沦为权力的客体。以权利制约权力的法治理想，也大都存在于学者们的著述中，并没有成为具体的制度实践。因此，走出的仍然是一条国家主导的法治道路，这就难免因路径依赖、认识短路等原因而导致法治化程度并不高，为权大于法开辟制度的软通道。其次，从空间上判断，中国是一个地大物博、人口众多的统一的多民族国家，"地多""人多""民族多"，是绝大部分其他国

---

① 参见江雪松：《国家治理体系中的区域法治发展类型学分析》，载《宁夏社会科学》2017 年第 4 期。

家和地区所不具有的,这都给法治区域建设带来不同程度的困难。① 最后,从文化上来看,中国长期以来奉行的儒家文化更加重视德治的作用,而轻视法治的作用。即使是重视法治,也把法律看作一种阶级控制的工具,崇尚严刑峻法,以恐吓的力量强化民众的服从意识,因此导致民众法治意识的淡薄甚至厌恶法治。及至当代,部分地方政府把做大、做强区域生产总值作为重要任务,即使看重法治区域建设,也只是炫耀地方政法政绩的代名词。法治中国建设往往因与各区域的特殊性有冲突而被"打折"。这种情况被称为法治国家建设的区域性困境。法治区域建设基于区域法治之先行性的理念,并坚持自下而上的自发秩序路径,坚持法治的基本价值,建构一个可以容纳社会多元力量共同参与、共同实施的法治秩序生长空间,从而在一定法治秩序的共信共守下,协调彼此的价值差异,凝聚共识,促进法治中国的真正实现。

总之,文化传统的区域多样性、大国疆域的区域复杂性、经济发展的区域差距性、开放程度的区域差异性、信息传递的区域迟滞性、适应变革的区域灵活性、基层治理的区域创造性、法治实践的区域分层性,等等,既是当今时代区域法治的基础,也是当今区域法治建设的正当性之所在。②

三、法治区域建设的内涵与要求

以上我们论证了法治区域建设的合理性与正当性,并揭示了法治区域建设对法治国家建设的重要意义。继而需要阐明,我们所要建设的区域法治是什么样的法治,从而揭示法治区域建设应有的内涵与规训。

(一)区域法治应是"良法"与"善治"完美结合的法治

法治区域建设,不仅要强调"法",而且要凸显"治"。一方面,应当针对区域治理不规范或失序等问题,以制度规范化和治理现代化为目标,在国

---

① "地多"意味着各个区域的地质特点、气候等存在差异,进而导致经济结构上的不同;"人多"意味着我国面临着与其他国家所不同的社会治安、权利保障等问题,并在各个省份之间存在差异;而"民族多"更加加剧了上述的差异。
② 参见戴小明:《区域法治研究:价值、历史与现实》,载《中共中央党校(国家行政学院)学报》2020年第1期。

家统一法律的基础上因地制宜构建区域法律制度体系；另一方面，应当注重对区域治理状态的动态分析，将法治作为区域治理的基本手段和方式。既要做到有良法可依，又要做到有法必依、执法必严、违法必究。

就规范供给而言，无论地方立法，还是各个层级"规定"等，法治区域建设的主要矛盾可能并不是缺乏规范，而缺乏的是具有"良法善治"功能的制度规范。以立法为例，如果地方立法一味地重复"上位法"的规定，没有务实的、切实管用的条款规定，抑或缺失结合本行政区域实际情况的立法导向和规范要求，这种仅基于"本职工作"或者响应国家立法的姿态，很难产生高质量的法律规范以及制度资源增量。"开门立法、立管用的法"，对区域治理尤为重要，其根本标准是"管用"，而基本途径是"问计于民"。尽管普通民众感受未必深刻、理性，却能够反映法治实践的真实状态。因此，就主体而言，区域立法参与主体应涵盖人大代表、专家、独立第三方机构、民众等多元主体，而关键在于立法过程中的论证、意见征集、反馈等环节，充分考虑民众的普遍反响。面对区域治理中的"真问题"，找准症结、对症下药，使立法成为破解区域治理难题的"钥匙"。同时，需要对各个层级的各类规范进行合法性审查，除了立法依据审查外，更重要的是基于法律价值的目的审查，确保各种"规定"符合法治的公平、正义、人权、自由、秩序等基本价值，坚决杜绝以规范性文件为载体，以法治的名义压制、管控甚至侵犯民众权利的问题，特别是需要充分发挥地方立法机关的民意协调、利益平衡和立法表决功能，避免行政部门负责法律文本起草异化为"立法部门主义"。就治理实效而言，重心在于各类治理规范的有效实施，在各地探索的法治指数等评价体系的基础上，需要突出制度规范执行情况、制度运行与区域环境的相关度、民众法治意识、公众法治感受等关键指标。特别是随着大数据、人工智能等科技手段的推广运用，有必要探索建立基于民众直观体验的区域法治评估机制，通过大数据分析对个别行为与普遍现象进行区隔，对于前者进行个别化处理，对于后者则需要从整体上进行深入分析，进而找准区域法治的"短板"和难点，分析属于规范供给还是制度运行层面的问题，基于问题导向推进区域法治的精准化，打造高质量的国家法治"区域模块"，在多元主体的有效互动中增强国家法治的社会根基。法治区域建设，固然要向上连"天线",重视国家层面的顶层设计和制度建设,更要向下接"地气",即深入区域社会生活的实际内容之中,才能将形而上的理论研究和具体的制度研究完美结合,观察发现民间与基层利益在博弈中形成的各种问题、纠纷解决机制与举措,进而通过广泛凝聚智识,将统揽全局的顶层设计落实为全国一盘棋的改革行动。

一方面,在《宪法》所确认的国家政治体制下,随着地方立法的授权、审查、备案等程序的精细设置,事实上为区域法治进入国家法治开辟了通道,因而前者不仅不会挑战后者的地位,而且成为后者的有机组成部分。另一方面,《立法法》授予设区的市的立法权以来,尽管属于有限立法权,但也有力地释放了地方立法动能。各市人大每年的"立法计划"已成为日常工作,但地方法治始终却停留在对法治进行宏观"注解"的层面,未能够将重心转移到分析具体地方的构成,进而真切感知不同地方所对应的不同法治需求上来,这并非真正意义上的"区域法治",而且造成立法资源消耗。

因此,在肯定区域法治的同时,也需要对区域立法的必要性进行充分论证和全面审查,只有在国家法律法规存在立法空白(包括在地方缺乏操作性)或明显阻碍区域经济社会发展的情况下,才具有区域立法的空间。这就是说,既要高度重视区域法治的现实需求,无论是学术研究、课堂教学,还是法治实践,都需要将"区域法治"作为显性的重要关注对象,探索单一行政区划内、跨行政区划的区域之间的立法、执法、司法以及民众守法等状况,以及各区域社会运行与法治之间的适切性等问题,也要将法治质量作为根本,避免为了立法而立法,或者将立法(制定地方性法规、地方规章)等同于法治,出现法治的内卷化困境。

(二)区域法治应是传承和发展法治基本价值的法治

任何值得被称为法律制度的制度,必须关注某些超越特定社会结构和经济结构相对性的基本价值。在这些价值中,较为重要的有自由、秩序、安全和平等。从法治本身的要求来看,法治所解决的是运用法治思维和法治方式来处理国家公权力之间、国家公权力与公民私权利之间以及公民之间权利义务形成的社会关系。法治对人们行为的要求首先是坚持宪法和法律至上原则,切实做到有法可依、有法必依、执法必严、违法必究以及全民守法等。然而,用管理和控制模式去观察和思考区域法治，区域法治发展就是凌驾于社会之上、凭借地方权力支配社会成员的力量。这种模式既忽视了人的生存和发展应当是法治的目的，也忽视了法治的运行依赖于立法者、执法者、司法者、法人和公民等法律主体的法律意识、法律素质和法律实践，因而是对法治的主体与客体关系的颠倒。这种把活生生的区域法治发展描述为没有活性的、封闭的管控体系的改革范式，是对法治的极不适当的解释，也扭曲了现代法治区域建设的精神和作用。毕竟法治区域建设本身是一种带有文化价值性的法治模式，法律作为人类基本的社会规范，其结构与功能应该与社会、文化的实在性结合，才能呈现出现实的合理性。因此，要避免将区域法治仅仅作为管控工具，忽略对公权力的制约与监督以及对公民权益的保护。一方面要限制公共权力。依法治国主要是依法治权，使掌权者不得享有法外特权。另一方面，要切实保障公民权益。要保证人民"依法享有广泛的权利和自由，尊重和保障人权"。

历史经验表明，公权力主体并不会自觉地限制自己的权力，这需要形成制约和监督机制，需要把公民权利置于与权力对应的位置。权利在人类社会发展史上是一个重要的概念，对权利的理解和看待往往是社会阶段性的标志，而且长期以来，人们似乎都接受了这样的一种"文化解释"：法律发展及法律文明以权利的概念作为自己的本质特征。目前，我国正在走进权利的时代。在这个时代里，人的尊严和自由借助权利语言逐渐成为社会进步和制度建设的核心价值；人的愿望和要求通过转换为权利诉求而更多地依赖常规化、程序化的立法活动、司法诉讼和行政管理，而非更多地依赖道德关怀、行政裁量、社会运动乃至暴力革命；治理不仅因为民主权利的效能而逐步成为自治，而且因为以私人权利为公共权力的边界而必须走向法治。

（三）区域法治应是立足区域长远发展的法治

法治区域建设要避免"以权利换发展"导致法治的功利性。在过往的法治区域建设中，营造法治环境主要属于政府责任，在区域层面是典型的政府推进型法治，动力源自区域经济发展压力，而并非区域民众基本权利保障，这种法治区域建设本质上是由市场驱动的区域法治发展，在短期促进当地经济增长的同时也暴露出不足——在劳动者乃至民众权益保障方面的力度明显不及对企业权益的保障。其实，民众权利的保障是法治建设的逻辑起点，民生法治的缺位是发展内涵的缺位，而区域性主政机构简单认为这是改革的必要成本，亦凸显了某些区域法治实践的工具性、功利性。

再以公民自愿守法为例，法治建设的先导区需要培养公民守法意识，进而形成一种信仰法律、遵守法律的价值养成秩序。然而，基于关心自我与基于关心他人所形成的守法意识会产生重大差别：前者是以自主和尊重的人性价值为中心，形成自由与平等的法治价值；后者则以关怀弱势的人性价值为基础，进而形成捍卫社会正义的法治价值。笔者认为，良好法治社会中的公民，不仅是消极重视自己的权益与尊重他人的权利，同时还会从关怀他人的立场出发，善尽维护社会正义的积极责任。这是因为，强调自由与平等的自由主义法学思维，已难为我们提供一种理想法治社会的远景，反倒有可能随着自我权利意识的不断高涨，而演化成为一种自利本位乃至自私冷漠的守法意识与法治态度。因此，法治建设的先导区对公民守法意识的定位应基于培养关心他人、关怀弱势群体与捍卫社会正义的积极守法意识。

（四）区域法治应是全国法治"一盘棋"中的法治

各个区域不同的社会的、人文的和自然的因素在一定条件的作用下，可能会成为不同区域彼此离散、相互隔膜的负面性因素，甚至造成四分五裂的局面。国家发展如同文化、种族、文明等意识一样，作为一种强大的聚合性力量，能够对不同区域之间的融合与协调产生重要的功能调控作用，使之形成不可遏止的国家意识，从而增强对民族国家的总体性认同，在保持多样性的同时，维护和发展统一性。在现代社会，国家发展及其现代化进程日益提出确立国家意识、强化国家认同的历史性课题，维护和巩固国家统一性，不断增强国家意识与公民意识，不仅是现代国家权威性与合法性之所在，也是主权国家范围内区域法治发展的历史天职。

不赞成"区域法治"或者"地方法治"的观点认为，区域法治的"繁荣"可能导致法治的碎片化、地方保护甚至地方割据现象，进而引起中央对地方的控制力的削弱。尽管我们认为，这种担心不能成为否定区域法治的充足理由（因为具有可控性），①但是运用区域治理工具进行地方保护确实在一些地方出现过，而且目前仍无法彻底消除一些区域地方保护的内在动机（比如，一些地方官员为维系GDP而对某些经济主体或市场行为进行特别保护）。这种非正常的制度竞争现象，主要发生在市场流动受限的场景中，目的在于通过封闭式的区域"法治"来扶持本地经济主体成长。这种做法必然败坏区域法治的声誉。因此，必须预防此类情况的发生。在法治区域建设中，各地根据地方实际和自身需要制定适用于当地的法律规范，以此获得区域发展的制度优势。按照社会演进的竞争理论，这本无不妥，但现实中往往可能导向另一面，即地方保护主义的"合法化"，将开放的市场进行人为分割，以期维护短期内的比较优势，看似是区域经济社会竞争机制在法治领域的反应并寻求以法治名义的保护，但与真正意义上的"法治"背道而驰。如果各个区域都按照此种思维，必然导致国家法律制度的基本规定在地方被消解或异化。应当看到，当今市场经济的高度开放性已很大程度上解构了地方保护主义的客观环境，如果一味地强调区域性的自我保护，反而不利于资源要素的市场配置；推动区域法治发展的内在动因，乃是市场决定资源配置与更好发挥政府作用的有机耦合，只有通过营造公平竞争的法治环境引导资源流动和集聚，才能使区域经济实现可持续发展。要避免这种现象的出现，一方面要为法治区域建设的立法和政策制定设定底线，另一方面要通过加强对地方性法规、地方政府规章按照《立法法》的规定进行严格的备案审查。我国《宪法》既要求维护社会主义法制的统一和尊严，"一切法律、行政法规和地方性法规都不得同宪法相抵触"，也强调"充分发挥地方的主动性、积极性"，最大限度包容和鼓励区域法治探索，为区域法治发展开辟了广阔空间。

法治区域建设应当促进区域和国家的一体化建设。法治区域建设对社会发展的价值，绝不限于局部意义上的区域社会，而是对整个国家与民族的发展均有重要意义。区域和国家的一体化发展，既是各区域协调发展的内在需要，也是整个国家实施区域总体发展战略的客观要求。一体化过程涵盖了经

---

① 从湖南、广东、浙江以及京津冀、长江三角洲、粤港澳大湾区等区域法治实践情况来看，打造区域法治优势是面向全国乃至世界的，旨在增强区域对流动性资源的虹吸能力，地方保护现象并不明显。

济、政治、法律、文化等各个方面,是社会各个要素的一种全面互动的过程。只有通过法治的保障,才能统筹区域内部的协调发展,推动跨区域间的合作,形成区域、城乡经济社会一体化的发展格局。法治区域建设往往跨越多个行政区划,涵盖无数市场主体,因此必须有完善的法律规范并得以良好的实施。"区域法治"不是"法治"的地方林立,不能存在碎片化或地方法治割据现象,曾饱受诟病、当前某种程度上仍存在的地方保护主义本质上是反法治的。只有法治,才能使各个社会主体既有个体自由,又能形成统一意志,并服从于整体性的规则,进而从根本上保障区域与国家一体化发展目标的最终实现。

要保障法治区域建设与国家一体化发展目标的最终实现,法治区域建设应与国家法治无缝对接。法律制度体系与法治实践体系并非完全统一。一方面,多层级法律制度之间本身存在着不协调甚至冲突的可能,何况国家治理的规范体系具有多元性,很多具体问题往往依赖于政策、文件、通知等予以规范和解决;另一方面,从制度到实践的转化,并非自然生成,往往受制于诸多主客观因素。此外,法治区域建设是一个丰富多彩的历史进程,它以自己多样性的存在和运动方式,反映了主权国家范围内不同区域法治现象独特的个性特征,表达了不同区域法治发展的内在机理,确证着区域法治发展现象历史运动的多样性的基本定律。然而,独具个性特征的区域法治发展现象,乃是国家发展现象之网上的有机"纽结",不可能并且也不能游离于国家发展现象的网络之外而成为孤立的自在物。法治区域建设要把握好"网络"与"纽结"的关系,善于从国家发展及其国家法治发展之网的视域来观照区域社会与法治发展现象的"纽结"之基本样态及其表现形式。

要保障法治区域建设与国家一体化发展目标的最终实现,要避免制度创新和改革于法无据。创新是区域法治建设和区域治理现代化的必由之路,要坚持创新在法治区域建设和区域治理现代化中的核心地位,高扬自主创新旗帜,增加科研投入,大力培育科研中心和创新高地,引导创新、支持创新、服务创新、保障创新,用心开垦体制机制创新"试验田",跑出创新驱动"加速度",启动产业升级"快捷键",以制度创新促进科技创新,尤其要更加注重原始创新,努力实现前瞻性基础研究、引领性原创成果的重大突破,以更大力度、更实举措建设高质量发展的区域先行示范区,加快谱写中华民族伟大复兴中国梦的区域篇章。但是，改革创新必须于法有据，不能与有效法律相冲突。例如，党的十八届四中全会通过的《中共中央关于全面推进依法治国若干重大问题的决定》指出："探索设立跨行政区划的人民法院和人民检察院，办理跨地区案件。"这是新时代司法综合配套改革的重要内容，目的在于排除对审判工作和检察工作的干扰，保障法院和检察院依法独立公正行使审判权和检察权，构建普通案件在行政区划法院审理、特殊案件在跨行政区划法院审理的诉讼格局。作为全国第一批司法改革试点法院，海南法院服务和保障生态立省发展战略，试行环境资源案件跨流域、区域提级集中管辖以及民事、刑事、行政案件"三合一"归口审理，在2017年即已完成环境资源案件审判改革主体框架，解决了环境资源案件司法证据采信难题，为全国提供了改革样本。

要保障法治区域建设与国家一体化发展目标的最终实现，必须避免区域之间突破法治底线的恶性竞争。导致一些区域过度或恶性竞争最根本的原因在于无条件吸引资本进入。有些区域无限制降低税率，甚至倒贴补助，从而导致其他区域因失去资本投资而税基缩小，税收收入减少。在实践中，为了让投资者有充分的安全感、舒适感、优越感，某些区域性主政机构除了将优惠涉及土地、税收、行政审批、行政执法、社会治安之外，还着力营造医疗保障、政治待遇乃至子女入学等方方面面的"特殊市民待遇"。为了发展延续，区域性主政机构致力于将这种特殊待遇"法治化"，以保证投资者的后续投资以及后续投资者放心。凡此种种，实质上很容易固化特权思想、拜金主义等文化糟粕，形成对法治的破坏。

（五）区域法治应是国家法治与区域法治有机统一的法治

法治区域建设，必须防止两个误区：一是国家整体主义；二是地方中心主义。前者无法正确地解释和解决地方法与中央法的冲突，后者则过于强调地方法治的重要性，忽略了国家法治的统一性。防止这两种误区，应当正确处理两对关系：一是国家法治统一性与区域法治特殊性的关系；二是国家法治整体性与区域法治自主性的关系。由此我们认为，区域法治自身的价值，体现在国家法治统一性基础上的区域法治特殊性，以及国家法治整体性基础上的区域法治自主性、个别性。

法治区域建设应当在坚持法治统一的原则下，以区域不同的自然环境、人文环境、经济特点等为基础，采取不同的规则和法律制度安排，形成各具特色的法治运行模式，以协调区域内各种法律关系，促进区域法治发展。法治区域建设既有国家法治建设的共性，又有其鲜明的区域特性。区域特殊性是法治区域建设的生命力。在良好的法治状态下，区域内每个主体既能服从于统一的法律规则，又能使其个体意志得到充分尊重，从而形成既体现区域特色，又具备统一意志的社会局面。因此，法治区域建设应当体现"统一中的特殊"这一价值内涵和发展方式。从法治的具体内容来看，区域法治建设和发展本身也是一项系统工程，它的内容包括区域的立法、执法、司法、守法和普法等环节。任何一个国家的法治建设、法律体系都是共性与个性、普遍性与特殊性的辩证统一。因此，区域法治与国家法治的互动关系是局部与全局的关系、方面与全面的关系、个体与全体的关系。区域法治是国家法治的重要组成部分，国家法治则是区域法治的有机统一，二者是相互促进、相辅相成、协调发展、共同前进的互动过程。

法治区域建设既要维护国家整体利益、社会公共利益，也要维护区域内的特殊利益。首先，维护社会公共利益是法治建设的重要任务。所有法律制度都主张应当服从有关公益方面的某些迫切需要的考虑，而赋予公益的范围和内容则在各种形式的社会组织中相去甚远。尽管社会秩序因社会和经济制度的特定性质不同而呈现出不同的表现形式，但忽略和无视公共利益的社会秩序，不能被认为是一种真正的法律秩序。其次，区域法治发展必须体现区域的自主性，维护区域内的特殊利益。法的整个运行过程实际上就是各种利益进行衡平、选择、取合并通过权利和义务对这些不同利益进行权限性、规范性调整的过程。而克服区域内的利益冲突，调整区域内的各种利益关系，离不开区域法治的保障。现代区域法治必须同时具备整体性与自主性。一方面，现代区域法治的根本属性之一就是整体性。在法治的土壤中，离开整体性的区域是缺乏生存根基的。在区域法治建设与发展进程中，法治是以"整体中的自主"这一方式来陆续构建的。每一个具体环节的区域法治建设，只有在整体性的统帅之下，才能获得完整的性质。另一方面，现代区域法治的灵魂就是自主性，它使法治充满了生机与活力。顾名思义，自主性即自己当家作主。具体而言，区域法治的自主性，是指在我国统一的主权国家内，在国家版图具有整体性的基础上，作为各构成部分的区域单位以及各利益主体同时具有自治、自立的属性。法治中国建设的整体推进，要依赖法治的每一个具体环节和领域。如果没有区域法治的努力建设，就不会有整体意义上的国家法治的建立和发展。

（六）区域法治应是一种有地方特色的法治

对于单一制国家而言，现代民族国家在逻辑上是一个以中央为中心的统一整体，法律规范由国家统一制定并在全国范围内普遍适用，地方立法处于"因地制宜具体实施"的补充地位，且不得与国家法相抵触，因此，区域法治容易被国家整体主义法治观所遮蔽。我国是单一制国家，坚持中央统一集中领导是包括法治建设在内的根本原则和底线，同时也需要充分认识区域经济社会发展水平（所映射的是生产力状况）对法治（所映射的是法律规范对社会关系的确认和调整）的局部、个别、超前需求，并将区域法治作为国家法治的有机组成部分，确保国家法治与区域法治互相促进、有机统一。要实现上述目标，需要走出国家整体主义、建构主义、理性主义、"自上而下"的法治实施等认识误区，将客观存在的"区域法治"真正纳入研究视野，从法治的宏大叙事转向具体的法治实践，探寻微观社会与法治之间的相互作用，以"社会中的法""行动中的法"的视角认识、理解和衡量法治。在一个统一的国家，只能有一个"排头"——国家，国家法治有利于保障法治建设的统一性，预防各地区之间法治建设的不均衡状态。但是，过于强调这种均衡性，也会抹杀地方和区域法治建设的积极性，反而不利于国家整体法治化程度的提高。这就需要以一种激励机制，激发地方进行法治建设的积极性，而法治建设的先导区无疑就具有这种功能。一方面，经济发达地区可以因法治建设的先导区而成为法治建设的典范；另一方面，经济欠发达地区也会因为与法治建设的先导区之间的差距而加大法治建设力度。法治建设的先导区并不是立足于原则与例外的关系，自我建构一套与国家法治不同的发展模式，而是遵循国家法治的总要求，发挥地方法治建设的主观能动性，发展与地方政治、经济、社会、文化相适应的法治模式，力争在本区域率先实现法治，力争成为国家法治建设的"先导区"。

（七）区域法治应是执行性和创制性相结合的法治

法治区域建设并不是在中央立法的基础上，建构一套适合自己的地方立法系统，而是发挥执行中央立法的主观能动性，以率先在本区域实现国家法治的建设任务。国家治理和社会治理都不是单一的，而是一项系统工程、多元治理。因此，区域差别、区情差异、民俗不同是区域治理的现实基础。法治区域建设，要找准自身战略定位和比较优势，在国家治理一致性下，因地制宜探索建立区域治理规则和制度体系。要从区域的历史传统、文化禀赋、民族民情、环境生态、所在区位（如沿海、沿边、沿江或内陆），以及经济社会基础等客观条件，特别是区域发展不平衡、城乡情况各异的地方性特点，即从区域发展所处的阶段性特征出发，区别不同情况，抓住主要矛盾，明确重点任务。如果让经济发达区域与不发达地方在法治水平上保持一致，这对发达区域而言则不公平；既然承认区域的客观差异性，就必然需要考量法治与区域社会条件的适切性，任何过于超前或滞后的法治都无益于区域治理和经济社会发展。因为"超前"则意味着法治赖以生根的社会基础薄弱，理性建构面临的张力无法通过地方性知识消解，被动的秩序转型必然带来混乱甚至失序，而"滞后"则是一种强力的限制和约束，也会带来现行法治与区域旺盛需求之间的紧张关系，同样不利于区域发展，甚至以形式法治之名而行治理创新之实。因此，区域不平衡问题的解决，首先依赖于各区域的竞相发展，然后通过对周边区域的带动、辐射。"履不必同，期于适足；治不必同，期于利民。"[①]孟德斯鸠曾说："法律应该和国家的自然状态有关系；和寒、热、温的气候有关系；和土地的质量、形势与面积有关系；和农、猎、牧各种人民的生活方式有关系。其次，法律应该和政制所能容忍的自由程度有关系，和居民的宗教、性癖、财富、人口、贸易、风俗、习惯相适应。最后，法律和法律之间也有关系，法律和它们的渊源，和立法者的目的，以及和作为法律建立的基础的事物的秩序也有关系。应该从所有这些观点去考察法律。""这些关系综合起来就构成所谓'法的精神'"。[②]2018年，中共中央印发《深化党和国家机构改革方案》明确指出，赋予省级及以下机构更多自主权，

---

① 魏源：《古微堂·治篇》。
② ［法］孟德斯鸠，《论法的精神》（上册），张雁深译，商务印书馆1961年版，第7页。

突出不同层级职责特点，允许地方根据本地区经济社会发展实际，在规定限额内因地制宜设置机构和配置职能。2019年8月，《中共中央、国务院关于支持深圳建设中国特色社会主义先行示范区的意见》提出，率先营造彰显公平正义的民主法治环境，"用足用好经济特区立法权，在遵循宪法和法律、行政法规基本原则前提下，允许深圳立足改革创新实践需要，根据授权对法律、行政法规、地方性法规作变通规定"。这一"变通规定"的意见就是来源于民族区域法治的成功探索实践和经验积累。这是新时代国家治理体系现代化的重大创新举措，为法治区域建设的多样性和与区域禀赋的适应性提供了空间和可能，也为避免各地法治完全雷同、上下一般粗创造了条件。

（八）区域法治应是不断回应区域民众、国家和时代需求而与时俱进的法治

法治区域建设不是一个静止的、凝固不变的客观存在，而是一个动态的、变化的法治有机体。一定区域社会生活条件的变动，都会使生活其中的民众对区域法治发展提出相应的法权要求，法治区域建设应以其特有的方式回应区域社会生活变动及其民众的客观与主观要求。国家发展及其国家法治的每一步进展，也会在区域社会发展以及法治区域建设的层面上表现出来。在当代中国，国家发展正在经历着极其深刻的转型变革，全面推进法治中国建设的重大战略部署，提出了推进国家法治现代化的历史性任务，这无疑给国家发展带来了全新的局面，为国家发展及其现代化进程设定了法治基础，国家现代化与法治现代化内在地交融为一个有机的整体。在这样的历史条件下，区域社会与法治发展现象获得了新的时代内涵，推进区域社会现代化和区域法治现代化已经或正在成为全力以赴的重大议程。只有在深刻把握国家发展现象及其运动趋向的基础上，我们才有可能提出区域社会与法治发展的新的目标愿景。

（九）区域法治应是民众广泛且深入参与其中的法治

法治真正的力量源泉是人民群众，或者说法治的原动力主体是民间力量。国家层面自上而下的制度规范供给、有限放权立法与社会层面自下而上的法律需求挖掘、规范实施调适的法治互动，是提升区域法治质量和国家法治水平的现实途径。改革开放以来，我国社会结构的显著变革就是"社会"成为一个有别于"国家"的存在,民众从"单位人"(实际上是"国家人")走向"社会人"进而通过自愿结合形成社会组织,由此建立与市场经济匹配的社会主体,"权利"真正成为受法律保护的"法律权利",国家真正走上法治轨道。党的十八大以来,全面依法治国作为"四个全面"战略布局的有机组成部分,法治作为制度之治,是国家治理、区域治理的最基本、最稳定、最可靠的保障,具有全局性、战略性和长远性。区域作为多元社会主体共存的空间,既具有地理意义,也具有经济、社会、生活等多重意义。某种意义上,新时代国家治理就是多元主体的利益协调,这就需要回归到社会,在"法治国家、法治政府、法治社会一体建设"中切实夯实法治社会根基。社会治理重心下移基层以及推动市域治理现代化等。国家治理现代化,一个重要任务就是重建国家与社会的关系,在激发社会活力的同时,建立社会成员个人事务与公共事务依次由个人、社会、国家解决的递进关系,这个系统化过程需要在法治轨道上运行,实际上也是型塑和推动区域法治的过程。因此,区域法治面对的核心问题是"规范化"(包括但不完全等同于制度化),区域法治在落实国家法治基本规范和协调社会运行各类关系的过程中,需要从规范供给和治理实效这两个方面入手,将"以人民为中心"的思想转化为民众有效参与、监督和评判法治区域建设,并在多元互动中积极推动区域法治高质量发展。

(十)区域法治应是自上而下和自下而上相结合的法治

在国家法治的统一性下如何实现区域法治?从制度变迁的主体出发,新制度经济学把制度变迁分为诱致性制度变迁和强制性制度变迁两种。前者立足于建构秩序,主张以完备的法律体系和法律的强制力来实现法治,[①]其优点是变革力度大、见效快,缺点是容易引起社会动荡。后者则立足于自发秩序,主张以民众法律意识、权利意识等的提高,并借助于法律体系的不断完善,来实现法治。[②]其优点是具有自动的稳定功能,避免政治变迁过程中的重大政治动荡,随时可以修补制度变迁中的问题,降低决策失误率,其缺点是核心

---

① 理由是国家的基本功能是提供法律和秩序。作为垄断者,国家可以比竞争性组织低得多的费用提供一定的制度性服务。其优点是能够在较短的时间内完成新旧体制的更替,能够克服变革过程中的"搭便车"现象。

② 这种制度变迁的主体来自基层,程序为自下而上,顺序为先易后难,先试点后推广、先经济体制改革后政治体制改革和先外围后向核心突破相结合。

制度难以突破，改革的时间长，极易导致"双轨制"的存在，给政府官员创造"寻租"空间。法治乃是一种制度变迁所形成的秩序，与制度变迁模式一样，法治产生机制在认识上有两种进路：一是以康芒斯为代表的集体行动控制个体行动的传统；二是以斯密、门格尔、哈耶克、诺齐克等为代表演化生成论传统。很显然，前者代表一种强制型的建构秩序；后者是建立在"最小政府理论"基础之上的，代表一种诱致型的自发秩序。法治区域建设一方面有赖于国家提供的顶层设计和国家强制力的支持，同时也需要自下而上的法治实践和经验探索。只有上下良性互动，区域法治建设才会事半功倍。

四、法治区域建设的基本任务

法治区域建设除了完成法治国家建设的一些任务以外，还应当关注以下一些基本任务：

（一）贯彻国家区域发展战略

党的十九大报告指出："实施区域协调发展战略。加大力度支持革命老区、民族地区、边疆地区、贫困地区加快发展，强化举措推进西部大开发形成新格局，深化改革加快东北等老工业基地振兴，发挥优势推动中部地区崛起，创新引领率先实现东部地区优化发展，建立更加有效的区域协调发展新机制。"实施区域发展战略，让国家发展更平衡、更充分，成为现代国家治理的基本目标。实践表明，国家区域发展战略的制定与实施，蕴含着制度创新的勃勃生机与活力，但区域不同，定位不同，发展的战略目标也不相同。长江三角洲区域一体化和粤港澳大湾区发展规划，都是经由区域实践探索总结上升为国家战略。2018年11月，中共中央、国务院发布《关于建立更加有效的区域协调发展新机制的意见》明确提出了到2020年、2035年、本世纪中叶的总体目标，其中"到本世纪中叶，建立与全面建成社会主义现代化强国相适应的区域协调发展新机制，区域协调发展新机制在完善区域治理体系、提升区域治理能力、实现全体人民共同富裕等方面更加有效，为把我国建成社会主义现代化强国提供有力保障。"

（二）提升区域发展的核心竞争力，促进区域的可持续发展

区域核心竞争力是区域优势的集中表现，是指区域所特有的，在资源、生产、经济、政治、文化、法律、环境等各个方面与其他地区相比具有较大竞争优势，且不易被其他地区所模仿或照搬的综合能力与素质。

可持续发展作为一种全新的发展观，其发展目标是实现经济持续发展、社会全面进步、资源持续利用、环境不断改善、生态良性循环等等，要求对经济增长方式、社会生活方式都进行相应的调整和转变。无论是自然资源还是人类的物质生产活动，都以一定的自然区域为空间载体。区域法治发展是区域科学发展的必要条件与关键因素，区域法治化提升的不仅仅是区域内的法律品质，更是区域发展的核心竞争力，是区域内富有潜力的资源。

为了提高区域核心竞争力，必须提高区域的自主创新能力，尤其是技术创新与制度创新。法治能够弥补市场在配置资源上所自带的盲目性、局域性、随机性等弱点，加强法律制度的供给和安排，通过知识产权保护、财政资助等各种制度，激励技术创新，并为区域技术创新与人力资本开发提供保障。可见，法治能提供一个最有利于创新的外部环境。因此，法治区域建设应当充分发挥法治的引领、规范和保障作用，提升区域发展的核心竞争力，促进区域的可持续发展。

（三）协调平衡区域内各种利益关系，维护区域和谐与发展

法治区域建设的价值，决不仅仅在于其自身的价值，更在于它与区域和谐与发展之间的特殊效用关系。法治区域建设的重要价值之一，就是对区域内各种利益关系的平衡与协调。没有利益协调就没有区域的和谐稳定，也就没有区域社会的健康发展。我国正处于变革与转型之中，这种变革涉及经济基础、社会格局、文化意识等多个方面，反映了社会中各种利益主体的不同需求，区域中的利益关系呈现出多元化的趋势。社会关系之所以不和谐，深层次的根本原因是利益的失衡。而克服区域内的利益冲突，促进区域社会的健康发展，就必然需要区域法治建设和发展来保障。因此，协调平衡区域内各种利益关系，维护区域和谐、稳定与发展，就成为法治区域建设的重要任务之一。

（四）构建区域治理法治化体系

国家治理首先是法律治理，国家治理能力也因而首先是法律解决治理问题的能力。国家治理能力需要从法治能力来着手，借助法治的规范性、强制力，更好地推动治理活动的进行，保障相关制度体制的创制和创新。由于法律规范、党内法规、党的政策、国家政策、社会规范是当代中国社会中客观存在的规范类型，在各自的不同场域发挥作用，法治区域建设所依赖的规范体系应当涵盖上述类型，既包括国家层面的，也包括区域内有关主体依法制定的各类规范以及自主演进的社会规范，最终达到多元共治下的法治秩序。

要聚焦城乡融合发展治理、乡村振兴贫困治理、公共安全治理、生态环境治理、政务服务治理、载体平台治理等重点领域和关键环节，加快探索符合区域实际、系统完备、运行有效的制度体系，推进区域治理体系和治理能力现代化，奋力开创地方治理的区域样板和标杆，全面塑造区域发展新优势。

要健全党组织领导的自治、法治、德治、智治相融合的城乡基层治理体系。加强和创新区域社会治理，提升区域防控风险与服务群众水平，推进区域社会治理现代化。健全城乡社区治理服务体系，全面推行"大数据＋网格化"工作机制，减轻基层特别是村级组织负担。要畅通社会组织、群众参与基层社会治理制度化渠道。发挥工会、共青团、妇联等群团组织引领联系群众参与社会治理的作用。推进社会主义核心价值观融入居民公约、村规民约、行业规约、社会组织章程等，支持各类社会主体依法自我约束、自我管理。深化一村（社区）一法律顾问制度，培育农村法治带头人，提高法治乡村建设水平。健全农村民主决策机制和程序安排，依法落实农村民主选举、民主协商、民主决策、民主管理、民主监督。加强社会诚信建设，规范失信惩戒对象名单制度，依法依规明确制定依据、适用范围、惩治标准和救济机制，在加强失信惩戒的同时保护公民、企业合法权益。

（五）及时、有效化解社会矛盾，维护区域稳定

要强化法律在维护群众权益、化解社会矛盾中的权威地位，推动更多法治力量向引导和疏导端用力，构建源头防控、排查梳理、纠纷化解、应急处置的社会矛盾综合治理机制。完善预防性制度机制，加强矛盾纠纷排查化解，实现"小事不出村、大事不出镇、矛盾不上交"。推行"县乡一体、条抓块统"高效协同治理模式,推进"最多跑一地"改革。坚持把非诉讼纠纷解决机制挺在前面,完善社会矛盾纠纷多元预防调处化解综合机制,优化整合基层矛盾纠纷化解资源和力量,健全完善线上线下矛盾纠纷多元化解平台,加强县级社会矛盾纠纷调处化解中心规范化建设,加强基层治理平台运行管理和全科网格建设。加强乡镇(街道)、村(社区)和专业性、行业性调解组织建设,全面推进律师调解工作,完善各类调解联动工作体系,促进调解、信访、仲裁、行政裁决、行政复议、行政诉讼等有机衔接互补,形成分层过滤、衔接配套的纠纷解决体系。健全社会心理服务体系和危机干预机制。加强信访投诉请求法定途径分类处理,深化诉访分离改革,依法打击处理非法闹访缠访行为。积极引导人民群众依法维权,有效化解矛盾纠纷,健全预防性法规制度。坚持和发展新时代"枫桥经验",按照预防为主、调解优先的原则,促进人民调解、行政调解、司法调解有机衔接。健全县镇村三级调解委员会工作机制,加强行业专业调解,强化派驻调解工作力量建设,支持打造一批个人品牌调解工作室。健全人民调解、行政调解协议司法确认程序。完善律师调解工作模式,加强刑事和解工作。提高信访工作法治化信息化科学化水平,依法规范信访秩序。深化法律援助制度改革,完善法律援助责任履行考核监督机制,扩大法律援助覆盖面。

(六)优化区域法治环境尤其是法治化营商环境

法治区域建设,要把维护社会正义、增进人民福祉作为根本的出发点和落脚点,着力优化区域发展的法治环境,为区域经济社会平衡且充分的发展提供坚实的法治保障。一个区域良好的法治环境主要体现在区域信誉、法律公正、社会稳定、正气昭然和法制统一等方面,它们对区域的发展均会产生重要的影响。法治区域建设不仅是区域科学发展的内生变量与内在要素,也是区域发展的外部环境。区域法治发展能为区域经济社会发展营造良好有序的社会环境、竞争环境、信用环境和法治环境,从而保障区域的和谐稳定与发展。我国许多地区都根据当地情况,制定了一大批促进区域规范化的地方性法规、规章和规范性文件,深入推进"最多跑一次"改革,深化"一件事"集成改革,健全区域统一、线上线下融合的政务服务体系;及时化解社会矛盾与冲突,并使已经发生的纷争得到及时解决,对危害社会秩序的行为给予有效制裁，为区域发展提供了良好的社会环境；对市场主体的行为进行有效规制，维护了合理有效公平的竞争环境；通过区域法治的力量，建立健全区域社会的信用法律法规体系，将一切信用活动纳入法治化的轨道，从而促进诚信体系建设，为区域发展提供优越的信用环境。

在推进法治区域建设过程中，要把握以强化依法行政推进区域法治政府建设的工作主线，以深化行政审批制度改革为突破口，抓住严格执法这个关键环节，规范区域行政行为，实行行政执法责任制和执法过错追究制，切实解决执法不规范、不严格、不透明、不文明以及不作为、乱作为等突出问题，全面提高区域依法行政水平，把区域政府治理的各项措施落到实处，使之成为提升区域发展核心竞争力的坚实行政法治基础。

在区域社会转型时期，司法的社会公信力建设任务艰巨。司法公正对社会公正具有重要引领作用，司法不公对社会公正具有致命破坏作用。因之，要以进一步深化司法体制改革为动力，把促进司法公正、维护社会公平正义作为司法工作的生命线，强化司法公开，推进司法民主，加强司法管理，严格司法监督，改进司法作风，规范司法行为，努力从实体上、程序上全面实现有效率的司法公正，努力让人民群众在每一个司法案件中感受到公平正义，决不能让不公正的审判伤害人民群众感情、损害人民群众权益，从而不断提升区域司法工作的社会公信力，为打造区域发展竞争优势提供有力的司法保障。

法治只有成为一种全民信仰，才能转化为推动区域发展、建设法治区域的强大动力。而法治文化在培育区域社会立体法治信仰的过程中具有潜移默化的作用。如同文化具有鲜明的地域性一样，法治文化亦打下了区域性的深刻烙印。因之，区域法治文化对于建设区域法治社会、推动区域发展有着内在的促进功用。要针对区域经济社会发展的具体特点，创新区域法治教育机制，着力培育区域社会主体的法治信仰，使尊法守法用法成为区域社会主体的共同追求和自觉行动，不断滋润区域发展的内生性制度变革的法治土壤，从而积极营造提升区域发展核心竞争力的法治氛围。

要持续营造法治化营商环境。积极推进法治化营商环境建设，着力构建亲清新型政商关系。强化政府在产业政策引导、投资促进、保障公平竞争等方面的职能。深入推进"放管服"改革,全面实施统一的市场准入负面清单制度,清理破除隐性准入壁垒,普遍落实"非禁即入"。加强反垄断和反不正当竞争执法,健全公平竞争审查机制,全面清理、废止对非公有制经济的各种形式不合理规定,坚决纠正滥用行政权力排除、限制竞争行为。完善市场主体退出机制。

加强和创新事中事后监管,深化"双随机、一公开"跨部门联合监管,强化重点领域重点监管,探索信用监管、大数据监管、包容审慎监管等新型监管方式,努力形成全覆盖、零容忍、更透明、重实效、保安全的事中事后监管体系。全面推进"证照分离"改革,实施涉企经营许可事项全覆盖清单管理,分类推进直接取消审批、审批改为备案、实行告知承诺、优化审批服务改革,建立简约高效、公正透明、宽进严管的行业准营规则,大幅提高市场主体办事的便利度和可预期性。持续开展"减证便民"行动,推行证明事项告知承诺制。持续清理规范行政审批中介服务,全面清理备案、认定、认证等管理措施,最大限度削减微观领域管理事务和具体审批事项。

加强政务诚信建设,进一步规范政府合同订立,重点治理政府在采购、招标投标、招商引资、债务融资、PPP项目、统计等领域的失信行为,加大惩戒和曝光力度。全面清理规范涉企收费、检查、摊派事项和各类评比达标表彰活动。坚持营商环境多元共治,注重发挥人大监督、社会监督、市场主体监督的作用。建立损害营商环境违法行为责任追究制度。健全营商环境评价体系。

完善产权执法司法保护制度,健全涉产权错案甄别纠正机制。落实知识产权侵权惩罚性赔偿制度。打通知识产权创造、运用、保护、管理和服务全链条,推动行政保护和司法保护相衔接。健全知识产权纠纷多元化解决机制、知识产权维权援助机制,激励和保护科技创新。建立查办涉企案件经济影响评估制度,对涉案企业可能产生的经济影响进行全面分析和评估并作出有效防范和处置,减少执法司法活动对企业正常生产经营产生的负面影响。依法慎用少用拘留、逮捕、指定居所监视居住和查封、扣押、冻结等强制性措施。

(七)构建法治区域建设的文化基础

在我国不同的地域文化圈内开展法治,不能忽视地域文化的存在及其意义。要关注法治实践与地域的紧密结合,应当深入开展区域法治文化研究和区域法治文化比较研究,深入开展区域法治发展的文化机理研究,深入开展区域法治发展的历史文化传统、社会文化背景、地缘文化特征等研究;深入开展区域文化认同、区域人文资源、区域风俗习惯、区域价值观念与区域法治发展的关联研究,深入开展区域立法、执法、司法、守法的文化机理研究。因此,在推进区域法治发展的过程中,应当善于发掘和运用区域文化资源,提升区域法治水平。认识和把握文化传统作为一种历史惯性力量,深深地嵌入广大民众的意识、心理、习惯、行为方式及其日常生活过程之中,与区域社会共同体内在关联。文化有大传统与小传统之区别,无论是文化大传统,还是文化小传统,都具有区域性的特征,对于法治区域建设进程会产生深刻的影响。① 在迅速走上现代化道路的当下中国及其各个区域社会,需要我们重建文化传统在法治区域建设进程中的基础性地位,使之成为民众日常生活过程的内在要素。在一个统一的甚至是大一统的国家,尤其是大国和多民族国家,完全可以形成不同的区域法治文化。区域法治文化与国家法治文化之间、不同区域的法治文化之间是相互影响、相互作用、彼此关联的。区域法治文化的发展前提是不同法治文化的共存,发展动力是法治文化之间存在的冲突和张力,发展方法是不同法治文化的整合。不同法治文化整合的结果,必然是既富有区域本土特色,又彰显现代法治精神,在国家法治统一与区域法治个性中不断磨合,不断推进区域法治文化的形成、丰富与发展。②

(八)推进区域生态环境治理

以最严密的法治、最严格的制度保护区域生态环境,推进生态环境的有效治理,是法治区域建设的一项十分重要的任务。党的二十大擘画了"建设

---

① 在中国,以儒家法文化为核心的文化大传统对于区域法治发展的深刻影响,主要表现在三个方面:一是铸造了区域法治发展的社会基础,二是构成了区域法治发展的规范机理,三是凝聚了区域法治发展的价值认同。作为文化小传统的民俗习惯之于区域法治进程的影响机理,主要表现在:第一,民俗习惯乃是一种生活样式,构成了区域法治发展进程的重要社会渊源;第二,民俗习惯乃是一种"集体意识",构成了区域法治发展的社会精神纽结;第三,民俗习惯乃是一种调整机制,构成了区域法治发展进程的功能性的社会调节力量。参见公丕祥:《区域法治发展与文化传统》,载《法律科学(西北政法大学学报)》2014年第5期。

② 参见夏锦文、陈小洁《区域法治文化:意义阐释、运行机理与发展路径》,载《法律科学(西北政法大学学报)》2015年第1期。

美丽中国"新蓝图,生态文明建设加速推进,生态环境治理力度空前,跨行政区域的大江大河水质保护、生态保护、流域保护与治理,以及区域大气污染防治等自然成为法治区域建设的重点。如长江经济带共抓大保护、不搞大开发,京津冀雾霾协同治理等。在区域行政执法合作方面,北京市、河北省已经探索环保税的协调属地征收(京高、冀低);而区域立法合作保护江河流域的实践正在各地方兴未艾[①];等等。再譬如,得天独厚的生态环境是海南省大特区建设的生命线,牢牢守住生态底线,加强资源环境生态红线管控,是海南开放开发必须坚守的基本原则。为此,2019年5月,中共中央办公厅、国务院办公厅印发《国家生态文明试验区(海南)实施方案》,明确要求:"强化法治保障。海南省人大及其常委会可以充分利用经济特区立法权,制定海南特色地方性法规,为推进试验区建设提供有力法治保障。试验区重大改革措施涉及突破现行法律法规规章和规范性文件规定的,要按程序报批,取得授权后施行。"

(九)构建法治区域建设的协调机制

随着京津冀、大湾区协同发展等国家战略的稳步推进,区域合作亟待从中央政策推进迈向区域依法合作、共同打造跨行政区划的区域性法治环境上来,此即广义上的"协调意义上的区域法治"。京津冀、长三角、粤港澳以及国家经济开发区、自由贸易区、高新技术开发区等蓬勃兴起,不断激发跨行政区划的法治需求,需要立足于全面依法治国和国家治理现代化的高度,对央地关系、权力机制等展开分析,这进一步彰显了"区域法治"概念的实践意义。对于跨区域的法治建设来说,不再依托于现有的省或市级行政区划,而是在协调合作基础上形成的"利益共享型"的区域合作,其价值追求和根本目的在于自发打破行政区划壁垒,促进生产要素跨区域优化配置,在一体化格局中形成区域经济社会发展共同体,实现"共同发展"。因此,这种跨区划的区域法治具有更强的法治市场一体化意愿,更需要立法、执法与司法的

---

① 以《恩施土家族苗族自治州酉水河保护条例》为例,该项目是湖北省恩施土家族苗族自治州和湖南省湘西土家族苗族自治州为保护酉水河及其流域生态而开展的区域立法合作的成功探索。合作双方以新发展理念为指导,以加快推动民族地区绿色发展变革为主线,以加强流域生态保护为目标,探索区域立法合作范式,探寻流域生态保护路径,是绿色发展理念在法治领域的生动实践,是区域立法合作的成功范例。

协调与合作。对于跨行政区划的区域法治而言，纵向层面的"协调"主要体现为中央对不同区域的利益分配，而"合作"则主要体现为互不隶属的行政区划之间建立一体化的横向关系。就"区域法治"本身而言，"区域"的产生主要基于相邻地理区域之间的经济、社会、文化、自然禀赋等各类条件以及国家战略需求，由相邻区域的共同上级（目前基本上是由中央）作出并予以确认，同时也存在着行政区划之间自发合作的情况。互不隶属的行政区划之间的横向区域合作，确属区域法治面临的现实困境，首先面临的最大问题就是地方政府之间的横向联系缺乏合法性基础，区域关系如何构建、如何调整没有法律上的依据，这也正是学者开展"区域法治"研究的重要原因。就制度规范制定而言，与中央相对的"地方"在同一层级属于"块块"并列格局，各自设立人大、政府、监察委、法院、检察院等国家机关，无论行使地方立法权，还是制定其他规范性文件，其权力界限和效力范围都限定在本行政区划内，而国家层面目前也无跨行政区划的区域立法规范。立法滞后于区域协调发展所造成的结果是，区域法治合作主要来源于中央推动，而且区域内的各个行政区划的合作意愿不一，被动合作大多以签订"合作框架协议"的方式予以回应，实质化的区域法治推进困难，体现在立法、执法、司法等各个方面。

  一是国家要适时出台区域一体化发展的有关制度规范。区域法治合作背后的重要考量因素是利益分配，显性层面体现为财政收入、经济社会发展投入等经济指标，隐性层面还包括自然禀赋、历史传统、风土人情等，特别是经济社会发展水平差距较大的行政区划之间并非"利益共享型"的合作，面临着资源投入如何分担、所得利益如何协调分配等，都需要通过充分协商达成共识并以规范性文件甚至立法方式予以确认，仅仅依靠"合作框架协议"是很难推动的。因此，从长远来看，跨行政区划的区域法治建设是国家法治在地方实践的关键，实现跨区域立法、执法与司法的协调与合作，需要国家适时出台区域一体化发展的有关制度规范，在明确中央事权和地方事权的基础上，对地方事权的区域协调合作进行认可、授权和规范，并为区域经济社会协同发展以及法治合作提供明确依据和平台，把中央、区域、地方（指单一行政区划）的治理权责置于法治框架下，为区域打造稳定、持续、健康的一体化制度环境提供法治前提、规范和保障。一方面，通过建立区域法治合作的程序机制，为各个区域推进一体化法治建设提供法律依据；另一方面，赋予区域法治合作的法律强制力，使之走出主要依赖于各地主观意愿的困境，使区域法治建设与经济社会发展相适应，成为促进和引领经济社会一体化、高质量发展的法治力量。

二是建立区域制度创新和立法合作机制。自西部大开发以来，中央推动下的区域发展，往往通过"一区域一授权""一事一授权"的精准授权方式，在国家法治统一的前提下解决区域发展的特殊需求，进而助推和保障区域一体化发展，但由此不仅面临着中央在各个区域之间的利益协调，而且涉及区域间的法治公平。一方面，区域制定超越国家现有法律法规的制度规范，必须坚持"重大改革于法有据"的原则，以寻求现有法律依据支持作为首选。在确无依据或与现有法律法规冲突（即"突破性立法"）的情况下，坚持"先授权再立法"的原则，在取得中央授权的前提下开展"合法"立法；争取授权立法时需要对立法的必要性和可行性进行充分论证，特别是"突破性立法"需要尽可能详细地分析现有法律法规与区域经济社会发展的矛盾以及拟制定法律规范的前瞻性引领功能，必要时可提供立法草案以供全国人大常委会全面审查。另一方面，区域立法合作协调，从长远来看，需要建立地方立法机关联合立法机制，共同审议和确定区域发展规划以及制定区域性法律规范。在当前尚无"联合立法"的情况下，无论是获得中央授权立法的事项还是区域内法律规范的立、改、废、释等立法行为，可参考京津冀协同立法模式，[①]由区域内各地立法机关同步起草、交互征求意见、联席审议，形成统一意见后，分别提交各自的人大常委会审议通过，确保区域内各地法律规范协调统一。

三是探索建立区域执法协调合作机制。地方执法部门多、层次结构复杂，既存在着"条条"结构，但更多的是"块块"结构，在单一行政区划内的综

---

① 为推进京津冀区域立法，京津冀三省（市）人大常委会建立了联席会议制度，各地的省级地方性法规的制定、修改需向其他两个省（市）征求意见，并经联席会议通过后，再由各地人大常委会审议通过，由此探索建立了源于地方的区域协同立法模式；对于立法之外的其他制度规范，仍坚持属地原则，尚未形成区域一体化的机制。

合执法、联合执法等目前仍存在着某种壁垒，更何况跨行政区划的区域一体化执法更是难点。受制于"块块"结构的政治体制，即便是形成了区域一体化的法律制度和规范体系，制度执行也面临着机构协调、部门协作等诸多细节问题。区域法治一体化需要打破现有体制限制，建立各个部门之间的对接机制，使跨行政区划的权力顺畅运行，而无需"一事一议"或通过上级协调、同级沟通等即可实现，但由于各个机构、各个部门具有属地的隶属性，这就决定了权力运行的边界性，除非具有明确的法律依据或中央明确授权，地方自发打破体制限制的意愿一般并不强烈，而且出于"求稳"的考量也往往不愿自冒风险。鉴于此，一方面，根据区域立法等规范，对执法标准、程序等进行梳理，建立区域统一的执法规范，破除区域执法的制度壁垒；另一方面，建立区域内执法协作与互认机制，对于跨行政区划的执法行为，在手续统一、齐全的情况下给予无条件协作，破除区域执法的实践壁垒。对于涉及多个行政区划的公共执法，可建立联合执法机制，确保执法标准统一。此外，对于执法权及其执法行为中出现的冲突现象，可由区域内有关部门建立联合协调机制，及时化解跨行政区划的行政权力运行冲突。

四是建立区域司法协调合作机制。区域司法协调合作机制应主要就区域司法中的政策问题达成共识，以克服司法中的地方或区域保护主义，并就案件管辖、协助执行等问题达成协议，以实现让人民群众在每一个司法案件中感受到公平正义的目标。司法协作机制可以有多种形式，通常采取联席会议的形式，例如京津冀司法合作由最高人民法院牵头成立了京津冀法院联席会议机制，由最高人民法院常务副院长担任组长，京津冀高级人民法院院长担任成员，此为中央直接协调推动下的区域司法合作模式。从现实情况来看，京津冀一体化的区域法治建设仍存在较大空间，与京津冀协同发展的要求仍存在差距。

（十）面向未来构建互联网治理机制

法治区域建设，要面向未来，构建党委领导、政府依法监管、网站自净、社会监督、网民自律等多主体协同参与的网络治理机制。要推动立法、执法、司法、普法、依法治理从现实社会向网络空间覆盖，全面推进依法管网、依法办网、依法上网，不断健全网络综合治理体系，有力打击新型网络犯罪和网上黑色产业链，有效保护网民合法权益，进一步营造清朗安靖的网络空间。

要完善网络法规规章制度。要统筹协调涉网立法立规工作，围绕领导体制和工作体系、内容建设、内容管理、网络安全、信息化协调、国际交流合作等，建立健全制度体系，增强涉网法规规章制度的协调性、互补性、系统性。通过立改废释并举等方式，推动现有法规规章制度延伸适用到网络空间。完善数据配置规则制度，加强数据有序共享。加强对大数据、云计算、人工智能等新技术研发应用的跟踪研究和规范管理。加强党内涉网法规制度建设，应抓好法规制度的贯彻落实。

要保障公民依法安全用网。健全互联网领域"分业分层监管、联合联动执法"机制，落实互联网治理"网下管什么、网上就要管什么"责任制，制定涉网管理部门网上监管事项权责清单，推动线上线下一体化治理。持续开展网络治理专项行动，推动重点领域整治常态化、长效化。全面构建网络风险闭环管控工作机制。建立完善统一高效的网络安全风险报告、研判处置机制，建立关键信息基础设施、新基建基础设施、数据和个人信息安全保障体系。严格规范收集使用用户身份、通信内容等个人信息行为。创新完善涉网新型犯罪防范打击机制，加强网络违法犯罪监控和查处能力建设，依法打击网络金融犯罪、网络诽谤、网络诈骗、网络黄赌毒、侵犯个人隐私、攻击窃密等违法犯罪行为。加强对网络获利行为监管，依法铲除网络安全领域黑色产业链。创新完善涉网公益诉讼实践。健全杭州、北京、广州互联网法院运行和涉网案件审理机制，完善电子诉讼证据规则。

推进网络空间社会共治。加强互联网行业党建工作，发挥党组织政治引领作用，完善包括行业规章、团体章程在内的各类网络社会组织规范制度。构建互联网普法工作大格局，形成整体协同、密切合作、各有侧重、各具特色的网络传播矩阵，打造网上普法工作品牌，开展"网络安全宣传周"等普法活动。及时发布涉网行政执法典型案例。坚持依法治网和以德润网相结合，弘扬时代主旋律和社会正能量。分类分批推进互联网信息服务领域信用建设，健全互联网信息服务领域严重失信"黑名单"制度和惩戒机制。加强全社会网络法治和网络素养教育，制定网络素养教育读本。加强网络文化品牌建设。加强青少年网络安全教育，深入实施好网民工程和网络公益工程。深化网络辟谣和网络举报等协同处置机制，形成贯通"捉谣""辟谣""打谣"闭环管理机制，不断凝聚网络依法治理的社会力量。

五、法治区域建设之推进

立足于新时代建设法治中国的法治建设目标、推进国家治理体系和治理能力现代化、实现中华民族伟大复兴中国梦、建设社会主义现代化强国的战略高度，有必要在国家治理的总体视野中，秉持国家整体主义、理性建构主义的法治思维，以"组织—权力"为中心的央地关系视角，以高质量的"法治中国"建设为目标，积极探索推进"区域法治"的实践进路。

（一）坚持党对法治区域建设的全面领导

在国家整体主义、理性建构主义等视角下，区域法治面临着碎片化、法治动力来源、跨行政区划法治合作等理论争点和实践困境，需要在党中央集中统一领导下，发挥各级党组织的战斗堡垒作用，立足于新时代国家治理的"法治"规定性，正确对待"区域法治"的客观存在和现实需求，在中央立法主导的前提下，坚持国家法治统一性与区域法治发展性的有机统一，将"以人民为中心"的思想转化为区域治理的多元主体互动，并探索跨行政区划的区域法治合作机制，打造区域一体化的法治市场，增强区域经济社会发展的制度性支持。

（二）完善区域立法工作格局

推进法治区域建设，有赖于区域法律规范体系的完善，而要实现这一目标，必须完善区域立法工作格局和机制。在区域立法尤其是跨行政区划的区域立法中，面临诸多难题需要破解。首先，法律赋予区域合作中的地方权力有限，自主性不足，地方政府不能单独决定区域合作事务的推进。但就区域合作性质而言，本身便要求治理手段、方式和内容上的创新，以能够灵活应对各种问题，然而现阶段法律又不能提供地方政府有效的治理工具。因此，在目前的政治体制下，地方政府官员往往会在"创新"与"守成"之间面临抉择。其次,即便在权限范围内,具体事务的推进也很难有实质性效果。① 由于法律的稳定性与发展的动态性两者之间天然的矛盾,这一过程中的实践创新必然带来许多新问题,暴露出法律制度上的不足之处。数十年来区域合作实践给国家带来诸多成果,但许多根本性问题如区域合作的法律定位、性质与效力等没有得到很好的解决。到目前为止我们仍然在为我国各式各类的区域合作形式探索合法性,为区域合作寻找最基本的法律约束力,亦仍然在合作过程中寻找更多能够满足合作需要的法律工具。法治对区域合作的回应不足,最直接的表现便是应对区域合作的法律资源不足。就目前实际而言,处于在单行法中加以分散规定的阶段。也正因为如此,目前已有的区域合作法律条款基本上属于就具体事项的规定,对区域合作的法律机制、合作协议的必要条款和效力等普遍性问题尚未作出统一规定,因此只是为区域合作提供了基本的依据。即便有所规定,却又不一定符合区域合作的需要。一方面,很可能在同一内容上有不同规定存在,不利于区域事务的统一;② 另一方面,则是立法上不一定能充分考虑到区域各组成部分的客观实际。特别是在一些区域,如大湾区,区域内各地差异十分明显,经济发展水平、政治、文化及法律传统都有所不同,如果有关立法不能对这些因素进行考虑,很容易造成脱离区域社会经济发展需求、违反当地社会生活样态及民众通俗观念的情况。

解决上述问题,要加强和改进党对地方立法工作的领导,完善党委领导、人大主导、政府依托、各方参与的立法工作格局。要进一步完善党委领导、人大主导、政府依托、各方参与的立法工作格局。在立法法赋予设区的市地方立法权的制度条件下,我国立法体制更加完善,设区的市人大及其常委会的职权更趋完整和丰满,有利于实现立法决策与改革决策协调同步,增进区

---

① 在以往粤港澳合作中,有学者便认为:"政府间形式上的交流很多,签署的文件也很多,但三地合作实质性的进展不多。"比如,2011年深圳出入境检验检疫局和香港特区政府食物环境卫生署签订了《关于加强建立出口食品安全的合作协议》,建立了两地食品安全监管合作制度,但这一制度仅发挥了信息交流和通报的平台功能,并没有实质性的进展。

② 比如,在长三角区域合作的发展中,《上海市大气污染防治条例》和《江苏省大气污染防治条例》中皆体现了区域合作精神,但有关区域大气污染防治协作的内容规定至少从文本上难以看到区域协调的努力。

域发展的内生性制度变革趋势。区域立法要恪守"不抵触、有特色、可操作"的地方立法工作原则，坚持依法行使地方立法权，健全科学民主立法的制度机制，加强地方立法能力建设，从而深刻表达区域现代化进程的法治需求，充分发挥地方立法权在建设法治区域、构筑区域竞争优势进程中的引领和推动作用。有立法权的地方党委要认真贯彻上级部署要求，研究决定本地区立法中的重大问题，定期听取立法工作汇报，推动党领导地方立法工作规范化、制度化、常态化。要完善人大及其常委会主导立法工作的体制机制，加强人大对立法工作的组织协调，发挥人大及其常委会的审议把关作用，完善地方性法规立项、起草、审核、审议过程中协调配合机制。人大相关专门委员会、人大常委会工作机构要加大对重要地方性法规草案的牵头起草力度，推动构建多元化法规起草机制。要把握行使地方立法权的范围和要求，紧密结合本地实际推进"小切口"立法，严格遵守"不抵触、有特色、可操作"的原则，避免越权立法、重复立法、盲目立法。要更好发挥人大代表在起草和修改地方性法规中的作用，人民代表大会会议一般都应当安排审议地方性法规案。根据国家部署，研究完善地方人大常委会会议制度，探索增加人大常委会审议法规案的会次安排。充分发挥人大常委会组成人员在立法中的作用，逐步提高常委会专职委员特别是有丰富法治实践经验的专职委员比例，建立常委会组成人员深度参与立法机制。要切实发挥政府在立法工作中的重要作用，加强政府部门间立法协调，做好有关地方性法规案的组织起草工作。要健全立法协商机制，完善社会各方有序参与立法的途径和方式，注重发挥政协委员、民主党派、工商联、无党派人士、人民团体、社会组织在立法协商中的作用。要有序开展委托第三方起草法规规章草案工作。完善基层立法联系点制度，严格按照法定权限和程序制定法规规章。要加强立法监督工作，健全立法监督工作机制，完善监督程序。完善法规规章起草征求人大代表、政协委员意见机制。加强对设区市地方性法规和政府规章制定工作的监督。加强备案审查制度和能力建设，完善审查程序，明确审查范围、标准和纠正措施，实现有件必备、有备必审、有错必纠。加强对各级政府和县级以上政府部门行政规范性文件、各级监察委员会监察规范性文件、各级法院和检察院制定的规范性文件的备案审查。健全党委、人大常委会、政府之间备案审查衔接联动机制。健全备案审查工作年度报告制度。加快建设区域统一的备案审查信息平台，依法处理国家机关和社会团体、企业事业组织、公民对法规、规章、规范性文件提出的书面审查要求或审查建议。

（三）夯实基层基础工作

基础不牢地动山摇；基层强则区域强，基层稳则区域稳，治国安邦重在基层。基层是区域治理、社会治理的基础和支撑，是国家治理的根基和制度执行的"最后一公里"。《中共中央关于坚持和完善中国特色社会主义制度、推进国家治理体系和治理能力现代化若干重大问题的决定》指出："构建基层社会治理新格局。完善群众参与基层社会治理的制度化渠道。健全党组织领导的自治、法治、德治相结合的城乡基层治理体系，健全社区管理和服务机制，推行网格化管理和服务，发挥群团组织、社会组织作用，发挥行业协会商会自律功能，实现政府治理和社会调节、居民自治良性互动，夯实基层社会治理基础。加快推进市域社会治理现代化。推动社会治理和服务重心向基层下移，把更多资源下沉到基层，更好提供精准化、精细化服务。注重发挥家庭家教家风在基层社会治理中的重要作用。加强边疆治理，推进兴边富民。"[1]2021年3月7日，习近平总书记在参加全国人大青海代表团审议时指出："全面推进依法治国，推进国家治理体系和治理能力现代化，工作的基础在基层。要不断夯实基层基础，加强基层党的领导，引导群众积极参与，带动群众知法、尊法、守法。"[2]基层社会治理状况直接涉及经济社会发展和民生福祉，事关国家安全和社会稳定，抓好基层治理是法治区域建设的重大任务。抓基层打基础，必须牢固树立重基层抓基础的鲜明导向，着力城乡公共服务普惠、均衡、优质，建立常态化财政资金直达机制，下沉优质治理资源，推进重心下移、力量下沉、资源下投，为基层治理加油助力，致力长效常态结合，实施乡村建设行动，扎实推进以人为核心的新型城镇化，加强基层组织和基础工作建设，夯实、巩固党的执政根基。

---

[1] 《中国共产党第十九届中央委员会第四次全体会议文件汇编》，人民出版社2019年版，第51页。

[2] 《习近平：依法治国基础在基层》，载《人民日报》2021年3月7日。

（四）深化区域法治创建活动

建设法治中国、推进国家与区域社会治理现代化，必须高度重视区域法治创建活动，这是"深化全面依法治国实践"的必然要求，也是提升区域社会治理能力的有效途径。法治区域建设是实施依法治国基本方略、推进法治中国建设的有机组成部分，是在国家法治发展的总体方向和基本要求的基础上，根据区域发展的法治需求，运用法治思维和法治方式实现区域治理现代化的法治实践活动。区域法治发展的实践表明，开展区域法治创建活动，对于有效构建区域法治建设平台、扎实推进区域法治发展，有着重要的意义。实现国家治理现代化乃是全面深化改革的总目标之一，这对提升区域社会治理能力提出了新的更高的要求。推动法治区域建设，一个重要的任务就是要有效增强国家法律制度在区域范围内的实施效果，提高法律制度的执行力，这是提升区域社会治理能力的关键所在。因此，要通过区域法治创建活动的深入开展，着力提高区域社会治理主体运用法治思维和法治方式推动改革、促进发展、化解矛盾、维护稳定的能力，把区域社会治理纳入规范化、制度化的轨道之中，进而切实增强制度的执行力和公信力，同时运用科学的考核评估体系促进区域社会治理状况的不断改善。

推进法治区域建设，要把区域法治创建活动提升到一个新的层面，丰富区域法治创建载体，整合相关区域法治资源，围绕涉及区域社会主体切身利益、事关区域法治建设全局的实际问题，加大组织推动力度，探索建立科学的区域法治建设指标体系和区域法治创建活动考核标准，建立健全统一协调的区域法治创建工作机制，激发区域法治创建活动的有机活力，不断提高区域法治创建活动的实际效果。

要通过深化区域法治创建活动，塑造区域法治生活方式。法治是治国理政的基本方式，也是一种生活方式。在日常的社会生活过程中确立法治的应有位置、彰显法治的实践理性精神，是法治区域建设的重要内容。法治区域建设，重要的是要使法治成为区域社会主体日常生活过程的有机要素，深深地融入区域社会主体日常生活过程之中，而不是与日常生活相疏离。法治是一种理性化的生活方式。法治为社会主体拥有这样的理性的生活方式提供了基础和保障。在这样的理性的生活方式中，社会主体不仅享有自由，而且要履行义务、依法依规承担责任。在法治区域建设中，应当致力于确认和保障区域社会主体的自由与权利，为区域社会主体自由选择行动方案提供可能。在法治化的框架内，区域社会主体按照法律规范的要求作出一定的行为，行使法律赋予的自由，使之既成为生成区域发展的内生性制度变革的价值依托，也成为区域法治发展的动力机理，展现出生生不息的持久活力和区域发展的核心竞争力。

（五）打造区域法治文化软实力

文化是国家民族的血脉与灵魂，法律是从一定文化土壤中长成的规则。几千年来，中华民族在浩瀚史诗中累积了深厚的文化传统和强烈的文化认同。文化是法治的重要支柱，法治区域建设必须有理性的文化（包括区域文化）作为支撑和基础，必须努力打造区域法治文化软实力。如果忽视这些地方或民族特色，不注意从自身的经济发展水平、政治环境及文化传统和背景的实际情况出发，各地的法治建设就收不到应有的成效，更不可能进行行之有效的制度创新。

推进法治区域建设，既要重视传统文化中的有利因素，同时也要不断发掘和推动符合现代法治发展规律的当代文化正能量，应特别重视文化尤其是区域文化对于法治特别是区域法治发展的重要作用，发掘区域文化中有利于区域法治发展的优质资源和成长动力，在遵循整体法治的大框架和大背景下，深入、充分挖掘、选择、培育区域文化，并发挥区域文化的应有功能，法治区域建设才具有丰富性、正当性以及可执行性。近年来，历史人文资源的空间集聚特征日益明显。文化基础在塑造区域整体形象、增加区域法治的文化内涵、提升区域文化品位方面有显著的强化作用，能有效提高区域法治的实力与竞争力。同时，法律也能有效保护区域内的文化资源，包括历史人文遗产。[①]因此，推进法治区域建设，应当深入开展区域法治文化研究和区域法治文化比较研究，开展区域法治发展的文化机理研究，深入开展区域法治发展的历史文化传统、社会文化背景、地缘文化特征等研究；深入开展区域文化认同、区域人文资源、区域风俗习惯、区域价值观念与区域法治发展的关联

---

① 例如，西安是我国历史文化名城，《西安市历史文化名城保护条例》的制定，有力促进了西安市独具特色的文化产业的发展，在保护区域独特的历史人文资源方面发挥了强有力的作用。

研究，深入开展区域立法、执法、司法、守法的文化机理研究。通过这些研究，充分挖掘本区域的文化资源，从而打造区域法治文化软实力。

（六）打造区域特色法治产品

推进法治区域建设，必须坚持问题导向，立足于解决本区域的特殊问题和矛盾。打造区域特色法治产品，不仅有利于避免一般化、雷同化的问题，而且有利于培育区域法治亮点。例如，福建省毗邻台湾地区，在该省《"法治福建"建设纲要（2014—2020年）》中，就"积极探索涉台法治新路"作出专门规定；①该省华侨较多，专门就"加强涉侨法治工作"作出安排②。浙江省在互联网、信息化方面有着巨大优势，《法治浙江建设规划（2021—2025年）》对这方面作了详细的规定，提出"在以数字化牵引法治化上率先突破，建设智慧型法治省份"。③

（七）以数字化支撑法治化

数字化对法治区域建设具有巨大的推动作用，要充分发挥数字化在立法、行政、执法、司法、社会治理中的作用。

---

① 该纲要规定，认真贯彻落实习近平总书记关于"在探索海峡两岸融合发展新路上迈出更大步伐"的新要求，发挥对台区位优势，以通促融、以惠促融、以情促融，服务海峡两岸融合发展示范区建设，构建台胞台企登陆第一家园的良好法治环境，增进台湾同胞对民族、对国家的认知和感情，促进两岸同胞心灵契合。积极争取国家授权我省制定涉台法规或者作出改革决定，认真执行《台湾同胞投资保护法》等涉台法律法规，及时修订完善我省涉台法规规章，为促进闽台融合发展、两岸互联互通、平潭对台先行先试、闽台基层和青少年交流等提供法治保障。加强执法司法合作，共同打击跨境违法犯罪活动。加强涉台法律问题研究，促进涉台检察和审判工作。推进涉台司法创新发展工程，深化闽台审判、检务、警务交流合作、司法互助。引导支持台胞参与社区治理。创新涉台商事纠纷调解、化解工作机制，推行涉台法官工作室以及涉台检察联络员、检察联络室工作做法，推动构建"线上联通、线下联动"的台胞台企司法服务机制。梳理涉台法规规章和各项惠台政策，及时满足台胞台企法律服务需求。推动台湾地区律师事务所、仲裁机构等在闽设立办事机构。支持两岸法学法律界交流交往，加深相互理解，增进互信认同，办好"海峡法学论坛"等沟通交流平台。

② 该纲要规定：认真实施归侨侨眷权益保护法和我省实施办法、《福建省华侨权益保护条例》《福建省保护华侨投资权益若干规定》等法律法规规章，加大对涉侨法律法规及配套政策的宣传贯彻力度，进一步完善涉侨法规规章政策体系，切实加强涉侨法律法规实施的监督。充分发挥我省侨务资源优势，大力引进侨资侨智参与福建建设，为海外侨胞在闽居留、子女教育、投资创业、参加社会保险等提供便利的法治政策环境，依法维护广大海外侨胞和归侨侨眷合法权益。

③ 该省在这方面的工作目标是：依托数字浙江建设，推进大数据、云计算、人工智能、数据链等现代信息技术与法治建设的深度融合，加快权力全流程网上运行、全流程自动留痕、全流程电子监管，法治建设领域各类信息、数据、网络平台实现贯通和整合，数据壁垒和信息孤岛有效打破，民生事项实现100%"一证通办"，掌上执法应用率达到100%，政法一体化办案系统应用率达到100%，建成一批"数字法治""智慧法治"应用，努力使决策更科学、治理更精准、服务更高效。

要探索运用大数据、互联网、人工智能推进科学立法、民主立法、依法立法。完善立法智能辅助平台，丰富项目管理、条文比对、法规清理、意见征求等功能模块，逐步实现法规制定全流程无纸化、智能化。拓展立法意见建议在线征集渠道，健全公众意见收集、整理、分析、采纳、反馈机制。完善立法中涉及重大利益调整论证咨询制度，运用大数据统计分析优化条文设计。加强备案审查数字化建设，实现规范性文件审查的自动比对。

要加强大数据分析研判和精细化论证，优化重大行政决策方案。全面实现政务服务一网通办、全域通办、就近可办。建设集成式的行政执法数字化平台，实现执法监管规范化、精准化、协同化、智慧化，推动形成"一网通管"。推广创新"信用＋执法监管"应用场景。推进合法性审查数据平台建设。加强行政复议数字化平台建设，完善风险预警、类案检索、掌上复议等智能化应用。加强与全国一体化政务服务平台、长三角"一网通办"平台的衔接贯通，提高跨区域数据共享和数字化治理水平。

要深入实施政法数字化协同工程，推广应用政法一体化办案系统。推进行政执法数字化平台、行政复议数字化平台、政法一体化办案系统实现互通，探索形成一体化、全流程的数据链生态系统。全面推广应用移动微法院。探索推进互联网司法所建设。建立社区矫正数字监管体系。完善司法智能辅助办案系统，探索建设智慧法院、智慧检察、智慧公安、智慧司法、智慧执行。

在全社会普遍推行以法治化和数字化为基座的无差别对待，提升社会治理法治化水平。完善普法融媒体平台，加强智慧普法平台建设，推进普法教育供给侧结构性改革。加快公共法律服务实体平台、热线平台、网络平台有机融合，建设覆盖全业务、全时空、全方位的法律服务网络。加强公共信用平台建设，完善信用修复机制和异议机制，加强严重失信名单的规范管理和科学使用，禁止不当联结。健全以"基层治理四平台"为核心的基层治理数字化平台，强化对基层社会治理全领域的数据支撑和应用支撑。探索大数据纠纷解决和分析研判机制，完善在线矛盾纠纷多元化解平台和人民调解信息系统。

（八）提高区域政务能力和水平

加快推进"互联网＋政务服务"，加强跨部门协作、线上线下协同，不断推动政府数据的开放、共享、优化。全面推行行政审批、政务服务标准化便利化，推进政务中心转型升级。健全"马上就办"机制，落实首问负责、首办负责、一次告知、"最多跑一次""一趟不用跑"、预约服务等制度，确保政务服务重点领域和高频事项基本实现"一网、一门、一次"。要尽快建成区域统一、线上线下融合、评价体系一致的政务服务平台，除法律法规另有规定或涉及国家秘密等外，政务服务事项全部纳入平台办理，全面实现"一网通办"。完善和推广"互联网＋公共资源交易"云服务平台，加强和规范电子营业执照应用。

（九）深化公共法律服务体系建设

加快整合律师、公证、调解、仲裁、法律援助、司法鉴定等公共法律服务资源，拓展服务领域，优化服务产品供给，形成覆盖城乡、便捷高效、均等普惠的现代公共法律服务体系。加快公共法律服务实体、热线、网络平台有机融合，建设覆盖全业务、全时空的法律服务网络。构建公共法律服务评价指标体系，以群众满意度来检验公共法律服务工作成效。加强公共法律服务标准化、规范化建设，完善公共法律服务管理体制。重点向基层一线倾斜，持续推进村居公共法律服务。加强法律服务行业监督管理，发挥行业协会作用，健全不良执业信息记录披露、通报和查询制度。大力发展现代法律服务产业，推进法治园区建设。引导规范法律服务类社会组织发展。加大中小律师事务所培育提升、青年律师培养、法律服务资源欠缺地区律师人才培养力度。建设一支高素质涉外法律服务队伍，建设一批高水平涉外法律服务机构。

（十）建立科学的法治区域建设价值和绩效评估体系

所谓法治区域建设的价值评价是指社会主体对区域法治是否能够满足社会需要的主观价值判断，也是区域法治的价值在主体意识中的反映，它反映了评价主体的法的价值观和基本的法的价值取向和选择。区域法治发展的价值评价主要有三个方面的内容，即区域法治价值评价的主体、区域法治价值评价的对象、区域法治价值评价的标准。区域法治价值评价的基本主体是人，他们根据其对区域法治的认识、法律生活经验和法律实践活动，对区域法治现象是否满足其地方性、特殊性、自主性等方面的需要而进行价值判断。区域法治价值评价的对象是评价什么的问题，是区域法治价值评价的实证基础，它包括一定区域内的法与法治的全部现实及其秩序状况。区域法治价值评价的标准，是指主体对区域法治进行价值判断时所遵循的基本准则，是区域法治价值评价的尺度，包括法治区域建设的形式价值标准[①]和实体价值标准[②]。形式价值标准是区域法治价值评价体系的结构性表征，而实体价值标准则是区域法治价值评价体系的功能性表征。形式价值标准与实体价值标准在区域法治发展进程中体现了运行与实效、结构与功能、进路与目标的统一。

法治绩效评估是指运用一定的评价方法、量化指标及评价标准，对一个国家或地区法治建设的效益、效率和效果的综合性评价。[③]伴随着美国20世纪60年代兴起的社会指标运动，在法治指标体系设计的实践探索上，国际上出现了针对法治发展状况与水平的绩效评估趋势。[④]我国从20世纪80年代中期起开始引入绩效管理来改进政府绩效，随着我国社会治理创新与法治建设的逐步深入，作为兼具激励和约束功能的治理工具和技术手段，法治绩效评估越来越受到理论界和实务界的重视。自2004年以来，伴随着全国各地积极

[①] 区域法治发展的形式价值标准主要包括：第一，完备的地方性法律法规体系，形成以宪法为中心，以国家法律法规为基本骨架，并与国家法律法规相配套的地方性法规、政府规章为有机构成要素的、内部和谐一致且充满生机与活力的法律有机系统。第二，法律规范具体、明确、操作性强，能为人们提供具有很强操作性的具体的行为方式，从而有利于区域法规规章的高效实现。第三，社会治理和运作的程序化。第四，法律实施的高效益，从而切实维护法律权威，营造稳定和谐的社会秩序和社会生活。

[②] 区域法治发展的实体价值标准主要包括：第一，公共权力行使得到规范与约束。第二，公民权利及其个人自由得到保障和维护。第三，社会矛盾及利益冲突及时有效化解和调整。第四，现代法治文化得到确立和弘扬。

[③] 法治绩效评估属于"法治量化评价"的概念范畴，当前理论与实践中出现的"法治指数"概念大体上可归入法治绩效评估这一范畴，因为法治绩效评估的主要做法就是对法治进行量化评价，而法治指数则是指判断、衡量一个国家或地区法治整体状况及其发展水平的量化标准和评估体系。

[④] 其最重要的成果主要有，1968年美国学者伊万建立了由70条具体指标组成的法律指标体系，20世纪70年代美国斯坦福大学的梅里曼教授等在其研究成果《大陆欧洲与拉丁美洲的法律与社会变化》中，从立法、行政、司法等六个方面设计了评价一个国家法律制度总体状况的法治指标体系。此后，在2005年世界银行发布的《国别财富报告》中明确提出了围绕着司法制度的有效、产权保护的明确及政府运作的顺畅等方面设计出来的"法治指数"概念；在2008—2009年"世界正义论坛"上提出并完善了"法治指数"，作为衡量一国法治状况的重要"量化"标准和评估体系。目前，法治指数享有盛名的设计机构之一是"世界正义工程"(theWorldJusticeProject)。"世界正义工程"最初作为美国律师协会的一项会长计划，设立于2006年，后于2009年转变为非营利性组织。自2010年起，世界正义工程每年发布法治指数年度报告，将抽象的法治概念具体化为系统的可量化的评估指标，借此评价和促进各国的法治实践，在全球产生了重要影响。"2011年世界正义工程法治指数"首次评估中国法治状况。截至2015年，其法治指数评价覆盖102个国家。参见刘爱龙：《我国区域法治绩效评估体系建构运行的特征、困境和出路》，载《法学评论》2016年第6期。

实施"法治地方"的进程，作为对本区域法治建设的效益、效率和效果进行考核评价的区域法治绩效评估体系建构实践在全国各地迅速展开。① 自党的十八大以来，依法治国工作稳步推进。中央高度重视区域法治评估工作，在党的十八届三中全会关于全面深化改革的决定中，特别提出要建立科学的法治建设指标体系和评估标准；党的十八届四中全会通过的决定为全面推进依法治国指明了方向，确立了目标任务。至此，区域法治绩效评估体系建构也取得了新的进展。继江苏、浙江、湖南、湖北、四川等地区有关绩效评估体系的探索后，目前除少数省份外，我国绝大部分区域已实施了法治绩效评估。这些评估体系从建构进路、体例设计、评估方式、权重确立、数据采集、结果运用等诸多方面，对区域法治绩效评估体系的建构和运行进行了探索，为我们勾勒出量化法治在当代中国的实践图景。但同时也发现了一系列制约法治绩效评估指标体系建构科学性及其运行有效性的阻滞因素，导致法治评估实践出现体系科学性缺失、法治统一性受损、评估结果受质疑、法治发展模式转型难、评估空心化和评估发展后劲不足等困境。因此，应当有针对性地化解法治评估中的矛盾，突破量化法治实践的瓶颈，使区域法治绩效评估实践走出困境。

鉴于当前理论研究和法治实践中出现的指标赋权缺失客观性从而导致整个评估体系科学性缺失的现状，需要同时引入层次分析法、模糊综合评价法和数据包络法相结合的综合评价模型来构建区域法治绩效评估体系，以克服指标赋权主观性困境；由中央统一设定我国区域法治绩效评估的核心指标体系，以增强不同区域法治绩效评估体系的可比性；实施独立第三方评估，增

---

① 2005年，中国首个法治指数在香港特别行政区诞生，用以整体评估香港法治发展状况和法治建设水平；2007年，杭州市余杭区出台《"法治余杭"量化考核评估体系》，由此诞生了我国内地首个区域法治指数；2008年，云南省昆明市率先在全国省会城市中启动了法治建设量化评价体系的课题研究；自2006年以来，江苏省持续发布多个针对本省县（市、区）的法治考核评价指标体系。自2009年国务院法制办发布《关于推行法治政府建设指标体系的指导意见（讨论稿）》以来，特别是在2010年国务院颁发《关于加强法治政府建设的意见》之后，区域法治绩效评估体系建构则围绕着完善法治政府建设的全方位部署展开，其评估指标体系的范围进一步扩大。北京、上海、四川、甘肃等地省、市级政府纷纷开展法治政府评估，相继建立了区域法治绩效评估体系。

强区域法治绩效评估结果的权威性;① 实现从管理型法治评估模式到治理型法治评估模式的转型,增强区域法治绩效评估的公众参与性;② 建立完善绩效评估应用的体制机制,提升区域法治绩效评估结果的效用性;③ 统筹兼顾法治绩效评估理论研究与实践探索,推进区域法治绩效评估环境的系统性建设;④ 等等。

(十一) 加强法治区域建设理论研究

随着我国经济高速增长和社会主义市场经济的逐步建立,区域发展问题(诸如区域经济发展问题、区域教育发展问题、区域社会发展问题、区域文化发展问题、区域民俗发展问题)成为各级政府决策的核心问题之一,也成为学术界和社会所关注的重大理论问题与实际问题。从我国法治进程的历史与现实来看,区域法治的形成是政治、经济、行政区划、区位、资源、制度、观念、历史、人口、文化、风俗、信息等因素共同作用的结果。不同地区在不同发展阶段,每个社会因素的作用都是不同的,从而造成区域法治发展的差异性是客观存在的、长期的。区域法治的完善程度对于我国实现依法治国,具有不可替代的基础性、战略性甚至是决定性的作用。然而,法治区域建设面临一系列理论和实际问题需要解决,迫切需要学界从法治区域建设的核心问题出发,将法治区域建设的概念内涵、客观基础、发展模式等本体论问题作为逻辑起点,进而对区域法治发展的价值依归、多重功能、存在问题等价

---

① 第三方评估是指由独立于政府及其部门之外的第三方组织实施的评估,也称外部评估,通常包括独立第三方评估和委托第二方评估。区域法治绩效独立第三方评估的基本要求:一是实施区域法治绩效评估的这一机构在形式上既独立于政府及其内设机构,是纯粹的民间组织,同时又位于被评估区域之外,不受区域内政府力量的控制和影响;二是在实质上与评估对象的利益"无涉",即其机构成员、场所及其运作经费等均与作为被评估对象的地方政府毫无关联性。

② 这两种评估模式存在重大区别:管理型法治评估将法治指标体系置于公共行政管理视域下审视,并不对指标体系的具体内容进行实质性价值判断,自身也没有对具体评估事项进行改变的权力,更无必要与指标评价单位以外的其他单位进行横向比较。这种指标体系相对于权力机关来说是内部视角,其路径是构建型的,其目标是封闭性的,其参与主体通常是单一性的,而其后果则经常是功利性的。治理型法治评估是"实验主义治理"理论话语中的法治评估,评估相对于政府来说是外部视角的,其路径是演化型的,其目标是开放性的,其参与主体是多元性的,而其后果则是功能性的。

③ 在功能和效用上,法治绩效评估指标体系具有描述功能、评价功能、监测功能、预测功能、指导和解释功能等诸多功能。

④ 参见刘爱龙:《我国区域法治绩效评估体系建构运行的特征、困境和出路》,载《法学评论》2016年第6期。

值论问题进行深入考察,并在此基础上探寻有利于法治区域建设事业发展的科学的方法论。通过对这些问题的研究,构建起法治区域建设的基本理论框架,为法治区域建设提供理论支撑,使法治区域建设更加理性、更加符合法治区域建设规律。

第六章

法治军队建设

"一个现代化国家必然是法治国家，一支现代化军队必然是法治军队。"[①] 党的十八大以来，以习近平同志为核心的党中央深刻把握新时代建军治军特点规律，从强国强军事业全局出发，将依法治军纳入全面依法治国总盘子，明确依法治军是我们党建军治军基本方式，全面擘画依法治军目标蓝图，领导我军加快构建中国特色军事法治体系，推动治军方式根本性转变，提高国防和军队建设法治化水平。2014 年习近平总书记提出"依法治军、从严治军，是我们党建军治军的基本方略"。2020 年修订的《国防法》规定"坚持政治建军、改革强军、科技强军、人才强军、依法治军"。2021 年党的十九届六中全会提出"贯彻依法治军战略"，这是党中央把握新时代建军治军特点规律、从强军事业全局出发作出的重要决策部署。党的二十大报告要求，加强依法治军机制建设和战略规划，完善中国特色军事法治体系。这一系列规定和要求，奠定了法治军队建设的政治基础和法律基础。

---

① 习近平：《论坚持全面依法治国》，中央文献出版社 2020 年版，第 130 页。

一、深化认识建设法治军队的极端重要性

要建设法治军队，必须深化对法治军队建设重大意义的认识，深刻认识法治军队建设的极端重要性。

（一）建设法治军队是全面推进依法治国、建设法治中国的需要

国家要依法治国，军队要依法治军。一方面，依法治军是全面推进依法治国总体布局的重要组成部分，建设法治中国覆盖了党和国家建设的各个主要方面，其中必然包括军事法治建设，正如习近平总书记指出的那样，"全面推进依法治国涉及改革发展稳定、治党治国治军、内政外交国防等各个领域"；① 另一方面，建设法治军队是依法治国方略在军事上的体现，不仅是依法治国的重要组成部分，也是依法治国的重要保证。习近平总书记将法治作为强军兴军的基石，在建设法治国家的大背景下，突出强调要建立一支现代化的法治军队。这充分表明依法治军在全面推进依法治国进程中的地位和作用。党的十八大以来，以习近平同志为核心的党中央，把依法治军纳入全面依法治国总盘子。早在主持党的十八届三中全会决定起草时，习近平总书记就提出健全军事法规制度体系②的要求；在主持党的十八届四中全会决定起草时，又明确提出把依法治军、从严治军问题单列一块写进去。他强调要把依法治军、从严治军纳入依法治国总体布局，体现为党的意志，这样可以使依法治军和依法治国协调统一于建设法治国家的战略部署中。中央军委对依法治军的谋划，始终是放在全面依法治国的战略布局中来考虑的。习近平总书记多次讲到军队建设法治化水平不高的问题，提出："整个国家都在建设中国特色社会主义法治体系、建设社会主义法治国家，军队法治建设不抓紧，到时候就跟不上趟了。"③ 党的十八届四中全会对依法治军作出重要部署，中央军委专门制定新形势下深入推进依法治军从严治军的决定。依法治军能不能做好，

---

① 习近平：《论坚持全面依法治国》，中央文献出版社 2020 年版，第 89 页。
② 中共中央文献研究室编：《十八大以来重要文献选编》（上），中央文献出版社 2014 年版，第 543 页。
③ 习近平：《论坚持全面依法治国》，中央文献出版社 2020 年版，第 130 页。

直接关系到法治中国建设大局,关系到国家治理体系和治理能力现代化目标实现,关系到中华民族伟大复兴中国梦的实现。

(二)建设法治军队是实现党在新时代强军目标的需要

习近平总书记在党的十九大报告中指出,要"坚持政治建军、改革强军、科技兴军、依法治军","实现党在新时代的强军目标"。[①]中国特色社会主义进入新时代,国防和军队建设也步入新时代,必须坚定不移走中国特色强军之路,更好地发挥依法治军的引领和规范作用,全面推进国防和军队现代化建设向更高质量发展,到本世纪中叶把人民军队全面建成世界一流军队。推进新时代强军事业,建成世界一流军队,必须更好发挥法治的引领和规范作用。依法治军指明了国防和军队建设的时代要求和发展方向,开辟了建军治军的新境界。"国无常强,无常弱。奉法者强则国强,奉法者弱则国弱。"[②]一支现代化军队应该是高度重视法治纪律的军队。习近平总书记指出:"我们推进强军事业、建设强大军队,没有法治引领和保障不行。"[③]"依法治军、从严治军,是我们党建军治军的基本方略。对这个问题,我一直看得很重。"[④]2012年年底,习近平总书记到广州军区视察时就提出,要牢记依法治军、从严治军是强军之基。2013年1月,在军委常务会议上,习近平总书记就海上军事斗争立法问题谈了意见。在主持党的十八届三中全会决定起草时,习近平总书记提出了健全军事法规制度体系的要求。在主持党的十八届四中全会决定起草时,又明确要求把依法治军、从严治军问题单列一块写进去。"依法"与"从严"结合并施,最能彰显治军的权威性、规范性、稳定性和强制性,最能保证全军高度集中统一和纯洁巩固,这是其他任何治军手段和措施所无法替代的。将依法治军、从严治军确立为强军之基,有利于统一全军上下对依法治军、从严治军地位与作用的认识和行动,有利于最大限度发挥依法治军、从严治军对军队建设的强基固本作用,有利于全面加快建设一支听党指挥、能打胜仗、作风优良的人民军队。

---

① 习近平:《决胜全面建成小康社会 夺取新时代中国特色社会主义伟大胜利——在中国共产党第十九次全国代表大会上的报告》,人民出版社2017年版,第24~25页。
② 习近平:《论坚持全面依法治国》,中央文献出版社2020年版,第73页。
③ 习近平:《论坚持全面依法治国》,中央文献出版社2020年版,第130页。
④ 习近平:《论坚持全面依法治国》,中央文献出版社2020年版,第130页。

(三)建设法治军队是推动军队战略转型和重塑的需要

加快推进以效能为核心的军事管理革命,提高军队专业化、精细化、科学化管理水平,加快实现整体重塑、跨越发展,都须以法治为依托。党的十八大以来,深化国防和军队改革取得一系列重大成果,我军体制一新、结构一新、面貌一新,中央军委在推进依法治军、从严治军上用力很大,部队依法运行局面正在形成,我军法治建设取得长足进步,同时也必须看到,我军建设发展的法治化水平仍有待提高。法规制度不健全不配套,有法不依、执法不严的问题仍然存在,联合作战急需、部队改革急用的法规比较滞后,领导干部长官意志、人治观念、党委和机关不依法办事的现象不同程度存在。解决这些问题,从根本上说,必须靠法治。比如说,靠什么始终确保部队的中心工作不偏离?靠什么彻底清除和平积弊?靠什么保障官兵的心思和精力始终聚焦于备战打仗?最终还是要靠制度、靠法治。此外,贯彻依法治军战略,也是军队纠风肃纪的需要。"木受绳则直,金就砺则利。"作风建设由治标向治本转变也要靠法治,善于运用法治手段纠风肃纪,以刚性的制度规定和严格的制度执行实现作风建设规范化、常态化、长效化。这些需要通过法治方式固定才能行稳致远。为适应我军规模结构和力量编成优化发展需求,必须将法治作为现代建军治军模式,从法治层面破解国防和军队建设深层矛盾问题,为新型作战力量"腾笼换鸟",以法治的权威性和强制力保障我军跨越发展、实现战略转型。

(四)建设法治军队是提升军事系统运行效能、推动我军高质量发展的需要

习近平总书记科学总结强军普遍规律,鲜明提出"依法治军、从严治军是强军之基",[①]深刻阐述了依法治军的基础性、全局性、战略性地位,鲜明揭示了建成世界一流军队的法治密码。当前,我军武器装备体系的信息化水平不断提高,全面建设现代后勤步伐不断加快,部队组织结构、力量编成和运行状态日益缜密繁杂,官兵的民主法治观念和现代意识也越来越强,部队日常管理、安全稳定的要素与变量增多,这些变化都使广大官兵对运用法治

---

① 《习近平:坚持富国和强军相统一 努力建设巩固国防和强大军队》,载《人民日报》2012年12月13日。

手段加强部队科学管理有了更强烈的企盼。把依法治军、从严治军确立为强军之基,充分反映了军心所向,必将有力地引导和激励全军上下进一步健全完善法规制度,更加严格地执行法规制度,努力使部队管理实现精确化要求、标准化操作、配套化保障、规范化运作,不断提高部队管理的质量和效益,推动正规化建设向更高水平发展。

(五)建设法治军队是加强我军革命化现代化正规化建设的需要

在强军进程中,我军的革命化需要法治来强化,通过法治铸牢军魂,把党对军队绝对领导的一系列根本原则和制度固定下来,才能永葆人民军队的性质、宗旨和本色,确保部队绝对忠诚、绝对纯洁、绝对可靠。法治化是建设现代化军队的必由之路。在信息网络时代,战争过程日益科学化,军队建设、管理和作战行动更加强调标准化、规范化、精细化。因此,我军的现代化需要法治来保障。"军队越是现代化,越是信息化,越是要法治化。"[①]我军的正规化也需要法治来实现,通过依法从严治理,确保训练正规有序、部队集中统一。在强军实践中,要保障军事训练正规有序,要实现腐败和不正之风的标本兼治,要根治"五多"顽疾,最终都需要走依法治理的道路。这就要对军队各方面进行严格规范,建立一整套符合现代军事发展规律、体现我军特色的科学的组织模式、制度安排和运作方式,推动军队正规化建设向更高水平发展。

(六)建设法治军队是新形势下维护国家主权、安全和发展利益的需要

中国特色社会主义进入了新时代,国防和军队建设也进入了新时代。新的历史时期,世界正经历着百年未有之大变局,在这个变局下,各种战略力量加快分化组合,大国关系进入全方位角力新阶段,围绕权力和利益再分配的斗争十分激烈。军事竞争成为大国战略竞争的焦点领域,大国力量配置的结构性重组与世界军事革命的紧密结合,日益改变着国际安全的基础。新时代,我国正处于由大向强发展的关键阶段,前所未有地靠近世界舞台中心,前所未有地接近实现中华民族伟大复兴的目标,前所未有地具有实现这个目标的能力和信心。实现"两个一百年"奋斗目标、实现中华民族伟大复兴的

[①] 中共中央宣传部编:《习近平总书记系列重要讲话读本》,学习出版社、人民出版社2016年版,第259页。

中国梦，必须有和平稳定的国际环境，在我国迈向由大向强的关键节点，必须建立一支强大的军队来保护我国数十年的发展成果，维护国家发展的重要战略机遇期，为全面建成小康社会、实现中华民族伟大复兴提供坚强保障。面对强国强军的时代要求，面对实现中华民族伟大复兴的历史使命，必须全面贯彻习近平强军思想，贯彻新时代军事战略方针，在法治轨道上建设强大的现代化陆军、海军、空军、火箭军和信息支援部队，全面推进国防和军队建设现代化。当前，世界进入动荡变革期，国际竞争越来越体现为制度、规则、法律之争。历史和实践充分证明，法治是拓展和维护国家利益的重要方式。习近平总书记多次要求坚持统筹推进国内法治和涉外法治，强调要加强涉外军事法治工作，统筹谋划军事行动和法治斗争。应该看到，现代国家的竞争已经不是局限于经济或科技某个领域，而是政治、经济、军事、法治、意识形态等交织在一起，多种手段综合运用，法治在维护国家利益上的作用越来越突出。近年来，我军参与国际维和、海外撤侨、远洋护航、联合军演等多样化军事任务越来越频繁，对外军事交流合作日益增多，对涉外军事法治工作的需求日渐迫切。我们要从我军建设所处的国际形势出发，从担负的使命任务出发，从维护国家利益的大势上，充分认清依法治军的重要战略地位。一方面，要加强军事行动的法治保障，谨防授人以柄、陷入被动，确保军事行动有序和高效；另一方面也要主动出击，积极配合国家涉外法治斗争，着力提高法律运用的能力，依法有效捍卫国家主权、安全和发展利益。

总之，在全面推进依法治国、建设法治中国的新时期，必须明确将依法治军定位在努力建设一支与法治国家相匹配的现代法治军队上。换言之，建设法治国家、法治政府、法治社会必然要求建设一支法治军队，法治军队是建设法治国家、法治政府和法治社会的重要内容和必然要求。

二、全面把握法治军队建设的基本内涵

把握法治军队建设的基本内涵，需要关注以下几个方面的内容：
（一）法治军队建设的概念
法治军队建设就是依照法律法规治理军队，进行国防和军队建设。主要

是贯彻依法治军战略,把党对军队绝对领导的根本原则、党关于国防建设和武装力量建设的主张、治军的成功经验等,用法的形式确定下来,做到有法可依、有法必依、执法必严、违法必究,以推进军队建设科学化、制度化、规范化,提高国防和军队建设的法治化水平。

法治军队所依之"法",对军队而言,应作广义的理解,除了法律法规(特别是军法),还应包括政治纪律、政治规矩、军令和军纪等。既包括适用于全体公民的宪法和法律法规,即"国法",也包括专门适用于军队内部的军事法规,以及国家批准参加的国际军事条约和协定。首先,宪法和法律是依法治军的基本依据,《国防法》第23条规定:"中华人民共和国的武装力量必须遵守宪法和法律。"其次,依法治军要依据由国务院、中央军委制定的行政法规或者军事法规。《军事立法工作条例》第2条第3款规定,军事法规、军事规章是军队建设和部队行动的基本依据,是官兵行为的基本准则。但前提条件是军事法规、军事规章本身符合上位法的规定。最后,军委机关各部门、各战区、军兵种和武警部队根据法律和中央军委的军事法规、决定、命令,在其职权范围内制定的军事规章,在不与上位法相抵触并且没有超出立法权限范围时,也应当作为依法治军的依据。一些单位违背宪法、法律和军事法规而制定的政策、规定不能作为治军之"法"。

法治军队的"治",包括规制、整治、管理、治理军队官兵和军事事项的一切活动。所有活动都要"坚持按制度来、按程序走、按规矩办"[1],"要坚持把纪律和规矩挺在前面"[2]。根据我国宪法和法律的规定,法治军队建设的范围并不仅限于武装力量内部,它应当涵盖国防和军队建设的各个领域、各个方面。具体地说,法治军队建设的范围不仅包括国防动员、边防、海防与空防建设、国防科研生产、全民国防教育、国防资产保护、国防外交等国防建设领域,也包括作战指挥与训练、政治工作、军队管理、后勤和装备保障等武装力量建设领域。虽然国防和军队建设是全党、全军、全国人民共同的事业,

---

[1] 中共中央党史和文献研究院编:《习近平关于依规治党论述摘编》,中央文献出版社2022年版,第30页。
[2] 习近平:《抓住机遇一鼓作气趁势而为扎实推进军队规模结构和力量编成改革》,载《解放军报》2016年12月4日。

但由于我国武装力量及其成员所处的重要地位和特殊使命,国家法律赋予其法定的职权和义务相对较多,因此,武装力量及其成员应成为法治军队建设的重点。

(二)法治军队建设的基本要求

法治军队建设的基本要求是规范和制约军事权力,切实维护军人合法权益。

贯彻依法治国、依法治军要求,军事权必须受到规范和制约。法治军队建设的核心要义是依法治权。依法治军不是"领导治部属""上级治下级""官治兵"的手段,依法治军关键是依法治权。这是因为:任何军事组织和成员都应以军事法作为行动的基本依据;军事法位于其他军事规范之上,军事法在治理和规范军事活动中居于优先地位;军事权力来源于军事法,并受制于军事法。要牢记手中的权力是党和人民赋予的,是用来为军队建设服务的。位高不能擅权,权重不能谋私。依法治权要盯住"关键少数",军队各级领导干部是依法治军的"关键少数"。军队领导干部的法治素养关系到权力的良性运行。依法治权要盯住"关键部位","关键部位"的权力集中表现为财权、物权、用人权,这些权力调控着军队的有限资源,应严格按照军事法治的原则行使。依法治权要抓住"关键环节"。有些部门权力运行机制不合理,有些部门行使权力自由裁量权过大。要构建严密的权力运行和制约体系,才能在"关键环节"上使权力依法运行。

与依法治权相对应,法治军队建设还要求切实维护军人合法权益。各级党委和政府要完善相关政策制度,加强和改进兵役工作,落实军队转业干部、离退休干部、伤病残军人移交安置等政策规定,维护军人合法权益。要坚持以人为本的建军治军理念,抓紧制定完善军人法律地位和权益保障等方面的法规制度。军事法治应充分尊重和维护官兵合法权益,成为军人权利的有力保障,同时又能发挥官兵主观能动性,增强军人法律信仰,这也是依法治军从严治军的力量源泉。

(三)法治军队建设的总任务

依法治军战略的总任务是构建完善的中国特色军事法治体系,具体地说,就是"构建系统完备、严密高效的军事法规制度体系、军事法治实施体系、军事法治监督体系、军事法治保障体系"①。

第一,要建立和完善军事法规制度体系。要深化军事立法工作,打好政策制度改革攻坚战,提高立法质量,增强立法系统性、整体性、协同性。要用强军目标审视和引领军事立法,提高军事法规制度的针对性、系统性、操作性。要通过完善法规制度体系,为确保党对军队绝对领导提供坚强法治保障。军事法规制度建设必须同国家法律体系建设进程相协调,同我军建设、改革和军事斗争准备实践相适应。要加强同国家立法工作的衔接,突出加强改革急需、备战急用、官兵急盼的军事法规制度建设,②健全完善实在管用、系统配套的中国特色军事法规制度体系。抓紧制定完善军事斗争、信息化建设、军民融合、非战争军事行动以及军人法律地位和权益保障等方面的法规制度。作战条令是规范军队作战行动的法规,是部队作战和训练的主要依据。面对我军联合作战条令建设滞后的现状,中央军委主席习近平提出要以联合作战指挥体制改革为契机,抓紧推进新一代联合作战条令制定工作③。2020年11月,经中央军委主席习近平批准,中央军委印发《中国人民解放军联合作战纲要(试行)》,这是我军新时代作战条令体系的顶层法规,具有重要意义。要对基层建设有关政策制度进行全面梳理,搞好科学论证,做好立改废释工作。要推进法规制度建设集成化、军事法规法典化,形成精准高效、全面规范、刚性约束的军事管理政策制度。

第二,要建立和完善军事法规制度实施体系。法规制度的生命力在于执行。要做好法规制度实施工作,落实联合作战法规制度,深化依法治训、按纲施训,强化我军建设规划计划刚性约束,严格依法加强部队管理。从纪检、巡视、审计情况看,一些单位和领导仍然存在执行法规制度不坚决、不全面、不到位,甚至以言代法、以权压法、逐利违法徇私枉法等现象,必须坚决加以纠治。要坚持严字当头,强化执纪执法监督,严肃追责问责,把依法从严

---

① 习近平:《论坚持全面依法治国》,中央文献出版社2020年版,第133页。
② 《习近平:扎扎实实推进军民融合深度发展 为实现中国梦强军梦提供强大动力和战略支撑》,载《人民日报》2018年3月13日。
③ 《〈习主席国防和军队建设重要论述读本(2016年版)〉摘登(五)》,载《解放军报》2016年5月27日。

贯穿国防和军队建设各领域全过程,[①]让铁规生威、铁纪发力[②]。

第三,要建立和完善军事法治监督体系。依法治军,关键是依法治权,必须加强权力运行制约和监督,切实把权力关进制度的笼子里。权力必须有制约和监督,绝对权力导致绝对腐败,这是古今中外都证明了的一个道理。我们必须利剑高悬,以顽强的意志品质,坚决减存量、遏增量,推进标本兼治,不断压缩腐败现象生存空间,确保反腐败斗争取得压倒性胜利。要着眼于深入推进依法治军、从严治军,抓住治权这个关键,构建严密的权力运行制约和监督体系。纪检、巡视、审计部门要利剑高悬,履行好监督职能。各级领导干部要自觉接受监督,乐于接受监督。要强化法规制度执行监督工作。要适应党的纪律检查体制和国家监察体制改革要求,结合军队实际做好有关工作。要完善执法制度,健全执法监督机制,严格责任追究,违法者要军法从事。法律法规的红线不能逾越,这一条必须在全军牢固树立起来。要明晰责任主体和评估标准,健全监督机制,严格责任追究,确保法规制度落地见效。

第四,要建立和完善军事法治保障体系。要汇聚贯彻依法治军战略强大合力。军委要加强组织领导,各级要认真履职尽责,法治工作机构要发挥好职能作用,领导干部要带头依法指导和开展工作。中央和国家机关、地方各级党委和政府要强化国防意识,自觉履行法定的国防建设职责,依法保障好军队建设、军事行动和军人合法权益。

三、精准把握新时代法治军队建设的基本遵循

要建设法治军队,必须精准把握新时代法治军队建设的基本遵循。党的十八大以后,中国特色社会主义进入新时代,国防和军队建设也步入新时代,党提出了新时代的强军目标,指明了国防和军队建设的时代要求和发展方向,开辟了建军治军的新境界。这些新要求是法治军队建设的基本遵循。总的来

[①] 《习近平:扎扎实实推进军民融合深度发展 为实现中国梦强军梦提供强大动力和战略支撑》,载《人民日报》2018年3月13日。
[②] 《习近平:深入推进政治建军改革强军依法治军 坚定信心狠抓落实开创强军兴军新局面》,载《人民日报》2016年1月8日。

说,就是要在习近平强军思想的指导下,必须紧紧围绕党在新形势下的强军目标,着眼全面加强革命化现代化正规化建设,坚持党对军队绝对领导,坚持战斗力标准,坚持官兵主体地位,坚持依法和从严相统一,坚持法治建设和思想政治建设相结合,创新发展依法治军理论和实践,构建完善的中国特色军事法治体系,提高国防和军队建设法治化水平。

(一)必须坚持党对军队的绝对领导

我国《宪法》确立了中国共产党的领导地位,这是历史形成的,是人民的选择。坚持党的领导是社会主义法治的根本要求,是中国特色国防和军事制度的最本质特征,是社会主义法治最根本的保证。坚持党对国防和军队法治建设的领导不仅根植于人民军队的历史渊源、光荣传统和人民的信任,更重要的是源于国家宪法和法律的规定。《宪法》规定了党对国家的领导原则,是党对国防和军队法治建设实施领导的最高法律依据。我军是由中国共产党缔造的,是无产阶级新型的人民军队,是执行党的政治任务的武装集团,完全是为解放人民的,全心全意为人民服务的。我军是党缔造的,90多年来我军之所以能不断从胜利走向胜利,最根本的就是靠党的坚强领导。保证党对军队的绝对领导,关系我军性质和宗旨、关系社会主义前途命运、关系党和国家长治久安,是我军的立军之本和建军之魂。习近平总书记强调,党对军队的绝对领导有一系列根本原则和制度,无论战争形态怎么演变、军队建设内外环境怎么变化、军队组织形态怎么调整,都必须始终不渝坚持。[①]

(二)必须服务于新时代的强军目标

党的十八大以来,习近平总书记着眼实现中国梦、强军梦,立足国家安全和发展战略全局,提出了一系列重大战略思想。2012年年底,习近平总书记在军队一次重要会议上指出:"我们要牢记听党指挥这个强军之魂,能打仗、打胜仗这个强军之要,依法治军、从严治军这个强军之基,走中国特色强军之路,推动军队现代化建设跨越式发展。"[②]2013年3月,习近平总书记

[①] 中共中央宣传部编:《习近平总书记系列重要讲话读本》,学习出版社、人民出版社2014年版,第137~138页。

[②] 《在中国特色强军之路上阔步前行(治国理政新实践)——党的十八大以来习近平主席和中央军委推进强军兴军纪实》,载《人民日报》2016年3月1日。

更明确提出了"听党指挥、能打胜仗、作风优良"①的强军目标。党的十八届四中全会明确要求:"紧紧围绕党在新形势下的强军目标,着眼全面加强军队革命化现代化正规化建设,创新发展依法治军理论和实践,构建完善的中国特色军事法治体系。"党的十九大报告明确指出:"党在新时代的强军目标是建设一支听党指挥、能打胜仗、作风优良的人民军队。"这是新的历史条件下我们党建军治军的总方略。党的二十大就"实现建军一百年奋斗目标,开创国防和军队现代化新局面"作出重要部署,要求"加强依法治军机制建设和战略规划,完善中国特色军事法治体系"。党的十八大以来,习近平总书记着眼实现中国梦、强军梦,立足国家安全和发展战略全局,提出了一系列重大战略思想。2012年年底,习近平总书记在军队一次重要会议上指出:"我们要牢记听党指挥这个强军之魂,能打仗、打胜仗这个强军之要,依法治军、从严治军这个强军之基,走中国特色强军之路,推动军队现代化建设跨越式发展。"②2013年3月,习近平总书记更明确提出了"听党指挥、能打胜仗、作风优良"③的强军目标。党的十八届四中全会明确要求:"紧紧围绕党在新形势下的强军目标,着眼全面加强军队革命化现代化正规化建设,创新发展依法治军理论和实践,构建完善的中国特色军事法治体系。"一方面,法治是实现强军目标的内在要求和基本途径;法治是强大军队的标准之一,既是军队的软实力,更是军队战斗力的新增长点。一支没有法治的军队,不可能实现真正的强大。只有不断提高依法治军水平,实现强军目标才有可靠保证。另一方面,任何法治都有一定的目的性,合目的性是任何法治的基本属性之一。只有紧紧围绕强军目标,才能充分发挥依法治军的作用和价值。

(三)必须着眼于推进国防和军队现代化

党的二十大报告指出:"加快军事理论现代化、军队组织形态现代化、军事人员现代化、武器装备现代化。"一个现代化国家必然是法治国家,一支现

---

① 习近平:《在第十二届全国人民代表大会第一次会议上的讲话》,人民出版社2013年版,第7页。

② 《在中国特色强军之路上阔步前行(治国理政新实践)——党的十八大以来习近平主席和中央军委推进强军兴军纪实》,载《人民日报》2016年3月1日。

③ 习近平:《在第十二届全国人民代表大会第一次会议上的讲话》,人民出版社2013年版,第7页。

代化军队必然是法治军队;军队的现代化不仅是装备和技术的升级,更重要的是管理理念、治理模式和方式的转变;军队越是现代化,越是信息化,越是要法治化;信息网络时代,高技术战争过程日益科学化,军队建设、管理和作战行动更加强调标准化、规范化、精细化。必须着眼时代发展要求,把依法治军放在军队现代化建设的大背景下来思考,把提高军队建设法治化水平放在世界新军事变革的大趋势下来运筹,为全面推进国防和军队现代化提供强有力的法治保障。

(四)必须对标建设世界一流军队的要求

党的十九大报告指出:"到本世纪中叶把人民军队全面建成世界一流军队。"这既是深刻把握世界新军事变革发展趋势和国际战略格局演变规律对我军建设和改革提出的最新要求,也是党在新时代强军目标内涵与标准的具体化和新拓展,为强军兴军立起了新的时代标杆。一流国家需要一流军队,实现中华民族伟大复兴,必须建设一支与我国国际地位相称、与国家安全和发展利益相适应的世界一流军队;只有建成世界一流军队,才能有效应对国际战略格局调整带来的风险挑战,才能有效维护我国周边安全稳定、塑造有利于国家发展的战略环境,才能有效支撑我国战略利益的拓展和国家的安全发展。建成世界一流军队,不仅要有世界一流的军事理论、军事制度、武器装备、人才队伍和训练水平,更要运用法治手段对军队建设进行严格规范,建立一整套符合现代军事发展规律、体现我军特色的科学的组织模式、制度安排和运作方式,推动军队法治化建设向更高质量发展。而依法治军只有对标建成世界一流军队的标准,用法治聚力备战打赢,加快推进战备训练、教育管理、后装保障等各方面标准化、规范化、流程化,构建科学高效的法治格局,才能充分发挥法治建设对军队建设的规范和保障作用。

(五)必须坚持军队战斗力标准

党的二十大报告指出:"全面加强练兵备战,提高人民军队打赢能力。"习近平总书记明确提出,要"牢固确立战斗力这个唯一的根本的标准"[①]。要求"军队党的建设必须紧紧围绕能打仗、打胜仗来展开,成为部队战斗力的

---

① 《习近平国防和军队建设重要论述读本》,解放军出版社2016年版,第75页。

增强剂和功放器。要强化战斗队思想，把战斗力标准贯彻到军队党的建设各个方面"[1]；"要抓住制约战斗力建设的重难点问题，在领导指挥体制、力量结构、政策制度等方面的改革上狠下功夫，以重点突破带动整体推进，为改革调研树立起鲜明的问题导向"[2]；要"下决心解决训风演风考风不实问题，不能让战备训练成为花架子，不能让军事斗争准备流于形式，不能让能打仗、打胜仗成为一句空话"[3]。军队的根本职能是能打仗、打胜仗，战斗力是古往今来任何一支军队的立身之本，是军队赖以生存、履行职责、完成任务的先决条件；战斗力标准是军队建设的唯一的根本的标准；军队战斗力是国防实力的核心和坚实基础，如果离开战斗力标准，军队建设各项工作就会失去其根本意义和根本价值。战斗力标准是检验依法治军成效的唯一尺度，也是推动依法治军发展的原动力。依法治军、建设法治军队的重要目标和根本标准是提高战斗力，依法治军又是战斗力生成的法宝。要不断培育战斗力新的增长点，提高创新对战斗力增长的贡献率，就必须坚持依法治军。法治能够更好地把战斗力各系统、各要素有机结合起来，把军事斗争准备和实战化训练扎实开展起来，把战斗精神和军法军纪有机结合起来，进而为形成高度集中统一、系统集成的作战体系和强大作战能力提供体制和机制保障。因此，必须以提高战斗力为牵引，真正让依法治军成为提高战斗力的"推进器"。坚持依法治军必须坚定地执行、维护和看齐战斗力标准，切实为能打仗、打胜仗蓄内功、打基础，遵循战斗力生成规律，用法规制度规范部队作战训练，保障依法履行使命任务，使部队始终保持召之即来、来之能战、战之必胜的战备状态。"召之即来"涉及军事法治的权力运行，"来之能战"涉及军事法治的义务履行，"战之必胜"是军事法治的价值目标。每个组织、每名成员都应当担负相应的法定职责，这样才能有效履行宪法和法律赋予我军的历史使命和法定责任。

---

[1] 《习近平：不断提高军队党的建设科学化水平》，载《人民日报》2013年11月7日。
[2] 《习主席和中央军委运筹设计深化国防和军队改革纪实》，载《人民日报》2015年12月31日。
[3] 中共中央宣传部编：《习近平总书记系列重要讲话读本》，学习出版社、人民出版社2014年版，第142页。

（六）必须坚持依法治军与从严治军相结合

2012年12月，习近平总书记提出"依法治军、从严治军是强军之基"，[①]并多次强调全军要始终牢记并夯实这个强军之基。党的十八届四中全会把依法治军、从严治军纳入依法治国总体布局。2015年2月，中央军委印发《关于新形势下深入推进依法治军从严治军的决定》，对加强军队法治建设作出全面部署，要求全军用强军目标引领军事法治建设，强化法治信仰和法治思维，形成党委依法决策、机关依法指导、部队依法行动、官兵依法履职的良好局面，提高国防和军队建设法治化水平。2017年10月26日，习近平总书记在出席军队领导干部会议时强调："必须厉行法治、从严治军""要狠抓全面从严治军，坚持严字当头、一严到底，把全面从严治军贯穿我军建设各领域全过程。"[②] 党的十九大报告强调："全面从严治军，推动治军方式根本性转变，提高国防和军队建设法治化水平。"党的二十大报告强调，坚持依法治军。确立依法治军、从严治军在国防和军队建设中的全局性、基础性、战略性地位，是党在新形势下建军治军理念的创新发展。可见，依法治军、从严治军是我党总结历史经验、探索发展规律作出的科学决策，是全面推进依法治国方略在国防和军队建设领域的具体贯彻落实，标志着我党对执政规律、社会主义建设规律、人类社会发展规律、国防和军队建设规律的认识达到了新高度。军法从严是军事法的基本原则，是指军事法的制定与适用比一般法更严格和严厉，因为军事法所调整的关系属于军事利益，军事法律关系的主体身份具有特殊性，军事法对主体行为的约束更加严格，责任的承担更加严厉。因此，军法从严原则要求军事法在适用时要从严把握，处罚制裁措施也比适用一般法更加严厉，战时军事法更为如此。治军贵在从严，也难在从严，但部队一"松"、一"软"的问题还在一定程度上存在。"松"和"软"就会造成"散"，这是与从严治军的原则背道而驰的，会削弱部队的战斗力。"依法"与"从严"是一个问题的两个方面，是辩证统一密不可分的整体。依法治军是从严

[①]《习近平：坚持富国和强军相统一 努力建设巩固国防和强大军队》，载《人民日报》2012年12月13日。

[②]《习近平：为实现党在新时代的强军目标 把人民军队全面建成世界一流军队而奋斗》，载《人民日报》2017年10月27日。

治军的基本内涵和基本方法,从严治军是依法治军的基本要求。从严治军是由军队的根本任务和历史使命所决定的,是军队区别于一般社会组织的鲜明特点。不管时代怎么发展、环境如何变化、军队的使命任务怎样拓展,坚持从严治军的铁律都不会改变。但是,从严不是严在法外,而是严在法内;不是越严越好,而是严之有据、严而有度。依法的标准是从严,从严的尺度是依法,依法治军必须贯穿一个"法"字、体现一个"严"字。"依法"与"从严"结合并施,才能彰显治军的权威性、规范性、稳定性和强制性,才能保证军队高度集中统一和纯洁巩固,这是其他任何治军手段和措施所无法替代的。

四、努力创新法治军队建设的路径与举措

法治军队建设是一个宏大的系统工程,要统筹全局、突出重点,以重点突破带动整体推进,不断创新法治军队建设的路径与举措。

(一)深入贯彻中国特色社会主义依法治军理论

在创建和领导人民军队开展革命战争的伟大实践中,毛泽东同志就十分重视军事法制建设,积累了丰富的无产阶级革命军队法制建设经验,建立了军队的基本法规制度,奠定了我军法制建设的基础。毛泽东同志关于军队正规化建设的思想为中国共产党依法治军理论奠定了思想基础。邓小平同志主持中央军委工作后,在科学总结法制建设正反两方面经验和教训的基础上,提出了一系列恢复和加强军队法制建设的方针和原则,依法治军被重新提上了议事日程。邓小平同志关于军队制度化建设的民主法制理论,奠定了依法治军指导思想的理论基础。江泽民同志根据世界新军事变革、社会主义市场经济和社会主义民主政治建设的需要,从加强国防和军队全面建设出发,明确提出了依法治军指导方针,是依法治军指导思想的形成。胡锦涛同志着眼国防和军队建设的新形势和新任务,提出要"更加注重依法治军、从严治军",[①] 把依法治军提高到了更加重要的地位,深化了我们党依法治军理论。党

---

① 《胡锦涛文选》(第三卷),人民出版社 2016 年版,第 459 页。

的十八大以来，习近平总书记对深入推进依法治军、从严治军作出全面论述和部署，鲜明提出依法治军、从严治军是我们党建军治军的基本方略，强调依法治军、从严治军是强军之基，深刻揭示了依法治军、从严治军在建设强大军队中的基础地位和基石作用，赋予了依法治军、从严治军新的时代内涵，开辟了我军依法治军、从严治军的新境界，标志着我们党对建军治军规律的认识达到一个新高度，丰富和发展了党的军事指导理论，是习近平强军思想的重要组成部分。习近平有关依法治军的论述是对毛泽东、邓小平、江泽民、胡锦涛依法治军理论的深化和发展，有其独特的理论贡献和创新，科学回答了新时代法治军队建设的一系列重大理论和实践问题，丰富发展了党的军事指导理论，是习近平法治思想在国防和军队领域的深化展开，为法治军队建设立起了总目标、总指导、总遵循，必将进一步提高国防和军队建设法治化水平，为推进强军事业提供坚强法治保障。

（二）确保党指挥枪的原则落地生根

习近平总书记指出："各级党委要把落实党对军队绝对领导的制度作为第一位责任，把党领导军队一系列制度贯彻到部队建设各领域和完成任务全过程，确保党指挥枪的原则落地生根。"[①] 要健全和完善党领导军事法治的各项制度，包括工作机制和程序，保证党的领导制度的全面落实。在坚持党对军队的绝对领导上，不能热衷于做形式主义的表面文章，搞好看不中用的花拳绣腿，不能出现选择性执行党法党规的情况，必须排除各种公开与隐蔽的干扰和破坏，将党的领导原则真正落到实处。

（三）强化全军法治信仰和法治思维

法律必须被遵守，法治必须被信仰，否则就会形同虚设。法治信仰是指人们基于对法治的认知、认同而对法治所具有的信任、支持、赞成并笃行的态度。法治思维，是指在法治理念基础上，运用法律规范、法律原则、法律逻辑对所遇到的问题进行综合分析、推理判断和形成决定的思想活动。带兵要严绝不是简单粗暴，必须严之得法。我们强调深入推进依法治军、从严治军，提高军队建设法治化水平，就是要求强化法治思维，提高依法带兵的能

---

① 《习近平：发挥政治工作对强军兴军的生命线作用 为实现党在新形势下的强军目标而奋斗》，载《人民日报》2014年11月2日。

力和水平。要依据条令条例和规章制度办事,坚决防止和克服以言代法、以权压法,搞土政策、土规定等问题。深入推进依法治军、从严治军,首先要让法治精神、法治理念深入人心,使全军官兵信仰法治、坚守法治。没有这一条,依法治军、从严治军是难以推进的。全军要增强宪法意识,弘扬宪法精神,做宪法的忠实崇尚者、自觉遵守者、坚定捍卫者。① 长期以来,军事法治建设是有长足进步的,但必须看到,重人治、轻法治现象在一些部队中还有市场。要在全军深入开展法治宣传教育,把法治教育训练纳入部队教育训练体系,把培育法治精神作为强军文化建设的重要内容,引导广大官兵把法治内化为政治信念和道德修养,外化为行为准则和自觉行动。领导干部要自觉培养法治思维,带头尊法学法守法用法,自觉做依法治军的带头人。能不能遵守法律、依法办事,要作为领导干部选拔任用的重要条件,纳入干部考核评价体系。无法无天的干部不能用,更不能重用。

(四)按照法治要求转变治军方式

建设法治军队,要求我们的治军方式发生一场深刻变革。要加大依法治军工作力度,加快推动治军方式根本性转变。法治是一支军队效率和秩序的重要保障,在治军方式中具有举足轻重的地位,世界军事史反复证明,治军都不能背离依法从严这一客观规律。习近平总书记强调,要"不折不扣地落实依法治军、从严治军方针"。这里的从严是依法前提的从严,是在法律幅度范围内的从严,是合法合理的从严。依法治军、从严治军是新形势下深入推进国防和军队改革的重要保障,要全面落实《中央军委关于新形势下深入推进依法治军从严治军的决定》,加快实现治军方式的"三个根本性转变"。各级要严格按照法定职责权限抓好工作,努力实现三个根本性转变,即从单纯依靠行政命令的做法向依法行政的根本性转变,从单纯靠习惯和经验开展工作的方式向依靠法规和制度开展工作的根本性转变,从突击式、运动式抓工作的方式向按条令条例办事的根本性转变,在全军形成党委依法决策、机关依法指导、部队依法行动、官兵依法履职的良好局面。要扭住治军方式"三个根本性转变"不放松,持续用力、久久为功,提高国防和军队建设法治化水平。

---

① 《习近平:扎扎实实推进军民融合深度发展 为实现中国梦强军梦提供强大动力和战略支撑》,载《人民日报》2018年3月13日。

（五）深化军事管理政策制度和军事法制体制机制改革

习近平总书记敏锐地发现了国防和军队改革与立法的不协调问题："领导管理体制不够科学、联合作战指挥体制不够健全、力量结构不够合理、政策制度改革相对滞后等深层次矛盾和问题还没有得到有效解决。"[①]要深化军事管理政策制度和军事法制体制机制改革，需要注意三方面问题：

一是要做到国防和军队改革于法有据。《中央军委关于深化国防和军队改革的意见》要求"做到重大改革于法有据"。习近平总书记强调，"在整个改革过程中，都要高度重视运用法治思维和法治方式"。[②]要坚持重大改革依法决策，同时确保决策机制的科学性、规范性和有效性，从而保证重大改革决策的合法性，防止决策失误甚至发生颠覆性错误；立法问题与改革问题要同步考虑，需要先行立法的，要及时向立法机关提出建议。

二是军事立法要适应改革需要。国防和军队改革过程中取得的比较成熟的经验做法，特别是被军事实践证明行之有效的改革举措，要通过立法程序及时被军事法规所吸收；对国防和军队改革所急需的，涉及利益调整比较深刻的军事立法，不能搁置不前，应积极协调和推动立法进程；应通过法定程序适时修改和废止不符合国防和军队改革要求的军事法规，以免迟滞改革进程。2017年5月，中央军委主席习近平签署命令发布《军事立法工作条例》，对军事立法工作进行规范，为确保改革于法有据提供了法律支持。

三是用法的强制力保障国防和军队改革成果。要发挥军事法治对国防和军队改革的保障作用，《中央军委关于新形势下深入推进依法治军从严治军的决定》在规范国防和军队改革与法治的关系时突出强调了法的强制力作用。军事法治是深化国防和军队改革的保障，深化改革需要良法善治开路断后，在国防和军队改革过程中，要严肃改革纪律，严格按照法规制度组织实施改革方案；建立改革督察机制，对执行改革措施大打折扣甚至设置障碍阻挠改革的，要加强督察，严肃处理，构成违法行为的，要依法追究责任。我军法

---

① 中共中央文献研究室编：《习近平关于全面深化改革论述摘编》，中央文献出版社2014年版，第118页。

② 中共中央文献研究室编：《习近平关于全面深化改革论述摘编》，中央文献出版社2014年版，第153页。

治专门机构体制机制不顺、力量薄弱、职能不完备，法律服务保障力量分散，严重制约了职能作用发挥。要拿出有效举措，在健全军事法制工作体制、深化军事司法体制改革、调整纪检监察和审计体制机制、完善军事法律人才培养管理机制等方面取得实质性进展。要建立军事法律顾问制度，为党委首长决策和部队行动提供法律咨询保障。① 构建军费管理制度，加强军事资源统筹安排，推进法规制度建设集成化、军事法规法典化，推进军事司法制度改革，形成精准高效、全面规范、刚性约束的军事管理政策制度，提升军事系统运行效能，推动我军高质量发展。② 要加强涉外军事法治工作，统筹谋划军事行动和法治斗争，健全军事领域涉外法律法规，更好用法治维护国家利益。改革要充分发挥法治引领和推动作用，坚持改革和立法衔接协调，确保改革在法治轨道上积极稳妥推进。

（六）切实增强军事法律规范的执行力

执行力，通常是指一个组织系统将其追求的价值目标和价值理念转变为现实成果的能力。军队法规制度的生命力在于执行力，法规制度的权威也在于执行力。习近平总书记反复强调："我们就深入推进依法治军、从严治军问题专门作出决定，必须说到做到。""要着力增强法规制度执行力。"③ 在部队建设中，领导干部要自觉按照依法治军、从严治军的基本指导和目标要求，坚持推进部队法规制度执行力建设，努力形成办事依法、遇事找法、解决问题用法、化解矛盾靠法的良好法治环境。推进军队法规制度执行力建设，要坚持严字当头，在从严管理、依法带兵上下功夫。严才能正纲纪，严才能肃军威，严才能出战斗力。我军是党领导的武装力量，法纪严明才能令行禁止、步调一致，法纪松弛就会百弊丛生。在长期和平环境下，部队容易发生管理松懈、作风松散、纪律松弛等问题。要强化执纪执法监督，严肃追责问责，

---

① 《提高国防和军队建设法治化水平——关于深入推进依法治军》，载《解放军报》2016年5月27日。

② 《习近平：认清推进军事政策制度改革重要性和紧迫性 建立健全中国特色社会主义军事政策制度体系》，载《人民日报》2018年11月15日。

③ 中共中央文献研究室编：《习近平关于全面深化改革论述摘编》，中央文献出版社2014年版，第114页。

把依法从严贯穿国防和军队建设各领域全过程。① 要锻造法纪严、风气正的过硬基层，以严明的法治和纪律凝聚铁的意志、锤炼铁的作风、锻造铁的队伍。要全面落实依法治军、从严治军方针，贯彻条令条例，坚持按纲抓建。要严格管理部队，坚持严格要求同热情关心相结合，坚持纪律约束同说服教育相结合，确保部队高度集中统一和安全稳定。要把正风肃纪反腐压力传导到基层，深入纠治官兵身边的"微腐败"和不正之风，把基层搞得清清爽爽。②

（七）采取有效举措全面维护军人合法权益

全面维护军人合法权益，需要从以下几个方面着力：一是建立和完善军人可预期性法律制度。这项制度是指有关军人入伍、入学、晋升、安置、退役、退休等方面的法规制度，使其能够依靠法律制度获得合理的预期和安排，提高军人职业发展过程的科学性、民主性和公正性，从而增强这一职业的吸引力和荣誉感。多年来，军人职业法律制度方面存在干部培训、选拔、任用和考评制度不完善，征兵、退役、安置和伤残病移交等环节面临一些困难等问题，需要在军官服役、军官分类管理、选拔任用等环节完善相关制度。二是健全基层官兵权益保障制度。基层是军队全部工作和战斗力的基础，要把工作重心放在基层、把官兵冷暖放在心上。完善基层官兵权益保障制度要求严格按照法规制度规范基层战备、训练、工作和生活秩序，减轻基层负担，保障官兵按照条令条例应有的休息、休假等权利；针对官兵的任职、调级、退役等事务，建立公开、透明、公正的制度机制。三是建立提高军人待遇的长效法律机制，以更好凝聚军心、稳定部队、鼓舞士气。建立提高军人待遇的长效法律机制，要深化军人医疗、保险、住房保障、工资福利等制度改革；要制定军人工资待遇和津贴补贴法律法规，合理规范官兵津贴补贴等福利补助；完善军人保险法律制度，减轻军人后顾之忧，增强军事职业吸引力和军人荣誉感。四是完善军人退役安置制度。要"在国家层面加强对退役军

---

① 《习近平：扎扎实实推进军民融合深度发展 为实现中国梦强军梦提供强大动力和战略支撑》，载《人民日报》2018年3月13日。
② 《习近平：发扬优良传统 强化改革创新 推动我军基层建设全面进步全面过硬，载《人民日报》2019年11月11日。

人管理保障工作的组织领导,健全服务保障体系和相关政策制度",①通过建立相对独立的退役军人安置保障机构,统管离休、退休、转业、复员军官和退役士兵安置事宜;各级党委和政府、军队各级组织要为促进部队干部队伍建设、为安置和使用好军转干部提供更可靠、更有效的制度保障,通过加强退役军人安置的法治建设,健全退役军人再就业培训体系,拓展灵活多样的安置方式。

(八)坚决遏制和反对军队中的腐败现象

国防和军队建设中的各类消极腐败现象严重影响、制约军队战斗力增长,是阻碍、破坏国防和军队建设法治化的最大毒瘤。在国防和军队法治建设中必须把遏制和反对腐败作为重点任务,为国家国防实力增长和军队战斗力生成提供健康的有利环境和发展空间。习近平总书记深刻总结了历史上的教训,历史上多少战功卓著的军队最后都是被腐败搞垮的。"要坚持有腐必反、有贪必肃,反腐没有禁区,执法没有特例。"习近平总书记告诫我们虽然军队是党绝对领导下的国家武装力量,但在反腐上绝对不能有特殊,绝不允许"有铁帽子王",更不能成为"真空地带",要坚决破除"军队特殊论","军队是拿枪杆子的,军中绝不能有腐败分子藏身之地"②。"出了腐败分子,不仅严重损害人民军队形象,也会给部队士气造成严重伤害。"因此,对腐败问题要"保持高压态势不放松……查处腐败问题,必须坚持零容忍的态度不变、猛药去疴的决心不减、刮骨疗毒的勇气不泄、严厉惩处的尺度不松",③绝不让腐败分子在军队有藏身之地。习近平总书记强调:"军委的同志要旗帜鲜明反对腐败,带头遵守廉洁自律各项规定,带头遵守中央关于领导干部工作和生活待遇等方面的规定。"④

---

① 《习近平:全面实施改革强军战略 坚定不移走中国特色强军之路》,载《人民日报》2015年11月27日。
② 中共中央宣传部编:《习近平总书记系列重要讲话读本》,学习出版社、人民出版社2016年版,第251页。
③ 中共中央文献研究室编:《习近平关于协调推进"四个全面"战略布局论述摘编》,中央文献出版社2015年版,第147页。
④ 中共中央纪律检查委员会、中共中央文献研究室编:《习近平关于党风廉政建设和反腐败斗争论述摘编》,中国方正出版社、中央文献出版社2015年版,第93页。

（九）坚持法治建设和思想政治建设相结合

《中央军委关于新形势下深入推进依法治军从严治军的决定》强调要"坚持法治建设与思想政治建设相结合"，因为法治约束和思想引导是规范官兵的基本手段，军事法治既要重视法治的规范和强制作用，又要发挥思想政治建设的教育和引导作用。要按照习近平总书记"坚持从思想上政治上建设部队"[①]的要求，在思想政治建设过程中，要坚持党对军队绝对领导的法治原则，努力培育新一代"四有"革命军人。

（十）要抓好领导干部这个"关键少数"

上行下效，上率下行。军队各级领导干部是依法治军的"关键少数"，军队领导干部的法治素养关系到权力的良性运行。领导干部要善用法治思维和法治方式观察、思考和解决部队建设、改革面临的重大问题。军无法不立，法无严不威。领导干部中以言代法、以权压法、逐利违法、徇私枉法的现象还时有发生。我们的制度规定不断完善，方方面面都有明确要求，必须抓好落实。抓落实，领导干部是关键，领导干部怎么做，部队官兵都看着。领导干部不以身作则，部队是带不好的。各级领导机关和领导干部应牢固树立领导机关就是执法护法机关、领导者就是执法者护法者的观念，切实履行好贯彻执行法规制度的重要职责，在贯彻执行法规制度上决不打折扣、做选择、搞变通。要高度重视军队领导干部法治思维的培养，着力提高他们的法治素养。军队领导干部要加强法律知识的学习，提高自身的法律素养，养成依法办事的行为模式，在依法决策、依法指导、依法指挥和依法管理方面做好表率，努力践行军事法治。干部考评体系要将法治素养作为重要指标，与领导干部的选拔任用挂钩。

---

① 《习近平：深入学习十八大精神 建设强大的信息化战略导弹部队》，载《人民日报》2012年12月6日。

第七章

法治中国建设

在依法治国和法治化建设一系列重要概念当中,"建设法治中国"系兼具阶段性总体目标和远景规划定位之崇高理念。习近平总书记创造性提出"法治中国"概念,宏观构建了全面依法治国的总蓝图,以一系列颇具战略性、前瞻性的理论观点丰富和发展了中国特色社会主义法治理论,引领我国新时代法治建设迈上了新征程。法治中国建设是法治国家建设的"中国化"最新成果,是中国法治建设的"进阶版"。习近平总书记明确提出了建设法治中国的目标,中共中央颁布《法治中国建设规划(2020—2025年)》,形成了理论和实践相配套的成果。有必要对法治中国建设的地位、实践层面遵循的原则和应注意的问题等进行深入研究和探讨。

一、法治中国建设理论的形成与完善

以习近平同志为核心的党中央注重回应当下社会关切与现实问题,对未来中国法治蓝图作了整体勾画,把"建设法治中国"作为目标指向。目标指向是科学合理设定的奋斗目标和努力方向。实践经验证明,越是关涉大局、关涉长远，越是情势复杂、路程艰险，越要设立明确的目标指向。目标方向明确一致，才能凝聚共识、激发动力、汇聚力量。回望我国法治建设走过的不平凡历程，从艰辛摸索、爬坡过坎到全面推进、加快建设，每一个历史时期，党中央都提出了契合不同阶段的奋斗目标，进而领导人民锚定方向一步一个脚印迈出了坚实步伐。在这一发展过程中，"依法治国""建设社会主义法治国家""全面依法治国""建设法治中国"等概念命题相继提出。

（一）法治中国建设理论的演进脉络

党的十一届三中全会把加强社会主义民主法制建设作为一个重大方针予以确定，标示了我国民主法制建设的再次起步，打开了平稳推进法治建设新局面。党的十五大将"依法治国"确定为党领导人民治理国家的基本方略，将"建设社会主义法治国家"作为建设社会主义现代化国家的重要目标。九届全国人大二次会议将依法治国基本方略载入宪法。党的十六大、十七大、十八大就落实依法治国提出了具体要求、作出了相应部署，社会主义法治建设持续推进。

党的十八大以来，党中央就推进全面依法治国作出了一系列重大决策，开启了加快建设法治中国新征程。党的十八大明确提出，要加快建设社会主义法治国家，全面推进依法治国。2013年1月，习近平总书记就做好新形势下政法工作作出批示，首次提出建设"法治中国"重大命题。同年11月，党的十八届三中全会通过的《中共中央关于全面深化改革若干重大问题的决定》正式提出"推进法治中国建设"，并明确了具体目标、内容与要求。2014年10月，党的十八届四中全会专题研究全面依法治国问题，审议通过了《中共中央关于全面推进依法治国若干重大问题的决定》，对全面推进依法治国作了全面部署，并号召全党全国为建设法治中国而奋斗。之后，党的十九大、十九届四中、五中全会等都对法治中国建设作了具体部署，绘制了路线图与时间表。党的二十大报告专章部署坚持全面依法治国，推进法治中国建设的战略任务，在我国社会主义法治建设史上具有里程碑意义。

要准确理解"法治中国"这一宏大目标，并积极投身实践，我们还要理解依法治国、建设社会主义法治国家、全面依法治国、建设法治中国这四个概念之间的关系。现阶段，这四个概念同时存在，在使用上也未作严格界分；

学术界在讨论此问题的时候，有时也交叉使用。即便如此，我们可以确定的是，这些概念并非只是单纯的语词表达的变化，实质上，它们的内涵是有不同侧重与明显区别的。这是因为，各阶段法治建设目标的提出，都是经过充分考量，不是凭空想象的，也不是对传统方案的简单沿用，更不是对他国方案的照搬照抄。综合以上，结合各个概念提出的时间节点，我们可以对其相互间的关系作如下理解：

1. "依法治国"是法治国家建设的初级阶段

我国民主法制建设曾历经严重曲折，而后我们党、国家和人民都深刻认识到"法治是治国理政不可或缺的重要手段"[①]。因而，我国在法治建设刚步入稳步发展阶段之初，就将"依法治国"确定为治国方略。这一阶段，仍属于我国法制体系初建阶段，也是法治国家建设的基础阶段。此处的"法治国家建设"是一个总括概念，泛指一般法治国家在不同阶段的法治建设。

2. "建设社会主义法治国家"是我国现阶段法治建设的总目标

这是对我国法治建设的性质和方向的明确，即社会主义性质。当然，在不同的时期，党和国家会根据法治发展的阶段性特征，确定不同的工作重点与总抓手，部署不同的方式与举措，来实现这一总目标。习近平总书记强调，全面推进依法治国总目标是建设中国特色社会主义法治体系，建设社会主义法治国家。依法治国各项工作都要围绕全面推进总目标来部署、来展开。[②]

3. "全面依法治国"是党的十八大特别是2013年以后提出的依法治国新任务

2013年2月，习近平总书记在主持十八届中央政治局第四次集体学习时发表重要讲话，指出"全面建成小康社会对依法治国提出了更高要求"，并首次提出"全面推进依法治国"的概念，提出"全面推进科学立法、严格执法、公正司法、全民守法""三个共同推进、三个一体建设"，并对重点任务作出了重要部署。[③] 习近平总书记强调，"全面推进依法治国，是我们党从坚持和

[①] 习近平：《论坚持全面依法治国》，中央文献出版社2020年版，第170页。
[②] 习近平：《加快建设社会主义法治国家》，载《求是》2015年第1期。
[③] 《习近平主持中共中央政治局第四次集体学习》，载《人民日报》2013年2月25日。

发展中国特色社会主义出发、为更好治国理政提出的重大战略任务"。① 之后，形成了全面建成小康社会、全面深化改革、全面依法治国、全面从严治党"四个全面"战略布局。其中，将"全面推进依法治国"提炼为"全面依法治国"。这里需要注意的是，党的十九届五中全会提出了"协调推进全面建设社会主义现代化国家、全面深化改革、全面依法治国、全面从严治党的战略布局",② 这表明"四个全面"战略布局已发展形成了新内涵。

4."建设法治中国"是我国法治建设的长远目标，是依法治国的"进阶版"，是法治国家建设的"中国化"最新成果

长远目标是指将"法治中国"作为新时代法治建设的远景目标；"进阶版"是指"法治中国"新目标在法治理论与实践意义上对"依法治国"法治目标进行了全面升级；"中国化"是指"法治中国"是法治的普遍原理与新时代中国法治实践特色的有机结合，是中国方案，具有中国特色。随着我们党和国家事业的蓬勃发展，法治建设必将承载更多使命，也将发挥更为重要的作用。习近平总书记站在统筹国内国际两个大局的高度，擘画了法治中国建设这一远景目标的总蓝图，并作了分步有序实现法治中国建设目标的战略安排。到2035年，基本实现国家治理体系和治理能力现代化，基本建成法治国家、法治政府、法治社会；到本世纪中叶，建成社会主义现代化强国。③ 中共中央印发的《法治中国建设规划（2020—2025年）》，对建设良法善治的法治中国作了全面部署，"建设法治中国，应当实现法律规范科学完备统一，执法司法公正高效权威，权力运行受到有效制约监督，人民合法权益得到充分尊重保障，法治信仰普遍确立，法治国家、法治政府、法治社会全面建成"。④《法治中国建设规划（2020—2025年）》是深入贯彻习近平法治思想的重大实

---

① 中共中央文献研究室编：《习近平关于全面依法治国论述摘编》，中央文献出版社2015年版，第7页。
② 《中共中央关于制定国民经济和社会发展第十四个五年规划和二〇三五年远景目标的建议》，载《人民日报》2020年11月4日。
③ 详见习近平：《决胜全面建成小康社会 夺取新时代中国特色社会主义伟大胜利——在中国共产党第十九次全国代表大会上的报告》，人民出版社2017年版；《中共中央关于制定国民经济和社会发展第十四个五年规划和二〇三五年远景目标的建议》，载《人民日报》2020年11月4日。
④ 《中共中央印发〈法治中国建设规划（2020—2025年）〉》，载《人民日报》2021年1月11日。

践成果，①是对新时代法治中国建设作出全局性、战略性、基础性、保障性安排的纲领性文件。②

综上，"建设法治中国"是习近平总书记在实现中华民族伟大复兴的关键时期，对我国法治建设提出的颇具战略性前瞻性的理论与实践构想，我国法治建设以建设法治中国作为目标指向开启了全新篇章。

（二）建设法治中国的必要性、重要性和紧迫性

习近平总书记反复强调了法治中国建设的必要性、重要性及紧迫性，在一些重大场合还进行过集中阐述。习近平法治思想为法治中国建设提供了充分理据，深刻回答了为什么要建设法治中国的问题。建设法治中国的积极优势和重大意义主要体现在以下方面：

1. 历史逻辑：法治中国建设是维护国家长治久安的必然选择

实行法治，是我们党在总结治国理政伟大实践中得出的重要经验。习近平总书记强调，"全面推进依法治国是关系我们党执政兴国、关系人民幸福安康、关系党和国家长治久安的重大战略问题"。③第一，这是我国国情和实际的客观复杂性决定的。习近平总书记指出："我国是一个有十三亿多人口的大国，地域辽阔，民族众多，国情复杂。"④"我们党在一个有着十三亿多人口的大国长期执政，要保证国家统一、法制统一、政令统一、市场统一，要实现经济发展、政治清明、文化昌盛、社会公正、生态良好，就必须把全面依法治国坚持好、贯彻好、落实好。"⑤第二，这是我国各项事业建设任务的繁重性和发展环境的深刻复杂性决定的。习近平总书记指出："当今世界正经历百年未有之大变局，国际形势复杂多变，改革发展稳定、内政外交国防、治党治国治军各方面任务之繁重前所未有，我们面临的风险挑战之严峻前所未有。"⑥因而，"必须坚持依法治国，为党和国家事业发展提供根本性、全局性、长期

---

① 付子堂：《法治中国建设规划开启全面依法治国新篇章》，载《法治日报》2021年1月12日。
② 胡建淼：《在新的起点上全面推进法治中国建设》，载《法治日报》2021年1月13日。
③ 习近平：《论坚持全面依法治国》，中央文献出版社2020年版，第86页。
④ 中共中央文献研究室编：《习近平关于协调推进"四个全面"战略布局论述摘编》，中央文献出版社2015年版，第97页。
⑤ 习近平：《论坚持全面依法治国》，中央文献出版社2020年版，第194~195页。
⑥ 习近平：《习近平谈治国理政》（第三卷），外文出版社2020年版，第112页。

性的制度保障"。① 第三，古今中外治国理政的经验教训也充分印证了"治国理政须臾离不开法治"。② "法治兴则国家兴，法治衰则国家乱；什么时候重视法治、法治昌明，什么时候就国泰民安；什么时候忽视法治、法治松弛，什么时候就国乱民怨。"③

2. 理论逻辑：法治相对于人治具有诸多制度优势

"法治中国建设强调法治在国家和社会生活中的基础作用，突出以人为本、追求实质公平，侧重良法善治。"④ 习近平总书记从人类政治文明和社会现代化的纵深深刻分析了法治与人治的关系，⑤ 指出"法治和人治问题是人类政治文明史上的一个基本问题，也是各国在实现现代化过程中必须面对和解决的一个重大问题。综观世界近现代史，凡是顺利实现现代化的国家，没有一个不是较好解决了法治和人治问题的。相反，一些国家虽然也一度实现快速发展，但并没有顺利迈进现代化的门槛，而是陷入这样或那样的'陷阱'，出现经济社会发展停滞甚至倒退的局面。后一种情况很大程度上与法治不彰有关"。⑥ 习近平总书记进一步指出："法治是人类政治文明的重要成果，是现代社会治理的基本手段。"⑦ "我们必须坚持把依法治国作为党领导人民治理国家的基本方略、把法治作为治国理政的基本方式，不断把法治中国建设推向前进。"⑧ 法治方式相对于非法治方式（比如人治）而言，具有绝对的制度优势。

第一，法治比人治更具有普遍性。法治与人治是两种不同的国家治理方式。习近平总书记指出，法治是"用法律的准绳去衡量、规范、引导社会生活"⑨，"宪法是党和人民意志的集中体现，是通过科学民主程序形成的国家根

---

① 中共中央文献研究室编：《习近平关于协调推进"四个全面"战略布局论述摘编》，中央文献出版社 2015 年版，第 100 页。
② 习近平：《加强党对全面依法治国的领导》，载《求是》2019 年第 4 期。
③ 习近平：《论坚持全面依法治国》，中央文献出版社 2020 年版，第 194 页。
④ 江必新：《以习近平法治思想为指导着力解决法治中国建设中的重大问题》，载《行政法学研究》2020 年第 6 期。
⑤ 张文显：《治国理政的法治理念和法治思维》，载《中国社会科学》2017 年第 4 期。
⑥ 中共中央文献研究室编：《习近平关于全面依法治国论述摘编》，中央文献出版社 2015 年版，第 12 页。
⑦ 习近平：《论坚持全面依法治国》，中央文献出版社 2020 年版，第 183 页。
⑧ 习近平：《论坚持全面依法治国》，中央文献出版社 2020 年版，第 72 页。
⑨ 中共中央文献研究室编：《习近平关于全面依法治国论述摘编》，中央文献出版社 2015 年版，第 9 页。

本法"①，国家法律"是人民根本意志的反映"②。显然，体现人民意志的"法治"与体现个人意志的"人治"相比，更具有普遍性。

第二，法治比人治更具有稳定性。法治具有稳定性、可预期性等优良特性，能跳出"人存政举、人亡政息"的人治怪圈。习近平总书记指出："制度稳则国家稳。"③"我国社会主义法治凝聚着我们党治国理政的理论成果和实践经验，是制度之治最基本最稳定最可靠的保障。"④世界各国的发展轨迹也充分表明，"依法治理是最可靠、最稳定的治理"⑤。

第三，法治比人治更具有效力。法治通过明确的法律规范来调节社会生活、维护社会秩序；而人治基于个人魅力而约束。习近平总书记指出："实践证明，通过宪法法律确认和巩固国家根本制度、基本制度、重要制度，并运用国家强制力保证实施，保障了国家治理体系的系统性、规范性、协调性、稳定性。""坚持全面依法治国，是中国特色社会主义国家制度和国家治理体系的显著优势。"⑥

3. 目标逻辑：法治中国建设是实现党和国家战略目标、总体布局和历史使命的重要保障

习近平总书记作出重大战略判断，"当今世界正经历百年未有之大变局，我国正处于实现中华民族伟大复兴关键时期"⑦，"我们党正带领人民进行具有许多新的历史特点的伟大斗争，形势环境变化之快、改革发展稳定任务之重、矛盾风险挑战之多、对我们党治国理政考验之大前所未有"⑧。实现党和国家的战略目标、总体布局和历史使命都迫切需要法治的保障。

---

① 习近平：《论坚持全面依法治国》，中央文献出版社2020年版，第188页。
② 习近平：《论坚持全面依法治国》，中央文献出版社2020年版，第43页。
③ 习近平：《坚持和完善中国特色社会主义制度推进国家治理体系和治理能力现代化》，载《求是》2020年第1期。
④ 习近平：《推进全面依法治国，发挥法治在国家治理体系和治理能力现代化中的积极作用》，载《求是》2020年第22期。
⑤ 习近平：《论坚持全面依法治国》，中央文献出版社2020年版，第120~121页。
⑥ 习近平：《推进全面依法治国，发挥法治在国家治理体系和治理能力现代化中的积极作用》，载《求是》2020年第22期。
⑦ 《中共中央关于坚持和完善中国特色社会主义制度 推进国家治理体系和治理能力现代化若干重大问题的决定》，载《人民日报》2019年11月6日。
⑧ 习近平：《在"不忘初心、牢记使命"主题教育总结大会上的讲话》，人民出版社2020年版，第10页。

第一,法治中国建设是实现党和国家战略目标的重要保障。习近平总书记一直强调发挥法治对战略目标实现的保障作用。比如,习近平总书记在党的十八届四中全会上指出,"党的十八大提出了全面建成小康社会的奋斗目标,党的十八届三中全会对全面深化改革作出了顶层设计,实现这个奋斗目标,落实这个顶层设计,需要从法治上提供可靠保障"①。习近平总书记在中央全面依法治国委员会第二次会议上强调,要贯彻中国特色社会主义法治理论,贯彻新发展理念,同我国发展的战略目标相适应,发挥法治固根本、稳预期、利长远的保障作用。②

第二,法治中国建设是落实党和国家总体布局的重要保障。中国特色社会主义事业总体布局是"五位一体"、战略布局是"四个全面"。习近平总书记指出:"统筹推进'五位一体'总体布局、协调推进'四个全面'战略布局,要发挥法治的引领、规范、保障作用。"③

第三,法治中国建设是完成党和国家历史使命的重要保障。实现中华民族伟大复兴是近代以来中华民族最伟大的梦想,也是我们党和国家肩负的重大历史使命。然而,国际环境日趋复杂、不稳定性不确定性明显增加,国内发展不平衡不充分矛盾仍然突出,改革发展稳定任务仍很艰巨,要完成伟大历史使命离不开法治的"保驾护航"。习近平总书记强调,要推进全面依法治国,坚持"在法治轨道上推进国家治理体系和治理能力现代化,为全面建设社会主义现代化国家、实现中华民族伟大复兴的中国梦提供有力法治保障"④。

4.实践逻辑:法治中国建设是解决我国治国理政和改革发展稳定过程中存在问题的基本方式

习近平总书记特别强调问题导向,"我们中国共产党人干革命、搞建设、抓改革,从来都是为了解决中国的现实问题"⑤。习近平总书记在论证建设法治

---

① 习近平:《论坚持全面依法治国》,中央文献出版社 2020 年版,第 84 页。
② 《习近平:完善法治建设规划提高立法工作质量效率 为推进改革发展稳定工作营造良好法治环境》,载《人民日报》2019 年 2 月 26 日。
③ 习近平:《推进全面依法治国,发挥法治在国家治理体系和治理能力现代化中的积极作用》,载《求是》2020 年第 22 期。
④ 习近平:《论坚持全面依法治国》,中央文献出版社 2020 年版,第 1 页。
⑤ 习近平:《习近平谈治国理政》(第一卷),外文出版社 2018 年版,第 74 页。

中国的必要性时也强调，全面推进依法治国，是解决党和国家事业发展面临的一系列重大问题的根本要求，要从法治上为解决这些问题提供制度化方案。①

我国改革发展稳定形势总体是好的，但制约持续健康发展的问题，人民最关心的教育、就业、收入分配、社会保障、医药卫生、住房等方面的问题，人民内部矛盾和其他社会矛盾等依然存在，党风政风方面也存在一些不容忽视的问题。习近平总书记指出，要解决这些矛盾和问题，都需要"密织法律之网、强化法治之力"②。必须把依法治国摆在更加突出的位置，把党和国家工作纳入法治化轨道，坚持在法治轨道上统筹社会力量、平衡社会利益、调节社会关系、规范社会行为，依靠法治解决各种社会矛盾和问题，确保我国社会在深刻变革中既生机勃勃又井然有序。③

综上，坚持全面依法治国、建设法治中国具备显著优势、积极作用和重大意义，正如习近平总书记所言："中国特色社会主义实践向前推进一步，法治建设就要跟进一步"④。

二、法治中国建设的目标遵循

制定法治中国建设规划，是以习近平同志为核心的党中央为统筹推进全面依法治国作出的重大决策。习近平总书记强调："法治建设规划，事关全面依法治国工作全局。"⑤《法治中国建设规划（2020—2025年）》是新中国成立以来第一个关于法治中国建设的专门规划，是新时代推进全面依法治国的纲领性文件，是"十四五"时期统筹推进法治中国建设的总蓝图、路线图、施工图。⑥《法治中国建设规划（2020—2025年）》最鲜明的特点就是坚持以

---

① 习近平：《论坚持全面依法治国》，中央文献出版社2020年版，第85页。
② 习近平：《论坚持全面依法治国》，中央文献出版社2020年版，第104页。
③ 习近平：《论坚持全面依法治国》，中央文献出版社2020年版，第104页。
④ 习近平：《推进全面依法治国，发挥法治在国家治理体系和治理能力现代化中的积极作用》，载《求是》2020年第22期。
⑤ 习近平：《论坚持全面依法治国》，中央文献出版社2020年版，第253页。
⑥ 《新时代推进全面依法治国的纲领性文件——中央依法治国办负责同志就〈法治中国建设规划（2020—2025年）〉答记者问》，载中国政府网，https://www.gov.cn/xinwen/2021-01/10/content_5578672.htm，最后访问日期：2021年2月28日。

习近平法治思想为指导,把全面贯彻习近平法治思想作为主题主线。"习近平法治思想的核心要义是"十一个坚持。"每一个坚持都在《法治中国建设规划(2020—2025年)》中得到了具体体现和落实。习近平法治思想对于法治中国的建设形态形成了体系化的论述,《法治中国建设规划(2020—2025年)》紧扣建设什么样的法治中国的相关要求,秉承习近平法治思想的核心要点进行了落实和实践转化。

(一)党的领导是法治中国建设的根本特征和根本保证

习近平总书记指出,"中国共产党领导是中国特色社会主义最本质的特征,是中国特色社会主义制度的最大优势",[①] "是社会主义法治最根本的保证"[②]。必须"坚持党对全面依法治国的领导"[③],"把党的领导贯彻到依法治国全过程"[④] "坚持党总揽全局、协调各方的领导核心作用,坚持依法治国基本方略和依法执政基本方式"[⑤]。总之,坚持党的领导,是社会主义法治的根本要求,是全面推进依法治国题中应有之义。

《法治中国建设规划(2020—2025年)》作为法治中国建设理论的实践成果,将"坚持党的集中统一领导"作为法治国家建设各项原则之首,明确了党的领导不可撼动的地位和作用:

第一,全面落实习近平法治思想,突出了党在建设法治国家中的根本保证作用。《法治中国建设规划(2020—2025年)》申明"牢牢把握党的领导是社会主义法治最根本的保证",保持党的领导在全面依法治国中的根本地位,是推进法治中国建设的力量之源和生命力所在。

第二,精准定位党的领导在法治建设各环节中的体现方式。"党领导立法、保证执法、支持司法、带头守法",既呼应了习近平法治思想关于党的领导与法治关系的论述,同时更加凸显了《法治中国建设规划(2020—2025年)》的实践性和指向性。建设法治中国的各个环节片刻须臾都离不开"党的领导"。

第三,明确了党的领导在法治中国建设中"集中统一""总揽全局""协调

[①] 习近平:《中国共产党领导是中国特色社会主义最本质的特征》,载《求是》2020年第14期。
[②] 习近平:《论坚持全面依法治国》,中央文献出版社2020年版,第92页。
[③] 习近平:《论坚持全面依法治国》,中央文献出版社2020年版,第2页。
[④] 习近平:《论坚持全面依法治国》,中央文献出版社2020年版,第25页。
[⑤] 习近平:《论坚持全面依法治国》,中央文献出版社2020年版,第15页。

各方"的地位。法治中国建设涉及经济、政治、文化、社会、生态文明建设各个领域,贯通改革发展稳定、内政外交国防、治党治国治军各个方面,涵盖立法、执法、司法、守法各个环节,只有坚持党总揽全局、协调各方的领导核心地位,才能团结和动员各方面力量统筹推进法治建设工作任务,保障全面依法治国顺利推进。

(二)以人民为中心是法治中国建设的根本立场和力量源泉

习近平总书记深刻指出,"坚持以人民为中心","全面依法治国最广泛、最深厚的基础是人民,必须坚持为了人民、依靠人民","要把体现人民利益、反映人民愿望、维护人民权益、增进人民福祉落实到全面依法治国各领域全过程"。① 《法治中国建设规划(2020—2025年)》秉承了"人民性"要求,从以下方面彰显了法治中国建设的"人民中心"观和"人民立场":

第一,以人民群众需求的日益增长作为时代背景。《法治中国建设规划(2020—2025年)》开篇第一部分即明确"当今世界正经历百年未有之大变局……人民群众在民主、法治、公平、正义、安全、环境等方面的要求日益增长"。这一表述与习近平新时代中国特色社会主义思想关于"我国社会主要矛盾已经转化为人民日益增长的美好生活需要和不平衡不充分的发展之间的矛盾"这一重大论断一脉相承,且其内容正是社会主要矛盾在法治领域的具体体现。

第二,以毫不动摇坚持"人民当家作主"为指导思想,严格遵循坚持党的领导、人民当家作主、依法治国有机统一。《法治中国建设规划(2020—2025年)》明确将"以人民为中心"作为主要原则之一列明,体现了鲜明的人民立场,核心就是要把国家和民族利益与人民的根本利益紧密结合在一起,在法治中国的建设过程中使党和人民同呼吸共命运,最终实现党的领导、人民当家作主和依法治国的有机统一。

第三,从人权保障的高度明确了建设社会主义法治国家的"人民中心"特征。《法治中国建设规划(2020—2025年)》提到"努力让人民群众在每一项法律制度、每一个执法决定、每一宗司法案件中都感受到公平正义,加强

---

① 习近平:《论坚持全面依法治国》,中央文献出版社2020年版,第2页。

人权法治保障",强调实质正义的实现;而"非因法定事由、非经法定程序不得限制、剥夺公民、法人和其他组织的财产和权利"强调程序正义的落实。建设以人民为中心的法治中国,实质正义与程序正义追求都不可偏废。

第四,坚持为了人民、依靠人民,体现"以人为本"的全面发展观。《法治中国建设规划(2020—2025年)》诸多体制机制的改革和完善,均从便民、为民、想人民之所想、急人民之所急出发。一是以维护人民权益为基本价值取向。如"凡涉及公民、法人或其他组织权利和义务的行政规范性文件均应经过合法性审核",加大关系群众切身利益的重点领域执法力度等。二是以便民、为民为改进工作方式的宗旨。"持续开展'减证便民'行动","全面建设集约高效、多元解纷、便民利民、智慧精准、开放互动、交融共享的现代化诉讼服务体系"等。三是拓宽人民参与法治的广度和深度。包括拓宽各方有序参与立法,广泛推动人民群众参与社会治理,完善群众参与基层社会治理的制度化渠道等。四是围绕人民日益增长的美好生活需要,加强公共法律服务等。

(三)中国特色社会主义法治道路是法治中国建设的基本方向和必由之路

习近平总书记反复强调,要坚定不移走中国特色社会主义法治道路,[①]深刻回答了法治中国建设走什么路的问题,科学指明了法治中国建设的前进方向和发展道路:"全面推进依法治国,必须走对路。如果路走错了,南辕北辙了,那再提什么要求和举措也都没有意义了。"[②]

《法治中国建设规划(2020—2025年)》在贯彻落实习近平法治思想,坚持中国特色社会主义法治道路问题上,开宗明义将"坚定不移走中国特色社会主义法治道路,奋力建设良法善治的法治中国"作为总体要求确立下来,并围绕巩固和发展"中国特色"法治道路制定了若干具体举措:

第一,坚持中国特色社会主义思想。即高举中国特色社会主义伟大旗帜,坚持以马克思列宁主义、毛泽东思想、邓小平理论、"三个代表"重要思想、科学发展观、习近平新时代中国特色社会主义思想为指导;坚持贯彻中国特

---

① 《习近平在中央全面依法治国工作会议上强调 坚定不移走中国特色社会主义法治道路 为全面建设社会主义现代化国家提供有力法治保障》,载《人民日报》2020年11月18日。

② 习近平:《论坚持全面依法治国》,中央文献出版社2020年版,第105页。

色社会主义法治理论，深入贯彻习近平法治思想，系统总结运用新时代中国特色社会主义法治建设的鲜活经验，不断推进理论和实践创新发展。

第二，坚持社会主义核心价值观，实现良善法治。《法治中国建设规划（2020—2025年）》提出，法治中国全面建成的标志是实现"良法善治"。良法是善治的前提，善治是良法的体现。"良法"的建立应当代表人民的根本利益、回应人民的核心诉求，体现具有中国特色的公平正义观。"良法善治"的标志是法治国家、法治政府、法治社会基本建成，中国特色社会主义法治体系基本形成，人民平等参与、平等发展权利得到充分保障，国家治理体系和治理能力现代化基本实现。《法治中国建设规划（2020—2025年）》明确了"完善弘扬社会主义核心价值观的法律政策体系，把社会主义核心价值观要求融入法治建设和社会治理"，使得我国的法治建设与西方国家的法治内核截然区分开来。

第三，坚持符合国情和文化传统。《法治中国建设规划（2020—2025年）》明确坚持从中国实际出发，立足我国基本国情，统筹考虑经济社会发展状况、法治建设总体进程、人民群众需求变化等综合因素，汲取中华法律文化精华，借鉴外国法治有益经验。强调方方面面的建设和改革要"符合国情"，要求"大力弘扬社会主义法治精神，建设社会主义法治文化"，既要坚持和发展我国本土的"枫桥经验"等法治特色做法，又要加强涉外法治工作，推进"一带一路"国际合作，推进对外法治宣传，讲好中国法治故事。

（四）推进国家治理体系和治理能力现代化是法治中国建设的基本依托和重要目标

习近平总书记在党的十八届三中全会上首次提出了"推进国家治理体系和治理能力现代化"的命题。[①] 经过理论发展，在中央全面依法治国工作会议上，将"坚持在法治轨道上推进国家治理体和治理能力现代化"作为"十一

[①] 习近平总书记对"国家治理体系与治理能力现代化"重大命题认识深刻，在党的十八届三中、四中、五中全会，党的十九大、十九届三中、四中全会，中央全面依法治国工作会议等多个重大场合作了深入思考与阐述，形成了系统理论，并提出了具体要求。本章侧重从与法治相关联的角度来分析，故对此不作展开。

个坚持"的一个重要内容。《法治中国建设规划（2020—2025年）》通篇体现着推进国家治理体系和治理能力现代化的精神：

第一，以全面建设社会主义现代化国家为奋斗目标。党的十九届五中全会明确提出"全面建设社会主义现代化国家"。《法治中国建设规划（2020—2025年）》指出："在统揽伟大斗争、伟大工程、伟大事业、伟大梦想，全面建设社会主义现代化国家新征程上，必须把全面依法治国摆在全局性、战略性、基础性、保障性位置，向着全面建成法治中国不断前进。"可见，《法治中国建设规划（2020—2025年）》坚持近期目标与"十四五"规划目标相结合，中期目标与2035年基本实现社会主义现代化远景目标相衔接，长期目标与第二个百年奋斗目标相呼应，梯次设计、纵深推进法治中国建设。

第二，以治理体系和治理能力的现代化为总体目标。《法治中国建设规划（2020—2025年）》在指导思想部分紧密照应习近平法治思想，提出"在法治轨道上推进国家治理体系和治理能力现代化"，并将"国家治理体系和治理能力现代化基本实现"作为2035年法治国家建成的终极标志。

第三，围绕治理体系和治理能力的现代化出台具体举措。如围绕国家治理现代化对科学完备的法律规范体系的要求，聚焦法律制度的空白点和冲突点，坚持立改废释并举。围绕执法司法公正高效权威，更好发挥法治在国家治理中的效能，加强对法律实施的监督，通过"构建职责明确、依法行政的政府治理体系""建设公正高效权威的中国特色社会主义司法制度""深入推进全民守法"，更好把社会主义法治优势转化为国家治理效能。围绕相关体制机制的现代化，"全面建设集约高效、多元解纷、便民利民、智慧精准、开放互动、交融共享的现代化诉讼服务体系"等。《法治中国建设规划（2020—2025年）》的深入贯彻落实，必将进一步凝聚社会主义法治建设各方面资源和力量，更好将中国特色社会主义制度优势转化为国家治理效能。

（五）保障和促进社会公平正义是法治中国的崇高价值和基本追求

习近平总书记将公平正义摆在非常重要的位置，指出："全面依法治国，必须紧紧围绕保障和促进社会公平正义来进行。公平正义是我们党追求的一个非常崇高的价值，全心全意为人民服务的宗旨决定了我们必须追求公平正义,保护人民权益、伸张正义。"①"要把促进社会公平正义、增进人民福祉作为一面镜子,审视我们各方面体制机制和政策规定,哪里有不符合促进社会公平正义的问题,哪里就需要改革;哪个领域哪个环节问题突出,哪个领域哪个环节就是改革的重点。"②

《法治中国建设规划(2020—2025年)》在保障和促进社会公平正义方面,作出了诸多安排与部署:

第一,致力于让人民群众感受到公平正义。《法治中国建设规划(2020—2025年)》指出,要"努力让人民群众在每一项法律制度、每一个执法决定、每一宗司法案件中都感受到公平正义,加强人权法治保障,非因法定事由、非经法定程序不得限制、剥夺公民、法人和其他组织的财产和权利"。这深刻体现了法治中国建设的公平正义观,强调了人权法治保障、程序正义等法治基本价值。

第二,健全社会公平正义法治保障制度。《法治中国建设规划(2020—2025年)》提出:"建设法治中国,必须深入推进严格执法、公正司法、全民守法,健全社会公平正义法治保障制度,织密法治之网,强化法治之力,不断增强人民群众的获得感、幸福感、安全感。"《法治中国建设规划(2020—2025年)》从立法、执法、司法、监督等各个环节入手,构建确保公平正义的机制。在政府治理环节,强调"依法行政""公正文明执法";在司法制度环节,要求"紧紧抓住影响司法公正、制约司法能力的深层次问题",为实现社会公平正义奠定体制机制基础;在监督体系方面,"坚持以公开为常态、不公开为例外","全面推进立法公开、执法公开、司法公开",以公开促公平。

(六)充分尊重保障权利和有效制约监督权力是法治中国建设的核心理念和实践法则

中国特色社会主义法治理论在深刻分析权力的来源、本质及运行规律的基础之上,强调"推进全面依法治国,根本目的是依法保障人民权益"③,必须

---

① 习近平:《习近平谈治国理政》(第二卷),外文出版社2017年版,第129页。
② 习近平:《切实把思想统一到党的十八届三中全会精神上来》,载《求是》2014年第1期。
③ 习近平:《论坚持全面依法治国》,中央文献出版社2020年版,第2页。

以规范和约束公权力为重点,[①]加强对公权力运行的制约和监督。《法治中国建设规划(2020—2025年)》旗帜鲜明地将"权力运行受到有效制约监督,人民合法权益得到充分尊重保障"列入总目标。

第一,充分尊重和保障公民权利。一方面,《法治中国建设规划(2020—2025年)》在主要原则中明确了"加强人权法治保障,非因法定事由、非经法定程序不得限制、剥夺公民、法人和其他组织的财产和权利",强调国家负有消极义务,非经法律程序不得剥夺个人的生命、自由和财产等权利,也不得非法干涉公民合法享有和行使权利。另一方面,《法治中国建设规划(2020—2025年)》在法治国家建设的具体环节,始终突出国家对于保障公民权利的积极作为义务,强调国家应主动创造条件,保障个人权利的实现,并尽可能给予充分保护。如拓宽社会各方有序参与立法的途径和方式,完善群众参与基层社会治理的制度化渠道,加强对产权的执法司法保护等。

第二,强化对公权力运行的制约和监督。《法治中国建设规划(2020—2025年)》涉及立法、执法、司法等公权力行使部分的内容,深刻体现了"将权力关进制度的笼子"的理念。在建立完备的法律规范体系领域,《法治中国建设规划(2020—2025年)》指明要"完善党委领导、人大主导、政府依托、各方参与的立法工作格局",赋予人大、政府和社会各方不同的职责和参与方式,本质上形成了有效的立法权力制约局面。在建立高效的法治实施体系方面,《法治中国建设规划(2020—2025年)》集中体现了对行政权、司法权的行使边界和限度的明晰。对于行政权,强调"坚持依法行政,恪守法定职责必须为、法无授权不可为","着力厘清政府和市场、政府和社会的关系","深入推进简政放权","坚持严格规范公正文明执法","全面推行行政裁量权基准制度,规范执法自由裁量权"等,确保行政权行使的深度、广度和精准度符合当代社会和人民的需求。对于司法权,强调以追求"公正高效权威"为目标,改造司法权运行机制,"健全公安机关、检察机关、审判机关、司法行政机关各司其职,侦查权、检察权、审判权、执行权相互配合、相互制约的体制机制"。

[①] 《中共中央关于全面推进依法治国若干重大问题的决定》,载《人民日报》2014年10月29日。

（七）服从和服务党和国家大局，是法治中国建设的应有之义和必然要求

法治是党和国家进行治国理政的基本方式，必须服从和服务于党和国家大局。习近平总书记指出，"更好发挥法治对改革发展稳定的引领、规范、保障作用"，[①]"坚持统筹推进国内法治和涉外法治。要加快涉外法治工作战略布局，协调推进国内治理和国际治理，更好维护国家主权、安全、发展利益"[②]。

《法治中国建设规划（2020—2025年）》在以下几个方面充分体现了法治中国建设服从服务党和国家工作大局的要求：

第一，依法保障"一国两制"实践和推进祖国统一。《法治中国建设规划（2020—2025年）》积极回应了近年来国外分裂势力、恐怖极端分子对国家安全和主权领土完整带来的危机与挑战：其一，强调坚持宪法地位，坚定不移全面准确贯彻"一国两制"方针。以宪法和基本法法律为基点处理香港、澳门事务，是法治思维和法治方式处理国家主权事务的集中体现。其二，健全落实特别行政区维护国家安全的法律制度和执行机制，确保"一国两制"行稳致远。2020年出台的《香港特别行政区维护国家安全法》就是运用法治手段反击和规制极端分子和别有用心势力的例证。其三，促进内地与港澳同胞的交流融合。权益保障和交流融合是最好的"粘合剂"。《法治中国建设规划（2020—2025年）》提出"依法保护港澳同胞、台湾同胞权益。全面推进内地同香港、澳门互利合作，完善便利香港、澳门居民在内地发展的政策措施"，通过保护权益、便利发展，推动合作融合。

第二，统筹推进国内法治和涉外法治。法治不仅仅是解决国内人民内部矛盾的方式和手段，中国特色社会主义法治理论将全面依法治国的效用放大到全球范围和涉外法治的领域。《法治中国建设规划（2020—2025年）》着眼强化法治思维，运用法治方式，加快涉外法治工作战略布局，从立法、执法、司法等方面入手，对加强涉外法治工作、提高涉外工作法治化水平作出安排。既要"积极参与国际规则制定，推动形成公正合理的国际规则体系"，又要"加强多双边法治对话，推进对外法治交流"，最终实现适应需要、完善体系、

[①] 习近平：《推进全面依法治国，发挥法治在国家治理体系和治理能力现代化中的积极作用》，载《求是》2020年第22期。

[②] 习近平：《论坚持全面依法治国》，中央文献出版社2020年版，第5页。

补齐短板，提高涉外工作法治化水平的目的。

第三，依法治军从严治军。习近平总书记指出："深入推进依法治军、从严治军，是全面推进依法治国总体布局的重要组成部分，是实现强军目标的必然要求。"①《法治中国建设规划（2020—2025年）》从军事立法、军事法规执行和依法治军组织领导体系三个方面部署了加快完善中国特色军事法治体系的任务。其中，军事立法领域，重在构建起比较完备的中国特色社会主义军事法规制度体系。军事法规执行领域，重在落实执法责任制和常态化规范化军事法治监督体系。依法治军组织领导体系领域，重在建立领导机构、完善工作体制和军事司法制度。

（八）依法治国与以德治国相结合是法治中国建设的必然选择和鲜明特色

习近平总书记在多个场合对法治与德治的关系进行了鞭辟入里的论述，明确了依法治国与以德治国在法治中国建设中的重要地位。习近平总书记指出："在新的历史条件下，我们要把依法治国基本方略、依法执政基本方式落实好，把法治中国建设好，必须坚持依法治国和以德治国相结合，使法治和德治在国家治理中相互补充、相互促进、相得益彰，推进国家治理体系和治理能力现代化。"②中国特色社会主义法治道路的一个鲜明特点，就是坚持依法治国和以德治国相结合，强调法治和德治两手抓、两手都要硬。③

《法治中国建设规划（2020—2025年）》作为习近平法治思想的具体实践，既在宏观上确立了依法治国和以德治国相结合的原则，又从具体层面细化落实了法治与德治的衔接机制。

第一，《法治中国建设规划（2020—2025年）》以培育和践行社会主义核心价值观为指导思想的内涵之一。党的十八大提出，倡导富强、民主、文明、和谐，倡导自由、平等、公正、法治，倡导爱国、敬业、诚信、友善，积极培育和践行社会主义核心价值观。社会主义核心价值观以中华民族传统文化为渊源，贯穿着强烈的中国特色道德导向，是以德治国的重要载体。必须完善弘扬社会主义核心价值观的法律政策体系，把社会主义核心价值观要求融

---

① 习近平：《论坚持全面依法治国》，中央文献出版社2020年版，第130页。
② 习近平：《论坚持全面依法治国》，中央文献出版社2020年版，第165页。
③ 习近平：《论坚持全面依法治国》，中央文献出版社2020年版，第165、179页。

入法治建设和社会治理。

第二,《法治中国建设规划(2020—2025年)》从"坚持统筹推进"角度强调了"坚持依法治国和以德治国相结合",凸显了德治对法治建设内核和外延的呼应。"法律是准绳,任何时候都必须遵循;道德是基石,任何时候都不可忽视;法律有效实施有赖于道德支持,道德践行也离不开法律约束。法治和德治不可分离、不可偏废,国家治理需要法律和道德协同发力。"① 法律是最低限度的道德,道德是最高层次的法律。中国特色社会主义法治道路对良法善治的追求,承载和附加了对道德水准的期盼和追求。

第三,《法治中国建设规划(2020—2025年)》从多方面强调"德"的重要性。《法治中国建设规划(2020—2025年)》提出,法律服务队伍要"健全职业道德准则、执业行为规范,完善职业道德评价机制";强调"努力建设一支德才兼备的高素质法治工作队伍",要求"培养信念坚定、德法兼修、明法笃行的高素质法治人才",凸显了法治中国建设中的道德因素。

三、法治中国建设的具体路径

《法治中国建设规划(2020—2025年)》集中体现了以习近平同志为核心的党中央关于法治中国建设的首要任务、理论指导、总抓手、推进方略、关键环节、重点任务等具体建设路径。

(一)以依宪治国、依宪执政为首要任务

习近平总书记强调:"依法治国,首先是依宪治国;依法执政,关键是依宪执政。"② 这充分体现出依宪治国、依宪执政在法治中国建设中的"首要任务"地位。

《法治中国建设规划(2020—2025年)》全面落实习近平法治思想关于依宪治国和依宪执政有关论述的精神,在细化和实践落地方面作出了具体尝试:

第一,以三个"一切"和一个"带头"突出宪法的根本活动准则地位。《法治中国建设规划(2020—2025年)》在法治中国建设规划总则部分之后,

---

① 习近平:《论坚持全面依法治国》,中央文献出版社2020年版,第165页。
② 习近平:《论坚持全面依法治国》,中央文献出版社2020年版,第15页。

首先强调宪法的实施和宪法权威的维护,彰显了宪法实施在法治中国建设中的首要地位,将习近平法治思想中关于依宪治国、依宪执政理论落到实处,明确了三个"一切"和一个"带头"。①

第二,通过"五个机制"确保宪法监督和实施。长期以来,我国宪法存在保证宪法监督和实施的机制不健全,宪法解释机制不畅导致的宪法实施难以"接地气",宪法对法律和生活的统领作用发挥不充分不到位等问题。解决这些问题有赖从宪法实施的监督和宪法的解释上去完善。《法治中国建设规划(2020—2025年)》通过明确建立健全宪法实施情况专题报告机制、合宪性审查机制、事先审查和咨询机制、宪法理解适用机制、宪法解释程序机制等五个机制,奠定了宪法根本活动准则地位,充分激发宪法活力。

第三,以中国特色宪法话语体系推进宪法宣传教育。针对社会公众、党政领导干部、青少年等群体特点,对宪法的学习作出具体要求,突出中国特色的文化内涵。采取普法宣传、党委党组理论学习、培训教育、宪法宣誓、馆室教育、教材修编等多种方式,对宪法权威和法治观念进行宣传教育,凝练宪法时代特色和实践特色,形成中国特色社会主义宪法理论和宪法话语体系。

(二)以中国特色社会主义法治理论为指导

习近平总书记指出,"中国特色社会主义法治理论,本质上是中国特色社会主义理论体系在法治问题上的理论成果",②体现了我们党处理法治问题的基本立场,是中国特色社会主义法治体系的理论指导和学理支撑,是全面推进依法治国的行动指南③。法治中国建设应当以中国特色社会主义法治理论为指导。

《法治中国建设规划(2020—2025年)》开篇描述了指导思想的立体内涵:一是高举旗帜,以习近平新时代中国特色社会主义思想为指导。习近平

---

① 三个"一切",即全国各族人民、一切国家机关和武装力量、各政党和各社会团体、各企业事业组织,都负有维护宪法尊严、保证宪法实施的职责,都不得有超越宪法法律的特权。坚持宪法法律至上,维护国家法制统一、尊严、权威,一切法律法规规章规范性文件都不得同宪法相抵触,一切违反宪法法律的行为都必须予以追究。一个"带头",即党带头尊崇和执行宪法,把党领导人民制定和实施宪法法律同党坚持在宪法法律范围内活动统一起来,保障宪法法律的有效实施。

② 习近平:《习近平谈治国理政》(第二卷),外文出版社2017年版,第128页。

③ 习近平:《论坚持全面依法治国》,中央文献出版社2020年版,第92页。

新时代中国特色社会主义思想是马克思主义中国化的最新成果,是党和人民实践经验和集体智慧的结晶,是中国精神的时代精华。二是明确了《法治中国建设规划(2020—2025年)》的思想来源囊括了党的第十九届中央委员会历次会议成果和精神和习近平总书记关于全面依法治国、建设社会主义法治国家的所有深刻论述。三是将增强"四个意识"、坚定"四个自信"、做到"两个维护"作为《法治中国建设规划(2020—2025年)》实施的前提条件。四是概括了法治中国建设的基本遵循和根本要求。五是指明了《法治中国建设规划(2020—2025年)》的目标和作用。即为全面建设社会主义现代化国家、实现中华民族伟大复兴的中国梦提供有力法治保障。

(三)以建设中国特色社会主义法治体系为总抓手

习近平总书记明确指出:"中国特色社会主义法治体系是推进全面依法治国的总抓手"。①《法治中国建设规划(2020—2025年)》以法治体系建设重点发力、协同共进为主体工程,层次分明、逻辑严密、重点突出且相辅相成。

第一,《法治中国建设规划(2020—2025年)》突出了中国特色社会主义法治体系在法治中国建设中的重要意义。中国特色社会主义法治体系的初步建成和基本形成,构成了法治中国建设分两步走的目标。同时,中国特色社会主义法治体系建设,既具有目标价值,又具有手段价值,建设中国特色社会主义法治体系的过程,就是全面推进依法治国,向法治国家迈进的过程。

第二,法律规范体系建设以"加快"和"小切口"角度为重点。②《法治中国建设规划(2020—2025年)》聚焦立法工作格局、立法推进方式、立法工作机制、地方立法工作,有点有面地部署了立法工作的开展。其中,立法推进方式强调"立改废释并举",既有"推动贯彻新发展理念、构建新发展格局,加快完善深化供给侧结构性改革、促进创新驱动发展、防范化解金融风险等急需的法律法规"等"大块头"立法工作,也有行政程序法、社会治理法律制度、疫情防控相关立法、民法典相关联相配套的法律制度、国家安全

---

① 习近平:《论坚持全面依法治国》,中央文献出版社2020年版,第4页。
② 习近平总书记明确用了"加快"二字,要求加快完善中国特色社会主义法律体系,使之更加科学完备、统一权威。要注重"小切口"角度,丰富立法形式。可以搞一些"大块头",也要搞一些"小快灵",增强立法的针对性、适用性、可操作性。参见栗战书:《习近平法治思想是全面依法治国的根本遵循和行动指南》,载《求是》2021年第2期。

领域立法、军民融合发展法律制度、信息技术领域立法、区域协调发展法律制度等局部立法工作推进；既强调涉及国家六大发展战略的法治保障，也着眼于微处，关注立法的透明度和有效性。

第三，法治实施体系以行政权、司法权体制机制改革和群众参与社会治理为重点。一是构建职责明确、依法行政的政府治理体系。《法治中国建设规划（2020—2025年）》着力推进简政放权，提升行政决策合法性合理性，通过调整职能和资源配置，深度调整行政执法活动的有效性，提升执法的公正文明度。二是建设公正高效权威的中国特色社会主义司法制度。《法治中国建设规划（2020—2025年）》从法院的组织体系、审级监督和专门法院设置等角度强化司法功能的发挥；从审判权力运行机制的角度入手，落实审判责任制；刑事诉讼制度致力于深化以审判为中心的制度改革；民事诉讼制度体系以"便民"和纠纷化解的有效性为切入点；执行工作重在"执行难"的综合治理和源头治理。三是深入推进全民守法。着力建设社会主义法治文化，改进创新普法工作，广泛推动群众参与治理，加强公共法律服务，引导依法维权和矛盾纠纷化解。

第四，法治监督体系以全面监督和侧重监督为重点。《法治中国建设规划（2020—2025年）》确立了全面监督原则，由党的监督、国家机关监督、民主监督、群众监督和舆论监督形成法治监督合力，以公开促监督。在立法监督方面，以健全监督机制为核心，提升监督能力和实效。在执法监督方面，以全覆盖、全方位、全流程监督为目标，配合行政执法问责机制和行政复议纠错机制，提升事中事后的监督力度。在司法监督方面，以法官、检察官办案责任制和权责清单为依托，推进考核监督。关注民行监督和公益诉讼相关监督机制，完善刑事立案监督和侦查监督工作机制，加强人权的司法保障。

第五，法治保障体系以加强政治、组织、队伍、人才、科技、信息等保障为重点。《法治中国建设规划（2020—2025年）》明确，在政治和组织保障方面，各级党委（党组）和领导干部要支持立法、执法、司法工作，各级立法、执法、司法机关党组、党委要加强领导，不得插手干预案件。在队伍和人才保障方面，牢牢把握忠于党、忠于国家、忠于人民、忠于法律总要求，建设德才兼备的高素质法治工作队伍。构建凸显时代特征、体现中国特色的法治人才培养体系。在科技信息化方面,强调推进"智慧法治"建设。

第六,健全党内法规体系以增强党的执政本领、提高管党治党水平为重点。一要健全党内法规体系,构建内容科学、程序严密、配套完备、运行有效的党内法规体系。二要抓好党内法规实施。通过宣传教育、问责机制、党内法规实施评估等手段,提升党内法规的执行力。三要强化党内法规制度建设保障。强队伍、补短板、重研究,培育党内法规后备人才。

(四)以统筹兼顾、把握重点、整体谋划为推进方略

在推进方略上,习近平总书记从系统论与重点论的辩证统一的高度来思考法治中国建设,指出:全面依法治国是一个系统工程,必须统筹兼顾、把握重点、整体谋划,更加注重系统性、整体性、协同性。①

《法治中国建设规划(2020—2025年)》深刻融入"统筹推进"思想,体现为三个方面:

第一,将"坚持统筹推进"作为主要原则。在我们这样人口众多、地域广大、国情复杂的国家推进法治,不仅要尽可能找准更多的"发力点",更需要协调多个"发力点"之间的关系,有效形成合力。《法治中国建设规划(2020—2025年)》明确了"共同推进","一体建设",协同法治和德治,坚持依法治国和依规治党有机统一,全面推进法治建设关键环节的主要原则。

第二,内在体系始终坚持"统筹推进"精神。《法治中国建设规划(2020—2025年)》除指导思想和总原则以外,统筹五大法治体系、推进宪法实施体系、国家主权安全利益体系和党的全面领导,深刻建构了法治建设的

---

① 习近平:《论坚持全面依法治国》,中央文献出版社2020年版,第229页。习近平法治思想关于统筹兼顾、把握重点、整体谋划的论述主要包括以下要点:一是做到统筹推进、一体建设。"坚持依法治国、依法执政、依法行政共同推进,法治国家、法治政府、法治社会一体建设。""依法治国、依法执政、依法行政是一个有机整体,关键在于党要坚持依法执政、各级政府要坚持依法行政。法治国家,法治政府,法治社会三者各有侧重,相辅相成。法治国家是法治建设的目标,法治政府是建设法治国家的主体,法治社会是构筑法治国家的基础。要善于运用制度和法律治理国家,提高党科学执政、民主执政、依法执政水平。"二是做到把握重点,有的放矢。"依法治国是我国宪法确定的治理国家的基本方略,而能不能做到依法治国,关键在于党能不能坚持依法执政,各级政府能不能依法行政。""法治政府建设是重点任务和主体工程,要率先突破,用法治给行政权力定规矩、划界限,规范行政决策程序,加快转变政府职能。要推进严格规范公正文明执法,提高司法公信力。普法工作要在针对性和实效性上下功夫。"三是要整体谋划,营造法治环境。"全面推进依法治国需要全社会共同参与,需要全社会法治观念增强,必须在全社会弘扬社会主义法治精神,建设社会主义法治文化。"

布局，打通了全面依法治国的纵横"经脉"。首先，"法治体系"内部相互协同。法律规范、法治实施、法律监督、法治保障以及党内法规体系多头并进又互为补充、互不干预。其次，从根本保证、根本准则和内政外交角度统筹推进。党的全面领导是法治中国建设的根本保证，宪法实施和宪法权威维护是法治中国建设的首要任务，而国家主权安全利益体系则是内政外交方面的要求。社会主义法治体系的"4+1"版块，是法治国家建设的体制机制本体，与另外三大体系结合推进，实现了本体、主体、客体及域内域外的全角度覆盖和有机整合。

第三，各项工作的要求始终以"统筹推进"精神贯穿始末。如在完善立法工作格局中，强调"加强党对立法工作的领导，完善党委领导、人大主导、政府依托、各方参与的立法工作格局"。明确"发挥政府在立法中的重要作用"，"拓宽社会各方有序参与立法的途径和方式"。

（五）以科学立法、严格执法、公正司法、全民守法为关键环节和重点任务

《法治中国建设规划（2020—2025年）》在法治中国建设的关键环节，深入落实了中国特色社会主义法治理论的问题导向，也严格坚持了目标导向，聚焦党中央关心、社会关注、人民群众反映强烈的突出问题，加强顶层设计，鼓励试点改革和基层探索，分阶段、有步骤谋划任务部署。[1]

第一，立法环节，以"科学立法"为核心，兼顾"民主立法"和"依法立法"。立法科学性蕴含着立法意图、立法价值、立法代表性、立法技术、立法的动态调整机制等多个方面。科学立法是良法善治的起点，对于价值引领、行为规范以及法律的适用和执行具有重大基础作用。《法治中国建设规划（2020—2025年）》强调要完善立法工作格局，坚持立改废释并举；健全立法工作机制；加强地方立法工作。强调把社会主义核心价值观要求融入法治建设和社会治理。

第二，执法环节，强调"严格规范公正文明执法"。法律的执行是法律的

---

[1] 参见《新时代推进全面依法治国的纲领性文件——中央依法治国办负责同志就〈法治中国建设规划（2020—2025年）〉答记者问》，载中国政府网，https://www.gov.cn/xinwen/2021-01/10/content_5578672.htm，最后访问日期：2021年1月24日。

生命力和公信力所在。《法治中国建设规划（2020—2025年）》全面推行行政执法公示制度、执法全过程记录制度、重大执法决定法制审核制度；持续营造法治化营商环境，实施统一的市场准入负面清单制度，普遍落实"非禁即入"；加快推进"互联网＋政务服务"，从行政决策的科学性、行政执法体制机制的合理性、政府营商环境的优化等多个角度，打造公平、公正、公开的行政执法体系，突出"严格""公正""文明"的执法要求。

第三，司法环节，紧抓"公平正义的实现"。司法是维护人民群众切身利益的最后防线，司法的公平与否，直接关系着社会的和谐稳定与人民群众的幸福感。《法治中国建设规划（2020—2025年）》坚持和加强党对司法工作的绝对领导，紧紧抓住影响司法公正、制约司法能力的深层次问题，坚持符合国情和遵循司法规律相结合，打造"公正高效权威"的司法制度。

第四，全民守法环节，突出法治精神和法治文化建设。全民守法，其核心是全体人民群众积极参与法治建设，人民群众发自内心地对法律形成敬畏之心，对法治产生敬仰之情。《法治中国建设规划（2020—2025年）》强调全面依法治国需要全社会共同参与，必须大力弘扬社会主义法治精神，建设社会主义法治文化，引导全体人民做社会主义法治的忠实崇尚者、自觉遵守者、坚定捍卫者。

（六）以社会主义法治文化建设为重要支撑

社会主义法治文化是中国特色社会主义先进文化的重要组成部分。习近平总书记指出："全面推进依法治国需要全社会共同参与，需要全社会法治观念增强，必须在全社会弘扬社会主义法治精神，建设社会主义法治文化。"[①] 浓厚的社会主义法治文化是全面依法治国的内生动力和重要支撑。[②]

《法治中国建设规划（2020—2025年）》在社会主义法治文化建设方面，围绕"营造环境"和"树立信仰"多措并举、多管齐下：第一，普法创新，增强观念。通过改进创新普法工作，加大全民普法力度。包括立法宣传报道常态化，全面落实"谁执法谁普法"普法责任制。深入开展法治队伍人员多角度以案释法活动。第二，广泛参与，有的放矢。广泛推动人民群众参与社会治

[①] 习近平：《加快建设社会主义法治国家》，载《求是》2015年第1期。
[②] 吕江鸿：《扎实推进社会主义法治文化建设》，载《人民日报》2018年8月9日。

理，打造共建共治共享的社会治理格局；完善群众参与基层社会治理的制度化渠道；加快推进市域社会治理现代化；发挥群团组织作用；有的放矢聚焦破坏法治秩序、危害法治权威的社会热点事件。第三，围绕需求，加强服务。紧紧围绕人民日益增长的美好生活需要加强公共法律服务，到2022年基本形成覆盖城乡、便捷高效、均等普惠的现代公共法律服务体系；构建公共法律服务评价指标体系；推动建设一支高素质涉外法律服务队伍、建设一批高水平涉外法律服务机构等。第四，依法维权，多元化解。推广新时代"枫桥经验"，完善人民调解、行政调解、司法调解联动工作体系；完善调解、信访、仲裁、行政裁决、行政复议、诉讼等社会矛盾纠纷多元预防调处化解综合机制等。

（七）以正确处理若干重大关系矫正航向

习近平总书记指出："坚持处理好全面依法治国的辩证关系。全面依法治国必须正确处理政治和法治、改革和法治、依法治国和以德治国、依法治国和依规治党的关系。"①

《法治中国建设规划（2020—2025年）》多处体现着习近平法治思想中关于处理好若干关系范畴的精神。如，在"完善立法工作格局"中提出"严格按照法定权限和程序制定行政法规、规章，保证行政法规、规章质量"，集中体现了"履职行权与权力控制"的关系。在"坚持立改废释"中提出"重大改革于法有据"，"对立法条件还不成熟、需要先行先试的，依法及时作出授权决定或者改革决定。""注重党内法规同国家法律的衔接和协调，努力形成国家法律和党内法规相辅相成、相互促进、相互保障的格局"，集中体现了习近平法治思想关于处理好国家法律与党内法规关系的论述和精神。

四、法治中国建设的实践准则

践行法治中国建设，必须统筹安排，辩证统一地处理好具有内在关联性的几组命题。

---

① 习近平：《论坚持全面依法治国》，中央文献出版社2020年版，第230~231页。

（一）坚持贯彻法治基本价值追求与中国特色社会主义法治道路相统一

法治作为人类文明进步的重要标志，有其自身相对独立的价值追求。不论是西方国家，还是东方国家，不论社会主义国家，还是资本主义国家，但凡推行现代民主法治的国家，对法治共通价值都有基本的共识。

1. 法治的基本价值追求

近现代意义上的法治推崇四个方面的基本价值追求：一是公平正义的实现。公平正义是法治的核心价值追求，是人民大众对于法治的最朴素、最直观的感受和最强烈的需求。而法治是实现公平正义的最有效的机制和最完备的路径，法治的制度和机制必须围绕确保权利公平、机会公平和规则公平来设计。二是尊重和保障人民权益。尊重和保障公民的自由和发展权利，维护合法权益，协调好个体之间的权利边界，维护社会秩序，都是法治权利保障价值的具体体现。三是规范公权力运行。公权力具有天然扩张的特性。规范公权力运行，划定公权力的边界，本质上是出于人民私权保护的需要。四是法律面前人人平等。所有人有权享受法律的平等保护，不受任何歧视，是"法律面前人人平等"的核心内涵，体现了对阶级特权的否定，是人类历史发展中的重大进步。

2. 中国特色社会主义法治道路的基本内涵

习近平总书记对中国特色社会主义法治道路的基本内涵进行了深刻概括，最广义的表达体现为"五个坚持"，即必须坚持中国共产党的领导、坚持人民主体地位、坚持法律面前人人平等、坚持依法治国和以德治国相结合、坚持从中国实际出发。[①]最狭义的表达，即要从中国国情和实际出发，走适合自己的法治道路，决不能照搬别国模式和做法，决不能走西方"宪政""三权鼎立""司法独立"的路子。[②]

3. 坚持二者融合统一

其一，以法治的基本价值追求为理念，践行中国特色社会主义法治道路。法治的基本价值追求属于法治的普遍性和规律性范畴，而中国特色社会主义法治道路体现的是中国国情和实际的特殊性，二者统一于中国的法治实践。

---

① 习近平：《论坚持全面依法治国》，中央文献出版社2020年版，第105~111页。
② 习近平：《论坚持全面依法治国》，中央文献出版社2020年版，第229页。

中国特色社会主义法治道路必须以公平正义、权益保护、规范公权力运行、法律面前人人平等等法治基本价值追求为理念，坚持法治普遍性规律与法治实践地域、国别、国情、文化、道路等特殊性相结合、相统一，使法治道路不偏离于法治的基本精神。第二，在坚持走中国特色社会主义法治道路实践中深度融合和落实法治基本价值追求。中国特色社会主义法治道路在诸多内容上反映着法治的基本价值追求。中国特色社会主义法治道路以人民为中心，与法治的尊重和保障人权的价值观深度吻合；"社会主义核心价值观"兼容吸收了"自由、平等、公正、法治"作为重要内容，体现了法治基本价值追求。第三，二者辩证统一，不可偏废。片面强调法治的普遍性规律和价值，忽视法治所植根的地域、政治、经济、文化、传统、习俗等综合因素，将会导致法治"水土不服"，难以实际融入国家的治理体系并真正发挥作用。而脱离现代法治的普遍规律和基本价值追求，一味强调"特殊性"和"路径依赖"，则会偏离或丧失法治的基本精神。

（二）坚持法治体现社会发展规律与解决中国特殊问题相统一

党的十八届四中全会通过的《中共中央关于全面推进依法治国若干重大问题的决定》指出，我们要"发展符合中国实际、具有中国特色、体现社会发展规律的社会主义法治理论，为依法治国提供理论指导和学理支撑"。与此同时，法治中国建设必须以问题导向为主线，解决中国的特殊问题。如何坚持法治国家建设既体现社会发展规律，又实现中国特殊问题的解决，并实现二者的统一，是必须解决的理论和实践问题。

1. 社会发展规律是法治中国建设的内在驱动力

生产力与生产关系、经济基础与上层建筑之间的矛盾运动，构成人类社会基本矛盾的历史运动。习近平法治思想科学把握党和人民事业所处的历史方位，立足新发展阶段的经济社会条件，阐释了中国特色社会主义国家制度与法律制度显著优越性的内在历史定律。[①] 法治建设活动作为"上层建筑"的重要内容，由社会经济基础决定，但同时可以对经济基础产生反作用。为了发挥法治建设作为上层建筑对经济发展需求的回应和推动作用，必须从观念

[①] 公丕祥：《习近平法治思想的重大历史性贡献》，载《光明日报》2021年1月21日。

和机制上不断推进法治建设的发展,使之与社会经济的发展相匹配、相一致。

2. 解决中国特殊问题是法治建设的价值追求

我国作为一个人口众多、有着悠久历史的大国,长达几千年的封建统治形成了浓厚的人治传统,也残留下普遍不尊重法治的习惯。改革开放以来,各领域的改革发展主要依靠政府主导推进,形成了公权力易对私主体合法权益形成侵害和挤压的局面。同时,党的长期执政与如何实现大国的长治久安是中国国家治理的独特命题。解决中国面临的特殊问题,归根结底需要法治提供路径和保障。

3. 坚持二者相统一

法治中国建设要与中国社会经济政治文化发展进程相适应,要符合社会发展的客观规律。同时,法治中国建设还必须解决中国的特殊问题,在应对各种具体问题和挑战中,充分发挥法治的保障作用,向治理体系和治理能力的现代化迈进。

(三)坚持抓"关键少数"和推动全民守法相统一

习近平总书记指出:"要立足实现第一个百年奋斗目标,针对突出矛盾,抓重点、补短板、强弱项、防风险,从党和国家机构职能上为决胜全面建成小康社会提供保障。"①坚持抓"关键少数",就是法治中国建设"抓重点"的具体体现。与此同时,法治建设的目标是"全面建设社会主义现代化国家",社会主义法治体系建设着眼于改革发展各领域、各环节全方位的建设,强调"全民普法""全民守法",集中体现了"抓重点"与"抓全面"协同推进的思想。

1. "关键少数"是法治中国建设的关键

为政之要,惟在得人;治国理政,关键在人。领导干部掌握着推进全面依法治国的重要法治资源,很大程度上决定着法治中国建设的方向、道路、进度。②首先,领导干部法治观念的树立,是落实全面依法治国责任的前提条件。其次,领导干部带头做尊法学法守法用法的模范,以示范作用引领法治中国建设。最后,不断提升"关键少数"以法治思维和法治方式深化改革、推动发展、化解矛盾、维护稳定、应对风险的能力,形成法治中国建设的核

---

① 《中共十九届三中全会在京举行 习近平作重要讲话》,载《人民日报》2018年3月13日。
② 参见徐显明:《坚持抓住领导干部这个"关键少数"》,载《人民日报》2021年3月23日。

心推动力量。

2. 全民守法是法治建设的基础工程

法律要发生作用，首先全社会要信仰法律。"全民守法，就是任何组织或者个人都必须在宪法和法律范围内活动，任何公民、社会组织和国家机关都要以宪法和法律为行为准则，依照宪法和法律行使权利或权力、履行义务或职责。"① 其次要在社会生活各个领域、不同维度和不同事项上均遵循法治标准和要求，尤其是要解决社会上存在的黑社会盘踞、欺行霸市、知法犯法、失信欺诈、暴力袭警伤医等突出问题。

3. 抓"关键少数"与全民守法要齐头并进

党政领导干部作为"关键少数"群体，必须发挥全面推进依法治国工作要求的骨干主力作用和引领示范推动作用。一方面，从规范"关键少数"的公权力行使角度，必须遵循"将权力关进制度的笼子里"原则，防止权力的恣意和滥用。另一方面，全民守法也为"关键少数"依法施政创造条件、设定边界。普遍的法治信仰和民众广泛的知法、懂法、用法、以法律方式捍卫权利，会从根源上减少逾越规矩、破坏秩序、诚信失范等违法违规行为，大大降低国家和社会治理的阻力和成本。同时，法治国家中，全民守法也意味着民众的合法权益受到法律的有效保护，对公权力运行形成有效的制约和监督，设定了权利和权力边界并形成有效屏障。

（四）坚持顶层设计与尊重基层实践创新相统一

习近平总书记主持召开中央全面深化改革领导小组第七次会议并发表重要讲话时强调，要鼓励地方、基层、群众解放思想、积极探索，鼓励不同区域进行差别化试点，善于从群众关注的焦点、百姓生活的难点中寻找改革切入点，推动顶层设计和基层探索良性互动、有机结合。②

1. 坚持顶层设计是法治中国建设的独特优势

一方面，我国的中国特色社会主义制度决定了我们的法治建设具有坚持

---

① 中共中央文献研究室编:《习近平关于全面依法治国论述摘编》，中央文献出版社 2015 年版，第 87~88 页。

② 参见慎海雄:《推动顶层设计和基层探索良性互动有机结合》，载《瞭望新闻周刊》2014 年第 49 期。

顶层设计、统筹全局的政治优势。另一方面，我国长期改革发展的经验和取得的巨大成就，充分证明了坚持顶层设计的正确性和优越性。中华人民共和国成立75年来的成果得益于党和国家对客观实际的准确判断和把握，以高瞻远瞩的顶层设计掌控建设发展的方向。

2. 尊重基层实践是法治中国建设的活力所在

中国幅员辽阔、人口众多，区域经济社会发展的差异性突出，法治中国建设聚焦到特定地域、人群、发展阶段，都不能简单以"一刀切"的标准来对待。基层实践创新能否因地制宜、具体问题具体分析，精准施策解决基层面临的实际问题，满足基层群众的需求，是法治中国建设走出中国特色之路的活力和优势所在。

3. 努力实现二者的辩证统一和良性互动

加强顶层设计属于整体谋划、宏观布局，体现的是对治国理政规律的践行。而基层实践创新属于"摸着石头过河"，二者是辩证统一的。[①]一是要注重中央权威性与地方灵活性相结合。二是要处理好中央事权与地方事权的划分。三是要处理好法治的刚性与基层实践创新的探索性之间的关系。在开展基层实践创新时必须注意维护国家法治的整体性和统一性，重大改革创新必须于法有据，细微的实践创新可以在不破坏法治统一性的前提下先行先试，但应及时总结创新经验，并实现实践创新向正式法律制度的转化。

（五）坚持目标导向与问题导向相统一

中国特色社会主义法治理论始终坚持明确的目标导向，体现为法治中国建设与建设社会主义现代化强国和实现国家治理体系和治理能力现代化目标相结合。既要发挥全面依法治国推动全面建成社会主义现代化国家、全面深化改革、全面从严治党的保障作用，还要将法治作为治理体系和治理能力现代化的基本载体。同时，中国特色社会主义法治理论还贯穿着深刻的问题导向，从问题入手，以解决问题为落脚点。当前，法治中国建设中的重大问题包括：一是围绕人民群众获得感、幸福感、安全感和人民安居乐业方面存在的不足和差距的问题。二是诸如政府与市场的关系、贫富差距和矛盾、发展

---

① 参见慎海雄：《推动顶层设计和基层探索良性互动有机结合》，载《瞭望新闻周刊》2014年第49期。

与资源环境冲突等经济社会面临的深层次问题。三是法治国家建设中的关键问题，如法治政府建设中行政权力界限、规范行政决策程序等问题。四是涉外法治和国际治理中的战略问题，主要是加快涉外工作战略布局，协调推进国内治理和国际治理，更好维护国家主权、安全、发展利益等问题。五是国家和社会治理中的根本问题，主要是如何坚持在法治轨道上推进国家治理体系和治理能力现代化的问题。①

坚持问题导向，重在发现问题、分析问题、解决问题。坚持目标导向，重在确定方向、明确目的、实现目标。坚持二者相统一，必须从以下几个方面着手：

1. 以现代化强国建设目标引领法治中国建设方向

法治中国建设的战略方向、总体思路和实施框架，都要围绕国家治理体系和治理能力的现代化，围绕全面建成社会主义现代化强国去设计和推进。这一目标导向是法治中国建设的"纲"，纲举才能目张。

2. 以切实解决实际问题筑牢法治中国建设根基

当前，法治中国建设面临一系列重大具体问题亟待解决，唯有找到问题的深层次根源，采取有效的举措解决问题，才能扫清法治中国建设途中的障碍，筑牢法治建设的根基，筑牢国家治理体系和治理能力的根基，一步步向全面建成社会主义现代化强国靠近。

3. 在解决问题中推进法治中国建设，在逼近目标中破解新问题新挑战

法治中国的建设分为"破"与"立"两个方面，既要解决既有的积弊和问题，还要向着国家治理体系和治理能力现代化的方向构建科学完备的法治体系。法治中国的建设过程中，还可能同时产生新的问题和挑战，要在解决既有问题的基础上，妥善应对新的问题与挑战，不断实现法治中国建设的质变与升级。

（六）坚持指标评估、注重法治建设效益与人民群众获得感、幸福感、安全感相统一

以习近平同志为核心的党中央强调要重视法治建设的效益与时效性。《法

---

① 参见江必新：《以习近平法治思想为指导着力解决法治中国建设中的重大问题》，载《行政法学研究》2020年第6期。

治中国建设规划（2020—2025年）》中多处提到要加强立法评估，加强行政决策评估，加强党内法规实施评估[①]。同时，法治中国建设的人民立场和问题导向，都要求衡量法治建设的实效、评价治理体系和治理能力的效果，要以不断增强人民群众的获得感、幸福感、安全感为标准，体现了结果导向思维。

1. 强调客观标准与主观感受相结合

法治中国建设，涉及一系列改革举措的推进、制度的建设、调整、改进和体制机制的健全和完善。必须及时对推进的效益、效果和实效性进行评估，从技术层面客观评判法治建设效益，才能发现问题，实现反馈、完善和升级。推进全面依法治国，根本目的是依法保障人民权益。而人民群众的获得感、幸福感、安全感是否增强，属于主观感受范畴。必须坚持法治建设的效益评估与人民群众的主观感受双重标准相结合的评价体系。一方面提升效益评估制度机制的科学性、合理性和针对性；另一方面，法治建设要紧紧围绕增强人民群众的获得感、幸福感、安全感来推进，才能全面提升法治权威、树立法治信仰，激发人民群众维护法治建设成果的内在动力。

2. 从单一评价走向综合评价

注重法治建设效益与人民群众获得感、幸福感、安全感相统一，体现出评价标准由单一评价向综合评价的转变。具体表现为评价主体由以政府为主转变为由中立的社会第三方机构乃至公众作为评价主体；评价价值由单一的结果导向转变为过程与结果并重；评估对象由较为狭窄的范围拓展为涵盖立法、执法、司法、党内法规体系等法治体系全方位的评价；评价方式由较为单一的方式向量化评估、指标评估、绩效评估、满意度评估等综合评价转变。

3. 坚持专业性与群众主体性相结合

法治建设的效益评估，更多凸显的是在社会治理中专家和专业机构的专业技术评估作用。而人民群众主观感受，更多体现了人民主体地位，代表着"大众"的意志和"民主"的意愿。坚持评价的专业性与群众主体性相结合，更多的是平衡和调和专业意见与社会大众感受之间的张力和紧张关系。

---

① 参见《法治中国建设规划（2020—2025年）》第八项、第九项、第十项、第十一项、第二十二项。